皮书系列为
"十二五""十三五""十四五"时期国家重点出版物出版专项规划项目

BLUE BOOK

智库成果出版与传播平台

北京高等教育蓝皮书
BLUE BOOK OF BEIJING HIGHER EDUCATION

北京高等教育发展报告（2023~2024）

ANNUAL REPORT ON THE DEVELOPMENT
OF HIGHER EDUCATION IN BEIJING (2023-2024)

主　编／杨振军　王怀宇
副主编／王　铭

社会科学文献出版社
SOCIAL SCIENCES ACADEMIC PRESS (CHINA)

图书在版编目(CIP)数据

北京高等教育发展报告.2023-2024/杨振军,王怀宇主编;王铭副主编.--北京:社会科学文献出版社,2024.3
（北京高等教育蓝皮书）
ISBN 978-7-5228-2982-1

Ⅰ.①北… Ⅱ.①杨… ②王… ③王… Ⅲ.①地方教育-高等教育-发展-研究报告-北京-2023-2024
Ⅳ.①G649.281

中国国家版本馆CIP数据核字（2023）第253442号

北京高等教育蓝皮书
北京高等教育发展报告（2023~2024）

主　　编／杨振军　王怀宇
副 主 编／王　铭

出 版 人／冀祥德
组稿编辑／张雯鑫
责任编辑／张　超
责任印制／王京美

出　　版／社会科学文献出版社·皮书出版分社（010）59367127
　　　　　地址：北京市北三环中路甲29号院华龙大厦　邮编：100029
　　　　　网址：www.ssap.com.cn
发　　行／社会科学文献出版社（010）59367028
印　　装／天津千鹤文化传播有限公司
规　　格／开　本：787mm×1092mm　1/16
　　　　　印　张：17　字　数：255千字
版　　次／2024年3月第1版　2024年3月第1次印刷
书　　号／ISBN 978-7-5228-2982-1
定　　价／158.00元

读者服务电话：4008918866

▲ 版权所有 翻印必究

《北京高等教育发展报告（2023~2024）》编写委员会

主　任　冯洪荣　北京教育科学研究院党委副书记、院长
委　员　线联平　北京市高等教育学会会长
　　　　　方中雄　北京开放大学党委书记
　　　　　谢　辉　北京市社会科学院党组书记
　　　　　钟祖荣　北京教育科学研究院副院长
　　　　　桑锦龙　北京教育学院副院长
　　　　　阎凤桥　北京大学教育学院院长
　　　　　王战军　北京理工大学研究生教育研究中心主任
　　　　　秦惠民　北京外国语大学国际教育学院院长
　　　　　刘复兴　中国人民大学教育学院院长
　　　　　周海涛　北京师范大学教育学部高等教育研究院院长
　　　　　苏林琴　北京工业大学文法学部高等教育研究院院长
　　　　　王晓阳　首都师范大学教育学院高等教育研究所所长
　　　　　姜丽萍　北京市教育科学规划领导小组办公室主任

《北京高等教育发展报告（2023~2024）》
编　写　组

主　编　杨振军　王怀宇

副主编　王　铭

成　员　（按篇章顺序排列）

　　　　朱贺玲　纪效珲　刘　娟　王　辰　薛　培
　　　　张蕊杰　马　超　杨　娟　崔情情　吕素香
　　　　韩亚菲　王　俊　王名扬　韩春光　王佳玺
　　　　张宏宇　陈　薇

主要编撰者简介

杨振军 博士，原北京教育科学研究院高教所副所长（主持工作），副研究员。主要从事高等教育政策、高等教育质量监测与评价、高等职业教育等领域的研究工作。主持北京市社会科学基金项目和教育科学规划课题等3项、其他委托课题5项。参与国家社会科学基金、北京市财政专项和各级各类横向委托课题20余项，公开发表论文30余篇，出版学术专著1部，参编4部，研究成果有10项获奖，其中，《基于年度报告的北京高等职业教育质量常态监测机制的建设与实践》获得2017年北京市教育教学成果一等奖；《释放数据生产力：北京高职人才培养状态诊改机制构建与应用》获得2021年北京市职业教育教学成果二等奖；《高等教育强国梦：中国高等教育区域发展理论新探》荣获第五届全国教育科学研究优秀成果。2016年和2020年两度入选北京教育科学研究院"青年英才奖励计划"。

王怀宇 博士，北京教育科学研究院高教所研究员，院学术委员会委员。主要研究方向为高等教育政策、高等教育质量监测与评价、创新创业教育等。主持和参与国家级、省部级各类项目与课题共计40余项，发表相关学术论文40余篇，出版学术专著1部，合著1部，参编6部。其中，专著《教授群体与研究型大学》2010年获北京市第十一届哲学社会科学优秀成果二等奖；2011年获教育部第四届全国教育科学研究优秀成果三等奖；2008年获北京市高等教育学会第七次优秀高等教育科研成果二等奖。参与研制的项目"北京高校本科教学质量'一体四翼'监测模式的探索与实践"荣获

2018 年北京市高等教育教学成果二等奖；参与研究的课题"现代性与大学——社会转型期中国大学制度的变迁"获得教育部第七届高等学校科学研究优秀成果著作类三等奖。

王 铭 博士，北京教育科学研究院高教所副研究员。主要从事高等教育评估监测与改革发展研究。主持北京教育科学规划优先关注课题、北京市社会科学基金和北京教科院院内业务项目等 4 项，参与国家自然基金、北京市财政专项和各级各类委托、横向课题近 40 项，公开发表期刊论文近 40 篇，省部级以上报纸发表文章 3 篇，参编著作近 20 部、教育决策参考（内刊）8 篇，研究成果有 10 项获奖，以副主编完成《北京高等教育发展报告（年度）》三部。入选北京教育科学研究院"青年英才"，入选北京市教师发展中心、北京市大学生就业指导中心专家库。

前　言

2022年，党的二十大报告首次把教育、科技、人才进行"三位一体"统筹安排、一体部署，首次提出教育是"基础性、战略性支撑"，教育事业在党和国家工作全局中的分量日益凸显。北京高等教育坚持以习近平新时代中国特色社会主义思想为指导，学习宣传贯彻党的二十大精神，贯彻落实习近平总书记关于教育的重要论述和对北京重要讲话精神，以首都发展为统领，深刻把握高等教育高质量发展的新形势新要求，准确识变、科学应变、主动求变，更加紧密地围绕新时代首都发展需要，转变观念，抢抓机遇，深化供给侧结构性改革，更好融入和服务构建首都新发展格局，为建设好伟大社会主义祖国的首都、迈向中华民族伟大复兴的大国首都、国际一流的和谐宜居之都贡献教育力量。

为了全面展示北京高等教育事业发展与改革的成就，直面问题与挑战，促进首都高等教育研究的繁荣，进一步推动首都高校和教育智库深度合作的机制创新，北京教育科学研究院自2022年起正式启动北京高等教育蓝皮书编撰项目。《北京高等教育发展研究报告》全方位展现北京高等教育事业年度发展情况，深度聚焦首都高等教育领域重大改革举措、成就与问题，通过系列报告、政策研究、热点分析等多种形式，及时、全面、深入地反映首都高等教育改革发展的实际，凸显年度性、发展性和改革性，为加快构建首都高质量高等教育体系、深入推进高等教育治理体系与治理能力现代化提供智力支持。

由于出版工作需要，自2023年起，本书更名为《北京高等教育发展报

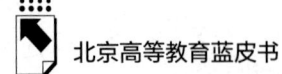

告》。《北京高等教育发展报告（2023~2024）》延续以往的写作体例和风格，分为总报告、分报告、专题篇、热点篇四个部分。其中，总报告全面总结概括北京高等教育事业2022年度发展情况和改革的举措与成就，并对当前面临的挑战进行分析研判；分报告以"四新"建设为主题，全面展示北京高校新工科、新医科、新农科、新文科建设成就；专题篇分别从高校内部教学质量保障体系建设、北京高等教育中外合作办学、北京高校留学生教育等方面进行了讨论；热点篇主要选取高校教师满意度、大学生灵活就业和大学生心理健康状况等三个角度开展深入调查研究。

希望本书出版能够充分发挥"存史、资政、宣传、育人"的作用，为参与首都高等教育现代化建设的教育决策部门、教育管理者、教育科研工作者以及社会公众提供有益的参考。本书在编撰过程中得到北京教育科学研究院、北京市社会科学院、北京市教育科学规划办公室、北京市高等教育学会和在京多所高教研究机构的大力支持与帮助，在此表示衷心感谢。书中若有不足之处，欢迎广大读者批评指正。

《北京高等教育发展报告（2023~2024）》编委会

2023年10月30日

摘　要

2022年，北京高等教育全面落实立德树人根本任务，深入探索中国特色拔尖人才自主培养模式，坚持打造更高质量的研究生教育，持续深化以"四新"建设为统领的高教供给侧改革，全面提升本科人才培养质量，推动高等职业教育走上提质培优、增值赋能的快车道。北京高校积极回应时代命题，全方位深层次大力度推进新工科建设，以更新理念、优化结构、促进交叉、打破壁垒、创新模式等为抓手，全面重塑新工科人才培养体系。北京高校以"新医科"统领医学教育创新，推动医学教育认证，构建高水平公共卫生人才培养体系，开展多样化人才培养模式改革实践，加大拔尖创新人才、复合型人才以及紧缺人才培养力度，提升人才培养质量。北京市涉农高校以习近平总书记回信精神为指引，把新农科建设作为深化改革的发力点和突破口，立足学校发展定位、特色优势和实际情况，高质量推进新农科研究与改革实践。北京高校全方位、深层次、大力度推进新文科建设，革新人才培养理念，完善人才培养体系，优化人才培养模式，以"新文科"培养未来发展需要的时代新人。

高校内部教学质量保障体系建设对高校实现高质量发展意义重大，北京高校基本建立了较为完善的内部教学质量保障体系，今后应加强顶层设计、优化质量保障运行机制、构建多元化内部教学质量标准体系。当今世界进入新的动荡变革期，探讨北京高等教育中外合作办学在"双循环"新发展格局下的发展策略迫在眉睫。通过与上海、江苏和广东等地的比较，北京需进一步扩大办学规模，优化调整学科专业设置。在"一带一路"倡议下，北

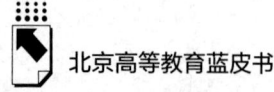

京高校留学生教育在近十年发展中取得瞩目成就,面对来自国际政治经济冲突、高等教育国际竞争以及留学生质量矛盾带来的挑战,应在高等教育合作、全球教育治理和质量保障体系等方面着力构建新的发展策略。

北京教师满意度调查显示,高职教师的总体满意度>本科生教师>研究生导师,三类教师最满意的均是"校园安全",最大压力均来自"科研"和"事务性工作",未来应针对满意度较低的方面大力开展体制机制改革。高校毕业生从事灵活就业呈现不断增长的态势,基于北京高校就业调查数据发现,近13%的被访者有较强的灵活就业选择意愿,灵活就业在性别、学历、生源地区等不同的群体之间存在一定的差异,灵活就业政策等对意愿产生影响。大学生心理健康调查显示,北京某市属高校学生的总体心理健康状况良好,抑郁、焦虑情绪状态的阳性反应率低于全国水平,对专业的满意度总体良好。

关键词: 高等教育　教育改革　北京市

目 录

Ⅰ 总报告

B.1 2022年北京高等教育改革发展回顾与前瞻 …… 王怀宇 王 铭 / 001
  一 北京高等教育事业发展情况 ………………………………… / 002
  二 北京高等教育改革发展举措与成就 …………………………… / 006
  三 挑战与展望 …………………………………………………… / 028

Ⅱ 分报告

B.2 北京高校新工科建设进展报告
  ………………………… 朱贺玲 辛艺如 王 楠 纪效珲 / 034
B.3 北京高校新医科建设进展报告
  ………………… 刘 娟 王 辰 薛 培 张蕊杰 马 超 / 051
B.4 北京高校新农科建设进展报告 ……………… 杨 娟 崔情情 / 070
B.5 北京高校新文科建设进展报告 ……………… 吕素香 杜思佳 / 093

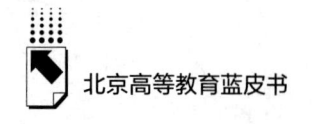

Ⅲ 专题篇

B.6 北京高校内部教学质量保障体系建构与优化研究……… 刘　娟 / 111

B.7 北京高等教育中外合作办学发展研究…………………… 韩亚菲 / 128

B.8 北京高校留学生教育发展策略研究………… 王　俊　阮京洁 / 155

Ⅳ 热点篇

B.9 北京高校教师满意度调查报告…………………王　铭　王名扬 / 172

B.10 北京高校大学生灵活就业状况调查报告…… 韩春光　赵雅平 / 203

B.11 北京高校大学生心理健康状况调查报告
　　　——以某市属高校为例………… 王佳玺　张宏宇　陈　薇 / 216

Abstract …………………………………………………………… / 240

Contents …………………………………………………………… / 243

总报告
General Report

B.1
2022年北京高等教育改革发展回顾与前瞻

王怀宇 王 铭*

摘　要： 首都高等教育立足新百年新征程，准确把握高等教育发展的新形势、新要求，更加紧密围绕新时代国家发展战略和首都发展需要，持续深化供给侧结构性改革，以更大作为融入和服务高质量发展。2022年，首都高等教育全面落实立德树人根本任务，深入探索中国特色拔尖人才自主培养模式，坚持打造更高质量的研究生教育，持续深化以"四新"建设为统领的高教供给侧改革，全面提升本科人才培养质量，推动高等职业教育走上提质培优、增值赋能的快车道。与此同时，北京高校首轮"双一流"建设取得实质性进展，高校有组织科研有序推进，市属高校分类发展不断深化，大学生高质量就业保障体系逐步完善，高校主动服务

---

* 王怀宇，教育学博士，北京教育科学研究院高等教育科学研究所研究员，主要研究方向为高等教育政策、高等教育质量监测与评价、创新创业教育等；王铭，管理学博士，北京教育科学研究院高等教育科学研究所副研究员，主要研究方向为高等教育评估监测与改革发展。

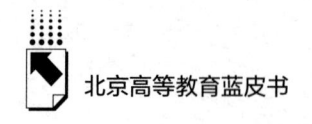

国家和首都经济社会发展的能力显著提升。在率先实现高等教育现代化的伟大进程中，北京必须以更大力度深化高等教育综合改革，积极探索构建拔尖创新人才培养体系，以评价制度改革为抓手推进市属高校分类发展，持续扩大高等教育对外开放，以教育数字化赋能高等教育发展水平的整体提升，为促进大学生更高质量的就业提供更优质更精准的服务指导。

关键词： 高等教育　教育改革　北京市

2022年，中国共产党第二十次全国代表大会胜利召开，全面开启了中国式现代化的新征程。首都高教系统认真学习贯彻党的二十大精神和习近平总书记关于教育的重要论述以及全国教育工作会议、北京市第十三次党代会精神，以推动高质量发展为主题，以改革创新为根本动力，全面落实立德树人根本任务，深刻把握教育、科技、人才在全面建设社会主义现代化国家中的基础性、战略性支撑作用和高等教育在中国式现代化建设中的支撑引领作用，心怀国之大者，用习近平新时代中国特色社会主义思想凝心铸魂，全面践行"教育是国之大计、党之大计"，统筹推进科教兴国战略、人才强国战略、创新驱动发展战略，攻坚克难、踔厉奋发，奋力谱写高等教育改革发展的北京篇章。

一　北京高等教育事业发展情况①

（一）高等学校数量

截至2022年底，北京市共有各类高等学校110所。其中，普通高校92

---

① 2021~2022学年、2022~2023学年度北京教育事业发展统计概况，参见http://jw.beijing.gov.cn/xxgk/shujufab/tongjigaikuang。

所、成人高校 18 所，与上一年持平。普通高校中，共有 67 所普通本科高校、25 所独立设置高职院校。普通高校按隶属关系数量分布情况如表 1 所示。北京市共有 146 个研究生培养单位，其中高等学校 59 个、科研机构 87 个。与 2021 年相比，科研机构增加了 1 个。

表 1 2022 年北京普通高校按隶属关系数量分布情况

单位：所

项目	中央部委高校	市属高校		合计
		公办	民办	
数量	39	38	15	92

（二）学生规模与结构

1. 在校生情况

2022 年，北京高等教育在校生总规模达 174.84 万人，比上一年减少 3.69 万人，降幅为 2.07%。其中，成人本专科生 7.82 万人，网络本专科生 63.26 万人，分别较上一年减少 16.45% 和 7.35%。

研究生教育和普通本专科在校生规模为 103.75 万人，比上一年增加 2.86 万人，保持稳步增长态势。其中，研究生在校生 43.50 万人，与上一年相比，增加 2.19 万人，具体变化情况见表 2；本专科在校生 60.25 万人，与上一年相比，增加 0.67 万人，具体变化情况见表 3。总的来看，北京研究生教育规模增幅较为明显，本科生规模保持低速增长，专科生规模逐步萎缩。

表 2 2021~2022 年北京研究生教育在校生数变化情况

单位：万人，%

项目	2021 年	2022 年	增长情况	增长率
研究生数	41.31	43.50	2.19	5.30
博士生数	11.65	12.50	0.85	7.30
硕士生数	29.66	31.00	1.34	4.52

表3　2021~2022年北京普通本专科在校生数变化情况

单位：万人，%

项目	2021年	2022年	增长人数	增长率
本科生数	52.77	53.51	0.74	1.40
专科生数	6.80	6.74	-0.06	-0.88

2. 毕业生情况

2022年，北京高等教育毕业生总规模为56.93万人，比上一年减少3.99万人。其中，研究生规模保持持续增长态势，普通本专科生保持稳步增长，而成人本专科生、网络本专科生规模下降幅度较为明显。具体变化情况见表4。

表4　2021~2022年北京高等教育毕业生数变化情况

单位：人，%

项目	2021年	2022年	增长情况	增长率
普通本科、专科生	147346	154382	7036	4.78
专科	26930	26989	59	0.22
本科	120416	127393	6977	5.79
成人本科、专科生	45733	39448	-6285	-13.74
专科	15540	8566	-6974	-44.88
本科	30193	30882	689	2.28
网络本科、专科生	312381	261045	-51336	-16.43
专科	184946	100941	-84005	-45.42
本科	127435	160104	32669	25.64
研究生	103714	114422	10708	10.32
硕士	85421	93900	8479	9.93
博士	18293	20522	2229	12.18
毕业生总数	609174	569297	-39877	-6.55

（三）年度亮点

1."双一流"建设

2022年，教育部、财政部、国家发改委公布第二轮"双一流"建设高校及建设学科名单,共有建设高校 147 所。其中,北京高校有 34 所,占比 23.13%。相较于首轮"双一流"建设高校和建设学科名单,北京大学、清华大学在第二轮"双一流"建设中自主确定建设学科并自行公布;此外,有 4 所高校共新增 4 个一流建设学科,分别是北京航空航天大学的交通运输工程、北京理工大学的物理学、北京协和医学院的公共卫生与预防医学、北京师范大学的哲学。同时,北京中医药大学的中药学在首轮认定中受到公开警示,需加强整改,2023 年接受评价。

2. 高等教育教学成果奖

根据教育部公布的 2022 年高等教育(研究生、本科)国家级教学成果奖获奖名单,北京高校获奖成果丰富。其中,清华大学、中国农业大学分别斩获本科、研究生教学成果特等奖;北京高校以独立或第一完成单位获得本科教学成果一等奖 15 项,占一等奖获奖总数的 21.4%;以独立或第一完成单位获研究生教学成果一等奖 14 项,占一等奖获奖总数的 40.0%,充分体现了北京高等教育的整体实力与人才培养的创新水平。

3. 科技成果与获奖

在科技部发布的 2022 年度中国科学十大进展中,有 8 项成果与高校密切相关,北京大学在 2 项成果中做出突出贡献。其中,成果"FAST 精细刻画活跃重复快速射电暴"由中国科学院国家天文台李菂团队联合北京大学、之江实验室和中国科学院上海天文台团队共同完成;成果"揭示新冠病毒突变特征与免疫逃逸机制"由北京大学,北京昌平实验室曹云龙、谢晓亮团队联合中国科学院生物物理研究所王祥喜团队完成。[①] 北京大学环境科学与工程学院、国家环境保护河流全物质通量重点实验室牵头完成的科研成果"湖泊氮磷截留效应及其内循环影响机制"入选中国科协发布的 2022 年度"中国生态环境十大科技进展"。由中国科协、中国工程院、工信部、江苏省政府共同主办的 2022 世界智能制造大会发布了"2022 世界智能制造十大

---

① 《2022 年度中国科学十大进展发布,多所高校入选》,https://www.thepaper.cn/newsDetail_forward_22355881。

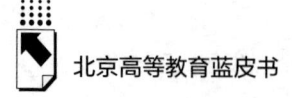

科技进展"，清华大学有1项成果入选。

科技进步奖方面，根据2023年度国家科技进步奖获奖名单统计，清华大学获最高科技奖1项、一等奖7项、二等奖38项，合计获奖46项；北京大学获一等奖2项、二等奖21项，合计获奖23项；北京航空航天大学获一等奖1项、二等奖16项，合计获奖17项；中国农业大学获二等奖14项；北京协和医学院获二等奖11项；北京理工大学、北京邮电大学、中国石油大学（北京）皆获得6项二等奖；北京交通大学获一等奖1项、二等奖4项，合计获奖5项；北京科技大学、首都医科大学、中国矿业大学（北京）皆获得5项二等奖。以上成果代表了北京高等教育的科研实力和水平。

二 北京高等教育改革发展举措与成就

2022年，北京高等教育坚决贯彻新发展理念，主动从国家战略和首都经济社会发展需求出发谋划和推动自身发展，积极主动服务和融入新发展格局，在聚焦国家战略需求、掌握自主创新主动权、支撑引领中国式现代化建设等方面锐意进取、勇挑重担，努力实现更高质量的发展。

（一）坚持守正创新，全面落实立德树人根本任务

北京高等教育始终坚持社会主义办学方向，始终把立德树人作为教育的根本任务，始终强调"为谁培养人、培养什么人、怎样培养人"是教育的根本问题，牢记为党育人、为国育才的使命，把立德树人融入思想道德教育、文化知识教育、社会实践教育各环节，切实承担起铸魂育人的时代重任。

"冰雪思政"彰显首都育人特色。以2022年北京冬奥会、冬残奥会为契机，首都各大高校师生用行动唱响爱国主义主旋律，将爱国情转化为奋斗行，坚持首善标准、担当作为，圆满完成一系列重大活动服务保障任务。其中，25所高校设立冬奥专项培养计划，68所高校攻关212项关键技术，

2.33万名师生深度参与，1.4万名赛会志愿者全心服务。① 北京各高校把服务冬奥看作学生培根铸魂的一次生动实践，纷纷开展行前教育，将"冰雪思政课"落实落细。北京大学青年志愿者表示，"强大祖国的支撑，赋予了青年人很多机遇，我们定会珍惜这一伟大时代，发扬胸怀大局、自信开放、迎难而上、追求卓越、共创未来的北京冬奥精神，为实现中华民族伟大复兴的中国梦贡献青春力量"。② 首都高校师生在参与冬奥过程中深刻感悟"中国力量"、见证"中国自信"、学习"中国精神"，并用实际行动生动诠释北京冬奥精神，以高度的政治自觉向全世界展现了朝气蓬勃、昂扬向上的新时代中国青年的风采。

多措并举深化思政课改革创新。思政课是用党的创新理论培根铸魂的主渠道主阵地。北京市全面助力"大思政课"建设，通过评选建设重点马院、加强科研激励、组织社会实践、开展"四史"教育等，高标准做好思想政治理论课的组织和实施工作。各高校积极贯彻落实习近平总书记对立德树人的重要要求，坚持将思政课建设作为党建和意识形态工作的标志性工程，以首善标准持续深化思政课改革创新，教师队伍不断壮大，课堂教学质量持续提升，形成具有鲜明北京气质的思政课程育人体系。北京工业大学布局实施"课程质量创优计划""教师队伍提升计划""学科建设攀登计划""课程思政协同计划""服务北京攻坚计划"等五大行动计划18项重点举措，推动形成了全校努力办好思政课、教师认真讲好思政课、学生积极学好思政课的良好氛围。北京联合大学充分发挥教育和媒体资源优势，承建全国首家"大思政课"网站并在人民公开课上线，通过传统课堂、社会课堂和网络课堂三大载体实现相互赋能，深入探索信息技术服务思政的新模式。北京工商大学在思政课改革创新的顶层设计上，突出鲜明的教学导向，着力改革思政课教师的评价和激励机制，将教师教学效果、发表高水平教学研究论文、参

---

① 郝孟佳、孙竞：《服务重大活动　贡献首都力量》，http://edu.people.com.cn/n1/2022/1114/c448616-32565868.html。
② 王楚捷：《志愿精神之花，在冬奥服务中完美绽放》，https://baijiahao.baidu.com/s?id=1729891577619413462&wfr=spider&for=pc。

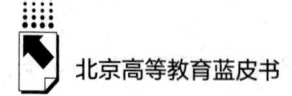

与理论宣讲等纳入职称评聘内容,根据教师教学效果评定岗位补贴,增强激励,强化教师钻研思政课、讲好思政课的自觉意识,有效激发思政课改革创新的内在动力。

助力思政教师业务能力提升。各高校加强对教师立德树人理念、方法和技能的培训和研究,积极引导教师做教书育人的"大先生",提高教师的专业素养和奉献精神。中国人民大学建立了思政课教师"手拉手"备课机制,注重发挥学科带头人在集体备课中的重要作用,加强教师教学交流研讨和集体攻关。通过集体研讨备课,集中挖掘和探讨教学中的重点难点问题,凝聚起不同领域专家的专业力量和集体智慧,更好带动青年教师成长。作为北京市首批重点建设的马克思主义学院之一,首都经济贸易大学马克思主义学院为每位青年教师建立了特殊的教学档案,记录他们自入职以来的成长培训情况、教学评价、教学感悟等内容,为教师改进教学方法指明方向。

师德师风建设常抓不懈。各高校高度重视师德师风建设,巩固拓展师德师风专题教育成效,推动师德师风建设常态化、长效化。北京外国语大学牢牢把握教师队伍建设这一关键,始终把师德师风建设摆在首要位置,通过采取强化组织领导、完善师德师风建设机制、强化教育培训、提升教师思想政治素质、强化课堂育德、注重在教学中涵养师德、强化示范带动、营造重德养德浓厚氛围等举措,努力建设政治素质过硬、业务能力精湛、育人水平高超的高素质教师队伍。北京大学出台《关于加强教师思想政治和师德师风建设的若干举措(征求意见稿)》,持续加强和改进教师思想政治和师德师风建设,并将师德师风建设作为创建世界一流大学的强大动力和优势,致力于打造具有北大特色的师德建设品牌,构建完善大先生大教师培养的格局。

(二)强化使命担当,探索中国特色拔尖人才自主培养模式

加强基础研究是实现高水平科技自立自强的迫切要求,是建设世界科技强国的必由之路。自20世纪90年代以来,为提高基础学科人才培养质量,我国先后启动"基地建设""拔尖计划""强基计划"等项目,大力推动拔尖创新人才培养,但当前基础研究人才数量不足、质量不高,仍是制约我国

创新发展的关键和迫切问题。2022年，中央深改委审议通过《关于加强基础学科人才培养的意见》，首次以中央文件形式对基础学科人才培养进行谋划和设计。习近平总书记强调，"要全方位谋划基础学科人才培养，科学确定人才培养规模，优化结构布局，在选拔、培养、评价、使用、保障等方面进行体系化、链条式设计，大力培养造就一大批国家创新发展急需的基础研究人才"，这为高校开展基础学科拔尖创新人才培养提供了根本遵循。首都高校始终牢记国家使命，敢为天下先，积极探索、勇于创新，为在基础学科和关键领域实现高层次创新人才自主培养探索中国方案。

深入创新探索、勇于突破常规，构筑拔尖人才培养特区。清华大学自20世纪80年代开始自主探索拔尖创新人才培养模式，历经"因材施教项目""基础科学班""学堂计划""强基书院"的不断纵深发展，人才培养模式探索形成示范引领。学校在顶层设计上具有前瞻性和引领性，在实施过程中有组织、成建制地逐步推进，并勇于自我革新，不断突破原有模式。学校在改革中确立并坚持价值塑造、能力培养、知识传授"三位一体"的教育理念，全方位实施通识教育，引导以学生为中心的主动学习和研究，以导师制践行"师生从游"文化，以致理、日新、未央、探微、行健五个实体书院为依托，通过打通选拔、培养和后续发展多个环节，积极探索科教协同、理工融合、导师制、本研衔接等新型培养模式，形成独具特色的"清华模式"。学校的改革成果"践行'三位一体'教育理念 培养肩负使命、追求卓越的创新人才"获得2022年高等教育（本科）国家级教学成果特等奖。

赓续奋斗，得天下英才而育之。近年来，清华大学和北京大学继强基计划之后再出重拳，积极探索拔尖创新人才早期发现和选拔培养机制，针对在数学或物理学科方面有特长的超常儿童相继推出数学英才班、丘成桐数学科学领军人才培养计划、物理卓越人才计划等，注重面向世界科技前沿、面向国家重大需求，通过选拔培养基础学科领域的拔尖人才，支撑国家原始创新和科技实力整体跃升。北京大学实施的"数学英才班""物理学科卓越人才培养计划"，每年面向国内外自主招录在相关方面具有突出特长的中学生。在人才培养过程中加强课程建设，构建分层次、个性化、高水平、促交叉的拔尖人才培养模式。同时，与国际知名高校开展多种形式的联合培养，邀请国内外顶尖学者为拔尖学生授课、举办学术讲座、指导科研训练，积极选送拔尖学生前往海外知名高校、科研机构开展科研训练和学术交流，不断为拔尖学生接触国际前沿研究创造条件。①北大、清华两所高校超常规培养拔尖创新人才的举措，志在为20年后占据科技战略制高点和引领高水平科技自立自强，造就一批具备家国情怀和国际视野的顶尖人才。

首都高校积极投身拔尖创新人才培养实践，强化使命担当，大胆突破，形成一批丰富、生动的改革样本。北京理工大学实施国防科技拔尖创新人才培养模式改革，以"报国担当"为使命，以"融合创新、智慧赋能"为驱动力，构建"1-3-3-53"的全人化人才培养改革体系，在国家重点领域培养了一大批领军领导人才，探索出生动的"北理实践"。中国人民大学为适应国家和社会对数据库和大数据领军人才的迫切需求，在国内首创"图灵实验班"，招收在计算机领域有特长、有兴趣的优秀学生，构建"以数据为中心"的计算机专业特色领军人才培养体系，包括"一轴多环"的思政体系、"以数据为中心"的专业课程体系和"兴趣驱动"的个性化拔尖人才培养体系，培养了一批具有人文情怀的高素质有温度的计算机人才。

（三）发挥高端引领，打造更高质量的研究生教育

研究生教育是提高国家科技和经济发展水平的重要途径，高质量的研究生教育能够培养出一批扎实的学术研究人才和高端科技人才，为国家的科技创新和经济发展提供源源不断的人才支持。作为国家首都和高等教育中心城市，北京拥有丰富的高校资源和研究机构，2022年北京普通高等教育在校生中，研究生占比已超过40%，部分研究型大学研究生招生及在校生比例达到60%以上，成为国家培养高质量人才的重要基地。发展更高质量的研究生教育能为国家和社会提供大量的高层次优秀人才，能够产生影响力和示

---

① 《北京大学加快推进基础学科拔尖人才培养》，http：//www.moe.gov.cn/jyb_xwfb/s6192/s133/s134/202212/t20221207_1023456.html。

范作用。同时，作为国家的政治中心、文化中心、国际交往中心和科技创新中心，发展更高质量的研究生教育能够吸引全国乃至全球的优秀学子前来学习和研究，有助于提高我国的学术影响力和国际竞争力。

为加快培养造就大批德才兼备的高层次创新人才，北京高校深入学习领会全国研究生教育会议精神，积极贯彻落实《关于推进新时代北京研究生教育改革发展的实施意见》和《北京研究生教育质量提升行动计划（2022~2024年）》（简称《行动计划》），以立德树人、服务需求、提高质量、追求卓越为主线，坚持多措并举，着力完善科学评价导向、优化学科专业体系、提升人才培养能力、加强导师队伍建设，切实将北京高水平大学集中的势能转化为高质量发展的动能，推动研究生教育再上新台阶。在落实《行动计划》的首年，北京市加强学位授权审核市级统筹，新增学位授权向基础学科、优势学科和交叉学科倾斜，向经济社会发展关键急需领域倾斜。例如，在博士、硕士学位授权学科和专业学位授权类别动态调整过程中，重点鼓励和支持增列服务国家和北京"四个中心"建设发展相关的重点领域、急需或空白领域的学位授权点。在质量监控方面，进一步加强论文抽检结果应用，夯实学位授予单位质量主体责任。北京市教委对2020年硕士学位论文抽检中"存在问题论文"比例较高且篇数较多的学位授予单位进行了集体约谈和单独约谈，被约谈单位针对本校研究生培养现状、存在的问题进行深入分析，并对主要整改做法和预期效果进行汇报。为加强研究生导师队伍建设，北京市首次开展优秀研究生指导教师及团队评选，全市共评出优秀研究生指导教师58名、优秀研究生指导教师团队24个，充分发挥优秀导师及团队的示范引领作用。

各高校通过创新发展理念、优化学科体系、改革培养模式、健全保障体系等举措，不断开创研究生教育事业发展新局面。北京交通大学深化改革创新，推动内涵发展，优化学科专业招生结构，招生指标向国家战略急需、科学研究水平高的学科倾斜。聚焦国家重大战略对创新人才的需求，充分发挥学校行业特色学科优势，积极推进国家急需高层次人才培养专项工作，与相关行业大型企业集团签署24份校企联合培养协议，探索创新人才培养模式，为国家重大战略提供人才支撑。北京邮电大学为保障研究生培养质量，建立了从招生到就业全过程人才培养质量监测闭环，同时促进内外部相结合的质量评估机制建设，形成了立体质量监控体系；在招生计划分配上，不断优化招生资源配置和生源结构，完善招考模式和生源选拔标准，支持基础、急需学科领域建设；在学位论文和学位授予管理中，重视研究生学位论文的校内抽查评估工作，加大抽查比例，与国家级、省级学位论文抽查共同组成三级学位论文抽检体系。同时，建立导师招生预警机制，对出现不合格学位论文的学院进行约谈，对相关指导教师作出减招或停招的处理；在毕业生质量跟踪上引入第三方评价，建立质量跟踪档案，结合社会评价及时调整人才培养结构和方式，不断提高人才培养水平。中国地质大学（北京）全面落实研究生导师立德树人根本任务，为推动研究生导师队伍建设，促进研究生导师自身素质、指导水平和培养质量的提升，连续开展"研究生导师队伍建设"专题培训，引导研究生导师队伍坚持"四为"方针，做好学术规范，维护学术道德，不断提升学业辅导、科研指导、心理疏导等方面的能力和水平，自觉做研究生成长成才的责任人、引路人和知心人，构建和谐导学关系，全面提升研究生培养质量。[①]

（四）勇立改革潮头，以"四新"建设统领高教供给侧改革

"四新"建设是适应国家经济社会发展的新需求所采取的战略性举措，是一场高等教育的"质量革命"。从顶天的战略到落地的策略，"四新"建设交织融合、引领发展，从教育思想、发展理念、质量标准、技术方法、质量评价等人才培养范式进行全方位改革。在新发展格局下，北京高校以"四新"建设为统领，全面深化高等教育综合改革，瞄向未来发展需求、指向科技经济前沿，坚定走好人才自主培养之路。

新工科建设作为北京高校推动人才培养综合改革的重要抓手，形成了工

[①] 《中国地质大学（北京）"加强研究生导师队伍建设　推进研究生教育高质量发展"——第二期高校研究生导师专题网络培训启动》，https://www.enaea.edu.cn/news/zx/bulletin/2022-05-17/134101.html。

程教育改革"百花齐放"的新格局。北京高校持续推进 6 所国家级示范性微电子学院、2 个一流网络安全学院、6 个特色化示范性软件学院和 3 家未来技术学院建设，充分发挥示范引领作用，带动一批高校的工程教育发生深层次变革。2022 年，北京有多所高校成立新的未来技术学院，全面推进理论研究创新、组织模式创新、内容方式创新和实践体系创新。例如，北京工业大学成立了碳中和未来技术学院，旨在打造碳达峰、碳中和领域人才培养的新模式试验区，助力首都优化碳达峰、碳中和科技创新体系布局；北京建筑大学面向优势学科，成立了未来建筑技术学院，实施导师制、本博贯通、科教融合等人才培养模式，致力于培养建筑领域拔尖领军人才；中国农业大学未来技术学院面向国家种业战略性需求，聚焦生物科学与生物育种方向，旨在突破种源瓶颈，破解"卡脖子"难题。[①] 应对新一轮科技革命和产业变革挑战，培养新工科"未来技术"人才已经成为北京高校推动供给侧改革、提升学科专业综合实力和人才培养质量的重要一环。

新医科建设持续深化医科与工科、文科等学科的融合，更加注重学生创新能力、人文思想等方面的培养，注重学科交叉融合赋能。近年来，北京中医药大学在探索新医科建设过程中，在中药学专业设置了"中药学拔尖学生培养基地"，区别原有的学生培养方案，更加注重工科、理科、文科、生命科学的融合。在教学改革方面，及时将业内前沿知识和技能传授给学生，让医药学生教育与临床实践、药品生产结合得更紧密，有效解决学生学习的理论知识与临床实践脱节、与生产实际关系不紧密的现实问题。北京大学医学部立足国家需求，依托大学全科优势，加强以临床问题为导向的科技创新，并以"临床医学+X"建设带动更广范围的"医学+X"，多措并举促进学科创新交叉融合。2022 年，北京大学第三医院乔杰院士带领的生殖医学团队与北京大学生命科学学院生物医学前沿创新中心谢晓亮、汤富酬团队合

---

① 何蕊：《多所在京高校添新成员，培养新工科"未来技术"人才》，https://www.sohu.com/a/608838412_163278。

作的研究成果成功入选中国21世纪重要医学成就。①2022年,北京大学、清华大学、北京协和医学院等3所北京高校入选教育部高水平公共卫生学院建设高校,目标是经过10年左右时间,建成具有中国特色世界一流水平的公共卫生学院,形成适应现代化公共卫生体系建设的高质量教育发展体系。

北京涉农高校坚持面向新农业、新乡村、新农民和新生态的发展理念,以新农科建设为发力点和突破口,全方位培养知农爱农新型人才。2020年,教育部依托中国农业大学设立全国新农科建设中心。2022年,中心在教育部高教司指导下,研制出《新农科人才培养引导性专业指南》,围绕粮食安全、生态文明、智慧农业、营养与健康、乡村发展等五大领域共设置12个新农科人才培养引导性专业,引导全国涉农高校深化农林教育供给侧改革,加快布局一批具有适应性、引领性、交融性的新农科专业,推进高等农林教育高质量发展。中国农业大学结合新农科建设,研究服务农业农村现代化、国家粮食安全、乡村振兴、山水林田湖草系统治理等方面的新变化和新需求,不断优化升级传统学科专业;同时,用好学科交叉融合的"催化剂",开展新兴涉农专业探索与建设,在营养健康、生物科技、智慧农业、绿色发展、生态环境、乡村发展、全球农业等七大领域构建了新的学科专业体系,加快培养农林类紧缺人才,为新农科专业建设提供支撑。北京林业大学面向产业需求,推动农、工、文学科交叉融合,通过探究"林科"与"经管"双向互动的复合型人才培养模式,有效提升了新农科复合型人才培养成效。

新文科以全球新科技革命、新经济发展、中国特色社会主义进入新时代为背景,突破传统文科的思维模式,以继承与创新、交叉与融合、协同与共享为主要途径,促进多学科交叉与深度融合,推动传统文科的更新升级。2021年,教育部以开展新文科研究与改革实践项目为依托,全面推进新文科建设,构建世界水平、中国特色的文科人才培养体系。在教育部公布的首批1011个新文科研究与改革实践项目中,北京高校入选198个项目,占比

---

① 悠然:《北大医学成果入选中国21世纪重要医学成就 学科交叉融合赋能北大医学学科建设再创佳绩》,https://news.pku.edu.cn/xwzh/8d4e2384ec1f4a37b140787041c24760.htm。

约 1/5。在积极开展新文科建设发展理念、专业优化、人才培养模式改革等方面的研究和探索的同时,北京高校不断深化校际交流与合作,将新文科建设逐步推向深入。2022 年,首都师范大学和北京大学联合举办新文科建设暨中文拔尖学生培养课程体系研究高端论坛,以此为载体推动建立全国中国语言文学拔尖学生培养基地建设共同体,旨在加强高校之间的交流、分享与合作,为不断完善拔尖人才培养机制、全面提升育人能力和培养质量共同努力。在高校具体实践中,中央财经大学财政税务学院明确"聚焦中国特色、引领国际前沿、贯通跨学科思维、实践新技术能力"的国际化人才培养方向,推行"模块化课程体系""精英人才培养模式""个性化学习体验"三大改革主线,实施"财税通才与精英人才"培养模式,打造立体化第二课堂,形成了"一核·四翼·六维驱动培养中国特色财税精英人才"的新文科建设成果,入选全国新文科教育研究中心编著的《新文科建设年度发展报告 2022》,为全国新文科建设提供了中央财经大学的范例。①

(五)持续精准发力,全面深化教育教学改革提升本科人才培养质量

质量是高等教育的生命线,提升高等教育人才培养质量是高教战线的永恒话题。北京市推出《北京高等教育本科人才培养质量提升行动计划(2022~2024 年)》,计划利用三年时间进一步推进高等教育本科人才培养系统性改革,夯实教育教学根基,探索育人创新模式,完善保障激励机制,努力构建德智体美劳全面培养的教育体系,为全面建设社会主义现代化国家提供人才智力支撑。三年行动首战之年,各项改革工作稳步推进。

专业建设是高等学校推进教育教学改革的核心环节,专业的结构布局和建设质量直接关系高等教育服务国家重大战略和经济社会发展的能力。2022 年,北京市属高校进一步加快专业调整步伐,重点面向国家战略性新兴产业,共有 10 所高校新增备案本科专业 16 个,主要涵盖人工智能、储能技

---

① 《我校新文科建设典型案例入选〈新文科建设年度发展报告 2022〉》,http:∥jwc.cufe.edu.cn/info/1100/1345.htm。

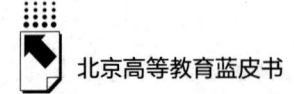

术、智能制造等领域；同时有4所高校撤销英语、市场营销、公共事业管理等10个专业，使高校本科专业设置进一步得到优化。

教师教书育人能力和水平是提升人才培养质量的决定性因素。为充分发挥教育教学改革示范引领作用，北京市通过教学名师和青年教学名师、优秀本科育人团队、优秀实验教学指导教师、优秀教学管理人员的评选，选树一批先进个人和集体，引领带动教师提升教书育人能力。为引导高校教师潜心教书育人，打造高校教学改革风向标，举办"第二届北京高校教师教学创新大赛"，共评选产生163个获奖教师（团队）；在入围国赛的角逐中共产生一等奖4个、二等奖7个、三等奖7个，北京理工大学获得优秀组织奖。

在项目建设方面，为鼓励和引导高校积极开展系统性、前瞻性、持续性研究及探索，加快构建体现北京高等教育优势与特色的一流人才培养体系，北京市持续开展"本科教学改革创新项目"建设工作，2022年共有239个项目获得立项支持。在教学资源建设方面，通过遴选一批能够体现北京高等教育优势特色、教学成效显著、示范作用广泛的优质教案，鼓励教师及时将新理念、新科技、新案例纳入课程教学之中，不断提高教师深化教学改革的积极性、主动性；通过遴选一批优质课程和教材课件，有力支撑高校专业发展建设和实践创新教育改革，不断提升北京高等教育人才培养质量。2022年共有294门优质本科课程、232项优质本科教材课件获得支持。

在完善学生学业评价体系方面，出台《北京市本科毕业论文（设计）抽检实施细则（试行）》，目的在于引导北京地区高校进一步规范和加强本科毕业论文质量管理，严把毕业标准，切实建立健全本科毕业环节质量保障体系。为提升毕业设计（论文）质量，开展北京市普通高校本科生毕业设计（论文）评优工作，共评选出优秀毕业设计（论文）1046项。

"以赛代练"是北京高等教育提高人才培养质量、促进学生学以致用、提升学生实践动手能力的重要特色和有效手段。2022年北京高等教育举办了机械创新设计、建筑结构设计、广告艺术、生物学、化工原理、人文知识、计算机应用、机器人等近30项比赛竞赛，以提高学生综合素养和各方面能力。

（六）聚焦提质培优，赋能高等职业教育高水平特色化发展

北京高等职业教育全面贯彻落实中共中央、国务院《关于推动现代职业教育高质量发展的意见》、全国职业教育大会和新修订的《职业教育法》精神，秉持高质量、有特色、国际化的发展理念，坚持围绕首都"四个中心"建设需求，不断优化类型特色育人体系，深入推进教育教学系统化改革，持续提升国际化水平，努力构建高质量现代化首都职业教育发展新格局，各项事业发展走上了提质培优、增值赋能的快车道，为推动首都经济社会发展、产业转型升级提供了有力支撑和坚实保障。

2022年北京高等职业教育特色亮点工作突出，取得显著成效。一是紧紧围绕学习宣传党的二十大精神开展系列工作，推动职业院校深入学习贯彻党的二十大精神；二是深入贯彻习近平总书记关于职业教育工作重要指示和全国职业教育大会精神，出台北京市《关于推动职业教育高质量发展的实施方案》，即北京职教新"京十条"；三是加强和改进北京职业院校思想政治和德育工作，坚持立德树人、德技并修，专门印发《关于做好2022年北京职业院校思想政治和德育重点工作的通知》；四是坚持围绕"四个中心"战略定位和"五子"联动，深入贯彻职业教育高质量发展理念，凸显首都高教分类发展中的职教特色定位，创新开展"双高""特高"项目建设，服务国家和首都的战略需求；五是坚持以新《职业教育法》为指导，进一步优化职业教育类型定位，推进应用型本科高校分类发展，鼓励有条件的普通高校开办应用技术型专业或课程；六是持续实施"职业院校教师素质提高计划"，通过国家级、市级、校级三级培训体系，赋能教师可持续发展，打造高水平"双师型"创新团队；七是充分发挥《北京市职业院校教学管理通则》规范引领作用，专门组织"校长说办学定位、教学副校长说管理落实、教务处长说教学运行、专业带头人说人才培养、师资副校长说师资团队"的"五说"行动；八是强化职教使命与担当，全力做好冬奥会服务工

作，率先培养出"国字号"制冰师，积极参与开幕式演出，设计创作非遗文创作品，全面参与志愿服务工作；九是持续深化职业教育领域的国际交流与合作，突出标准引领的定位，提升首都职教的国际影响力；十是落实数字化转型战略，培育高水平数字化资源库，认定18个实训基地为市级首批示范性虚拟仿真实训基地培育项目，并加强对所有培育项目的指导、监测和评估工作。

（七）追求优质卓越，"双一流"建设取得实质性进展

自国家启动"双一流"建设以来，根据《统筹推进世界一流大学和一流学科建设总体方案》《统筹推进世界一流大学和一流学科建设实施办法（暂行）》等相关要求，北京市委市政府2018年印发《关于统筹推进北京高等教育改革发展的若干意见》，对加快推进一流大学和一流学科建设，推动北京高等教育内涵发展，全面提升北京高校学科实力和水平作出部署。同年，北京市出台《北京高校一流大学和一流学科建设管理办法》，对国家"双一流"、北京高校"高精尖"学科、北京高校"一流专业"和地方高水平大学建设工作加强顶层设计和宏观统筹，旨在引领具有中国特色一流大学的发展模式。

北京有34所"双一流"建设高校，其中8所世界一流大学建设高校、26所世界一流学科建设高校，共162个学科进入"双一流"建设名单。近五年统计数据显示，2021年北京"双一流"建设高校在学硕士生数比2017年增长了32.2%，在学博士生数增长了29.5%，体现出"双一流"建设高校在高水平人才培养上发挥着重要作用。[1] 从校均教学科研仪器设备值看，2021年北京一流大学建设高校校均教学科研仪器设备值达到了37.9亿元，是一流学科建设高校的3.8倍，是其他普通高校的13.1倍，充分体现出"双一流"建设高校在教学科研仪器设备配置上的优势。[2] 师资队伍建设方

---

[1] 赵新亮等：《"双一流"建设：生源情况变化》，《北京教育（高教）》2022年第5期。
[2] 赵新亮：《数说"双一流"建设：办学条件变化》，《北京教育（高教）》2022年第10期。

面,近五年北京"双一流"高校专任教师数增长了6.7%,具有高级职称教师数量增长了10.0%,高级职称教师占专任教师的比例由2017年的70.0%增长到2021年的72.2%,专任教师的职称结构得到进一步优化。[①]

在强化"双一流"建设背景下,2022年,北京高校在第三批"双万计划"建设中,共有360个专业入选国家级"一流专业",382个专业入选省市级"一流专业"。历经三年遴选,北京共有59所高校的1089个专业入选国家级一流本科专业建设点,占到全国总数的10%左右。2022年,无论是学科专业、人才培养,还是科研项目、成果产出,"双一流"高校硕果累累。北京工业大学新增国家级一流本科专业建设点12个、北京市级一流本科专业建设点9个;首次以第一完成单位在 *Science* 上发表高水平论文;入选全国科技创新高校50强;国家自然科学基金年度获批项目数量再创新高。北京理工大学获批首批国家卓越工程师学院建设试点单位;牵头获批国家基金委创新研究群体和重大科研仪器项目;获批首批建设全国重点实验室。北京化工大学在信息领域实现"杰青"人才"零"的突破;年度科研经费到款首次突破10亿元大关;获批全国首个化工领域国家自然科学基金基础科学中心项目1项、国家自然科学基金委员会创新研究群体项目1项。[②]

教育部"双一流"建设成效评价显示,各建设高校积极落实主体责任,在传承创新基础上,首轮建设总体实现阶段性目标。在第二轮"双一流"建设中,基于综合各方评价首轮建设成效突出,北大、清华获"双一流"学科建设自主权,两校率先深化改革,在率先冲顶世界一流过程中将发挥积极的引领示范作用。此外,北京有4所高校共新增4个一流建设学科。当前,北京高校正在以"双一流"建设为引领,全面开启建设高等教育强国的新征程。

(八)前瞻谋划布局,推动有组织科研进入快车道

高校是基础研究的主力军、高层次人才培养的主阵地、原始创新的主战

---

① 赵新亮:《数说"双一流"建设:师资情况变化》,《北京教育(高教)》2022年第7期。
② 《软科:官宣!这些"双一流",2022年获重大突破》,https://new.qq.com/rain/a/20230104A0704X00。

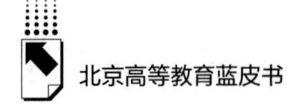

场。为充分发挥北京高校科研人才聚集地和重大科技突破生力军作用，北京市出台《北京高校科研创新发展行动计划（2022~2024年）》（简称《科创行动计划》），为北京高水平人才高地和"四个中心"建设擘画蓝图、指明航向。

以"卓青项目"为抓手创新培养青年科技人才。北京市自2017年开始实施"北京高等学校卓越青年科学家项目"，重点围绕首都城市战略新定位、构建高精尖经济结构和建设中国特色新型智库的重大任务，面向一些战略必争领域，基础科学、交叉前沿、战略性新兴产业和哲学社会科学等重点领域和研究方向开展攻关。该项目是北京高等教育推进科技创新改革、培养卓越青年科技人才的重要创新实践，在识才选才、信才用才、评才鉴才等方面进行了大胆探索，在高层次人才引育、科研创新平台建设、关键核心技术突破、发挥高端智库作用等方面取得了显著成效。《科创行动计划》提出，未来三年"卓青项目"的任务是完善前沿原创科学问题发现和提出机制，支持开展风险大、难度高、前景好的重大基础研究，解决一批数学、物理、生物、信息等领域重大科学问题，取得一批重大原始创新成果，进一步提升服务国家重大战略和北京国际科创中心建设的能力。

聚焦科技创新主战场，加快高精尖创新中心建设步伐。北京启动新一期北京高校高精尖创新中心建设工作，旨在引导高校以服务国家重大战略需求为目标，聚焦科技创新主战场，抓住科学范式和创新范式调整变革的重要契机，加强从基础理论研究到重大原创性技术突破的一体化创新，推动实现创新链上下游贯通发展，加速产出解决重大科学难题、突破核心关键技术的实质性科技成果，培养复合型高层次创新人才。在新一期建设中，北京市依托在京高校重点面向新一代信息技术、集成电路、生物医学、营养健康、碳达峰与碳中和、智能装备制造等领域统筹布局建设10个左右高精尖中心，坚持一中心一方案、一中心一政策、一中心一办法，推动北京高校全面融入经济社会发展，有力支撑北京率先建成国际科技创新中心，实现首都高质量发展。2022年，北京已相继成立未来区块链与隐私计算高精尖创新中心（简称"区块链中心"）、集成电路高精尖创新中心、首都医学科学创新中心等。在立项建设方面，新一期北京高校高精尖创新中心强化有组织科研，聚焦国家和北京经济社会关键紧迫重大问题，实行重大问题凝练和"揭榜挂帅"相结合的立项机制。其中，区块链中心依托北京航空航天大学、北京微芯区块链与边缘计算研究院等多家单位共同建设，是国际首个区块链与隐私计算科技创新平台，以解决长安链发展的技术问题为核心任务。区块链中心采用"一体两地、前店后厂"的运行模式。"前店"位于微芯研究院，主要承担关键技术研发、产品开发及实验验证工作，"后厂"位于沙河高教园区，利用园区高校资源优势以及昌平区医疗、能源、先进制造等区块链重点应用领域场景优势，开展基础理论研究、关键技术攻关和平台建设，形成未来科学城与中关村科学城的良性互动。① 北京高校高精尖创新中心是政府主导、高校支撑、多主体参与、实体运行的人才特区和科技特区，是强化北京高校科技智力资源优势，发挥高层次人才的支撑和引领作用，搭建有利于人才成长的高水平创新平台。

统筹推进北京实验室建设。北京实验室建设以国家和北京战略需求为导向，以提升高校创新和贡献能力为核心，以集聚创新资源为基础，以深化体制机制改革为动力，以促进科教融合为主线，着力建设高质量创新平台、打造高层次创新人才队伍、提升创新型人才培养质量，旨在进一步提升首都高校科技创新贡献力。《科创行动计划》进一步明确今后三年北京实验室的主要任务是把握基础研究与应用研究一体化发展趋势，强化应用牵引、突破瓶颈导向，面向人工智能、区块链、生物技术等重点领域，整合优势科研资源，努力实现"从0到1"的原创性突破。

北京市在加强市级统筹谋划科研协同创新、搭建高水平创新平台、引导高校瞄准科技前沿和关键领域开展协同攻关的同时，各高校也依据自身学科、人才、平台优势，持续推进科研机构和团队的组织化建设，努力构建校级有组织科研体系。2022年，北京工业大学召开科技工作大会并发布《北

---

① 《国际首个区块链与隐私计算科技创新平台在京成立》，http：//jw.beijing.gov.cn/kyc/gzdt_15524/202202/t20220221_2613850.html。

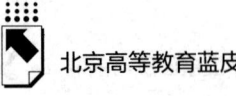

京工业大学科研创新发展行动计划（2022~2024年）》，明确学校在今后三年的工作任务：一是强化需求导向，将"有组织"科研从学校向团队纵深推进；二是增强改革合力，完善评价体系，适应科研范式变革新趋势；三是落实"放管服"改革，激发创新活力，构建开放协同的科技创新生态，将学校打造成具有自主创新活力、产业发展保障、高端人才集聚的创新高地。①

（九）提升治理水平，市属高校分类发展不断深化

北京市以高校分类发展作为提升教育治理能力和治理水平的重要途径，推动高校转变发展方式，完善内部治理、提升发展效益、增强办学实力，重点推动高校综合改革和内部人事制度改革，完善分类考核和分类支持机制，推进高等教育内涵发展、特色发展、差异化发展。自2020年北京市出台《北京市属公办本科高校分类发展方案》以来，高校分类发展持续推进、不断深化。

将修订大学章程作为高校分类发展的基本遵循。大学章程是坚持依法治校、实现治理体系和治理能力现代化的重要基础，是推进高校分类发展、提高办学水平与办学质量的重要保障，也是学校凝练底蕴、改革创新的重要抓手。② 2022年，北京市全面推进市属高校章程修订工作，确保新时代高校党的建设的新要求和市委市政府关于高校分类发展的新部署在这部高校"小宪法"中得到充分体现。

以项目为牵引推进分类发展落实落地。市财政局、市教委设立市属公办高校分类发展项目，作为推动市属高校分类发展的重要抓手。对申报项目进行严格遴选，力争对符合学校办学定位，有利于凸显学校特色，能够切实创新人才培养模式、强化优势学科专业、推动有组织科研创新、提升学校办学水平的项目给予精准支持。同时，对已启动包括校内人事制度改革、薪酬制

---

① 支艳蓉：《北京工业大学发布科研创新发展行动计划》，https://baijiahao.baidu.com/s?id=1738751852425518018&wfr=spider&for=pc。

② 《市教委对市属高校章程建设进行再动员再部署》，http://jw.beijing.gov.cn/jyzx/ztzl/bjjypf/fzzx/pfdt/202206/t20220620_2746977.html。

度改革等综合改革以及服务首都社会经济发展的学校和项目优先支持，推动市属高校在不同类型和不同领域办出特色、争创一流。

充分发挥评估工作的积极促进作用。在 2020 年北京市属公办本科高校分类发展的基础上，北京市组织对"高水平研究型大学（B 类）"高校和"高水平特色型大学（B 类）"高校在 2 年建设期满后进行评估，并根据建设成效调整学校的发展类型。此次评估工作有力推进相关高校深入总结分析近年来在推进分类发展、明确办学定位、提升办学实力等方面取得的工作进展，进一步明晰学校的发展定位和类型，引导高校更好地适应时代和市场的需求，提升学校的适应性和创新性，有助于实现可持续发展。

（十）坚持多措并举，促进更加充分更高质量的就业

就业是民生之本。党的二十大报告指出，实施就业优先战略，强化就业优先政策，健全就业促进机制，促进高质量充分就业。北京市第十三次党代会提出，坚持就业优先导向，抓好高校毕业生、城镇困难人员等重点人群就业，鼓励创业带动就业和灵活就业。2022 年，北京普通高等教育毕业生（专科、本科、研究生）达 26.9 万人，同比增加 1.8 万人，加上新冠疫情、国际经贸环境变化等问题叠加影响，毕业生就业形势异常严峻。北京市坚持实施积极的就业政策，扎实推进高校毕业生就业工作，2022 届高校毕业生初次毕业去向落实率好于预期。

提前布局、提早谋划，主动出击助力大学生就业创业。2021 年 9 月，北京高校 2022 届毕业生就业创业服务工作正式启动。市教委组织北京地区各高校面向 2022 届高校毕业生举办"线下+线上"分层次、分类别、分行业系列专场招聘会 380 余场，持续不断为高校毕业生提供就业选择机会。同时，通过不断拓宽思路，加强引导，确保就业工作落实落地。重点举措包括三个方面。一是深化校企合作，提高供需匹配度。探索建立校企对接合作的长效机制，通过打通需求与供给，不断提高供需匹配度，实现学校人才培养与企业人才需求之间的无缝对接。二是加强就业指导，提升就业能力。指导各高校组织各类宣讲会 3400 余场，举办讲座、培训、辅导等就业创业指导

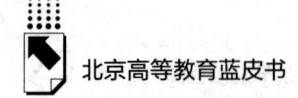

与咨询活动1800余场,帮助广大毕业生树立正确的就业观。三是依托北京高校大学生创业园孵化体系,充分发挥创业带动就业的倍增效应。

多措并举、综合施策共促就业。北京市政府印发《北京市支持高校毕业生就业创业若干措施》,从促进就业、支持创业、提升能力、重点帮扶、优化服务、组织保障等6个方面,提出了本市促进高校毕业生就业创业工作的16条具体措施,包括多渠道挖掘岗位促进高校毕业生就业、对困难家庭毕业生实施"一人一档""一生一策"精准帮扶、对创新创业给予大力支持、落实取消报到证并持续健全服务体系等综合"政策包"助力高校毕业生就业创业。同时,推出《北京市稳就业专项行动实施方案》,采取一揽子纾困帮扶政策和服务,全力做好北京市稳就业保就业工作。例如,对招用毕业年度北京市高校毕业生、签订劳动合同并参加失业保险的企业,每招用一人给予企业1500元一次性扩岗补助。对招用毕业年度高校毕业生的用人单位,给予不超过3年的社会保险补贴。同时,支持高校毕业生灵活就业,给予北京生源高校毕业生最长不超过3年的灵活就业社会保险补贴。

在各方政策积极引导和促进下,北京高校积极行动起来,采取多种措施迎接"最难就业季"挑战。北京工商大学严格落实"一把手"工程,深入推进全员促就业工作计划。开展就业教育课程建设;针对毕业生的各类就业需求,开展个性化、精细化就业服务,如针对家庭贫困毕业生开展"春雨行动",为其提供专业的生涯发展和求职咨询服务等;深入学院调研就业工作,落细落实毕业生"一生一策";坚持"走出去""请进来",开展访企拓岗促就业专项行动;充分发挥校园招聘主渠道优势,举办了"校园招聘季""就业促进月专场""贯通专场""行业专场"等各类招聘活动。截至2022年底,该校2022届毕业生总体毕业去向落实率为93.72%。[①] 多所北京高校发布的2022就业质量报告显示,大部分北京高校毕业生的毕业去向落实率超过了90%。清华大学2022届毕业生共计8003人,毕业去向落实率为

---

① 《北京工商大学2022届毕业生总体去向落实率为93.72%》,https://baijiahao.baidu.com/s?id=1756449527089524520&wfr=spider&for=pc。

98%，其中选择在国内外深造的有 35.4%，签三方就业协议的比例为 52.5%；北京航空航天大学 2022 届毕业生总数为 8485 人，毕业去向落实率为 93.58%；北京工业大学 2022 届毕业生去向落实率为 95.85%，北京邮电大学为 91.73%，首都经济贸易大学为 93.79%。①

（十一）回应时代诉求，全方位服务国家和首都经济社会发展

进入新时代，首都北京与党和国家的使命更加紧密相连，首都功能作用越发凸显。北京高校全面贯彻新发展理念，以服务国家重大战略需求和首都高质量发展为使命，深刻把握新形势新要求，全方位支撑国家和首都经济社会发展，为首都率先基本实现社会主义现代化奠定坚实基础。

北京高等教育人才培养层次稳步上移，学科专业布局持续优化，为经济社会发展提供强有力的人才支撑。2022 年，北京普通高校毕业生（专科、本科、研究生）26.9 万人，其中，毕业研究生 11.4 万人，占比 42.6%；毕业本科生 12.7 万人，占比 47.4%；毕业专科生 2.7 万人，占比 10.0%。②历年数据分析显示，北京高校研究生培养规模保持稳步增长的态势，特别是博士生培养增速较快，为服务国家战略和首都"科技创新中心"建设提供有力的高层次人才持续供给。同时，北京高校紧密围绕服务经济社会发展和产业升级对人才的需求，不断优化人才培养结构，加速调整专业布局。主要举措包括：一是对现有专业体系进行重组整合、交叉融合，布局一批战略性新兴交叉专业，瞄准科技前沿和关键领域培植新的专业；二是高起点布局支撑国家原始创新能力和可持续发展能力的基础学科专业，重点围绕集成电路、人工智能、储能技术、量子科技、高端装备、智能制造、生物技术、医学攻关、数字经济、生物育种等相关专业，加快培养紧缺人才；三是紧密围绕首都产业结构升级，面向首都支柱产业、高新技术产业、现代服务业等对

---

① 何蕊：《多家在京高校公布就业质量报告 2022 届毕业生去向落实率超九成》，https：//www.beijing.gov.cn/fuwu/bmfw/sy/jrts/202301/t20230131_2909186.html。
② 《2022～2023 学年度北京教育事业发展统计概况》，https：//jw.beijing.gov.cn/xxgk/shujufab/tongjigaikuang/202303/t20230317_2938666.html。

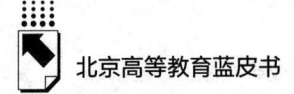

人才的需求，大力推进新一代信息技术、医药健康、智能装备、节能环保、新能源智能汽车、新材料、软件和信息服务、科技服务、商务服务、金融、文化艺术、生活服务等首都紧缺人才相关专业的建设，培养适应首都经济社会发展要求的高素质专门人才。①

聚焦服务国家创新驱动战略和北京全国科技创新中心建设，强化北京高校科技智力资源优势，发挥高层次人才的支撑和引领作用。2022年，北京大学、清华大学联合牵头建设集成电路高精尖创新中心，深度参与北京经开区集成电路产业发展，支撑企业、研究院所和高校协同科研创新模式，协助企业开展产业科研攻关任务，积极融入服务新时代首都发展。由北京航空航天大学和北京微芯区块链与边缘计算研究院牵头组建的未来区块链与隐私计算高精尖创新中心，推动140余个北京数字政务服务应用场景，促进57个市直部门2.8万类数据项、327亿条数据共享，确保智慧城市应用场景落地。北京物资学院建设双碳研究院、城市副中心发展与治理研究院、期货学院和京东学院等平台，主动融入服务首都发展。北京信息科技大学组建数字产业学院，参与3个北京市高精尖创新中心建设，入选北京市首批科技成果概念验证平台。②

首都高校助力北京冬奥会、冬残奥会，为科技增色，为文化添彩。冬奥会开幕式上，北京理工大学打造的"虚拟开幕式"惊艳全场；闭幕式上，该校计算机学院数字表演与仿真技术团队再次亮相鸟巢，用科技的力量让闭幕式"空灵与浪漫"。奥运主会场LED巨幕显示屏由北京交通大学校友张晋芳团队完全自主研发的显示芯片驱动。以冬奥口号"一起向未来"为代表的专用汉字设计来自中央美术学院与北京大学中国文字字体设计与研究中心，中央美术学院师生还参与了北京2022年冬奥会和冬残奥会会徽、奖牌、动态图标和颁奖服装设计。北京印刷学院获批北京2022年冬奥会和冬残奥

---

① 柳长安：《北京高校专业建设工作推进会上的讲话》，http://jwc.ccbupt.cn/gzzd/sjwj/03a1039de4dc47e4b2ac0093b6ce1a2a.htm。
② 臧晓菲：《北京高校以高质量党建引领首都高等教育高质量发展》，https://m.gmw.cn/baijia/2023-02-21/36380436.html。

会开闭幕式创意基地，近 50 名教师和 150 名学生充分发挥多媒体和视觉传达设计专业优势，用"创意设计艺工融合"讲好中国故事。北京电影学院未来影像高精尖创新中心牵头研发的"黑科技"——场馆仿真系统（VSS 系统）高效精准地为观众呈现精彩绝伦的视觉盛宴。清华大学工程物理系陈涛老师项目团队研发了冬奥会态势感知与运行指挥保障系统，实现早发现问题、查找风险，并以情景推演的模式给出对策参考，成为名副其实的运行指挥核心枢纽。北京教育系统约 2.33 万人投身北京冬奥的服务保障工作，其中约 2.25 万人来源于北京高校，为冬奥会的服务保障工作贡献智慧和力量。①

服务乡村振兴，助力基层建设，北京高校师生社会责任感不断增强。2022 年暑假，来自北京高校的 100 支实践团队入选首都高校师生服务"乡村振兴"行动计划，奔赴全国 22 个省份的 119 个乡村开展社会实践，以文化兴农、科技支农、智慧助农，助力乡村振兴发展。北京林业大学学生为内蒙古自治区科右前旗红旗村设计了体育文化广场景观，绿化、体育设施、电影幕布等一应俱全，改善村庄人居环境，丰富村民文化生活。北京农学院在房山区蒲洼乡建设智能蜂场，研发出可实时监测温度湿度等信息的智能蜂箱，帮助蜂农减少了 50% 的人工消耗，蜂蜜产量翻了一番。② 首都体育学院以与北京海淀区北太平庄街道开展合作共建为契机，积极探索为社会服务的新途径。采取的主要措施包括：充分发挥体育院校专业优势，构建特色鲜明的社区公共体育服务体系；开放学校教育资源，搭建内容丰富的社区公共文化服务平台；搭建实践平台，构建双赢互益、校地融合的健康社区。通过品牌效应不断带动高校为社区服务向纵深方向发展，校地双方"共建共生、共建共享""健康社区"氛围初步形成，合作共建模式初显成效。

---

① 《首都高校助力精彩冬奥　演绎文化魅力、贡献科技力量》，https://baijiahao.baidu.com/s?id=1725538937476272457&wfr=spider&for=pc。
② 何蕊：《首都高校大学生暑期社会实践为城乡发展"充电"》，https://baijiahao.baidu.com/s?id=1740937753260649356&wfr=spider&for=pc。

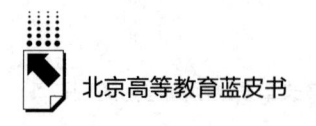

三 挑战与展望

在实现高等教育现代化的伟大进程中，首都北京在发展具有中国特色、世界水平的现代高等教育方面责任重大。北京必须以更大的力度深化高等教育综合改革，推动首都高校从"以量谋大"向"以质求强"转变，实现内涵式发展，使首都高校成为体现国家高等教育国际竞争力的战略高地。[①]

（一）探索拔尖创新人才贯通培养，加快构建创新人才培养体系

拔尖创新人才是国家重要的战略资源。战略人才是站在国际科技前沿、引领科技自主创新、承担国家战略科技任务、支撑我国高水平科技自立自强的重要力量。当前，北京部分高水平研究型大学已经在拔尖创新人才培养方面进行了多年的有益探索。例如，北京大学2001年成立"元培学院"，清华大学从20世纪末开始建立数理基础科学班，中国人民大学2003年建立人文社会科学领域拔尖创新人才培养实验班，这些探索为拔尖创新人才培养提供了多样化、可借鉴的创新模式，并取得了初步成果。与此同时，在基础教育阶段，北京在中高衔接培养创新人才方面也取得了丰富经验。例如，北京市于2008年开始实施"翱翔计划"，面向全市学有余力、对研究有兴趣、有创新潜力的高中学生，为他们提供在常规学校教育之外适合其成长需求的教育，通过学校与社会资源的横向整合、高中与高校资源的纵向衔接，实现丰富的、持续性的优质资源供给。这一项目自运行以来，在创新人才培养的体制机制、人才培养的有效路径与模式、推进中学大学有机衔接等方面进行了卓有成效的探索，在社会上取得积极反响。但总的来看，目前北京市基础教育阶段在拔尖创新人才选拔和培养方面缺少科学规划和统筹设计，人才培养能力仍然不足，中学与高校在拔尖创新人才联合培养方面缺乏合力，拔尖

[①] 桑锦龙：《新时代推进首都高等教育高质量发展的思考》，《北京教育（高教）》2022年第1期。

创新人才培养体系尚未形成。

当前，北京在培养拔尖创新人才方面有大量丰富的教育资源，例如，北京八中有超常教育实验班，人大附中早培班主要试点从小学、初中、高中到大学的"绿色成才通道"，此外，在基础教育阶段北京还拥有一大批实力雄厚、基础扎实的优质学校。在高等教育方面，北京高水平大学林立，特别是一流研究型大学数量在全国首屈一指，建立拔尖创新人才贯通培养机制具有得天独厚的条件。在率先迈向教育现代化的新征程中，北京市需要以教育综合改革为契机，全方位统筹本市基础教育、高等教育资源，探索贯穿各级各类教育的创新人才培养途径，创新拔尖创新人才培养的体制机制，支持有条件的高中与大学科研院所合作开展创新人才培养研究与试验，鼓励高等学校联合培养拔尖创新人才，大力提高研究生教育质量，培育学生自觉增强创新精神和创新能力的有效机制，为建设具有中国特色的拔尖创新人才培养体系贡献北京样本。

（二）以深化评价制度改革为抓手，加速推进市属高校分类发展

自 2020 年《北京市属公办本科高校分类发展方案》出台以来，北京市积极采取措施，持续推进高校分类发展不断深入。但对标新时代首都高质量发展要求，市属高校发展仍面临一些亟待解决的问题。一是分类发展推进缓慢。目前部分高校对分类方案的认同度不高、顾虑较大、态度消极，高校分类建设速度缓慢，且在相当大程度上仍存在追求"高、大、全"的内在冲动，办学同质化倾向仍然存在。二是学校整体评价长期缺失。多年以来，北京市级层面缺乏对市属高校整体上的评价，严重制约和影响市属高校的建设发展。三是学校内部评价考核机制和激励机制缺失。学校整体评价考核的缺失同时也导致学校内部的评价考核机制相应滞后，造成高校内部评价体系的建立和推行难以深入。

中共中央、国务院印发的《深化新时代教育评价改革总体方案》明确提出，"推进高校分类评价，引导不同类型高校科学定位，办出特色和水平"。北京市委市政府对市属高校分类发展问题始终高度重视。原北京市市

长陈吉宁提出,"强化分类考核。借鉴国际先进经验做法,按照高校三种发展建设类型,认真研究制定科学合理的分类考核方案,充分发挥绩效考核'指挥棒'作用,积极引导高校进一步明确发展战略、聚焦重点。"原北京市委书记蔡奇提出,"要完善高校分类发展促进和保障机制,加强分类考核评估,引导高校正确认识自身定位,突出优势和特色,提高办学水平"。在新发展阶段,积极落实市委市政府关于推动市属高校分类发展的总体部署,北京市迫切需要以深化评价制度改革为抓手,以深化高等教育综合改革、推进分类发展为目标,进一步完善高等教育治理体系,加快相关配套政策的制定和管理体制机制的创新,以重新构建高校资源配置策略为突破口,加强差异化教育供给改革,引导高校在不同类型和不同领域办出特色、争创一流。

(三)扩大高等教育对外开放,全力提升首都教育国际化水平

对外开放是教育现代化的鲜明特征和重要推动力。近几年来,受新冠疫情冲击、经济下行和国际留学市场形势变化等多重因素影响,高等教育全球化特别是留学生教育快速发展的步伐几近停滞。有数据显示,疫情前的2006~2019年,北京高校在校留学生人数从27679人上升至51671人,年均增长率为4.92%。[1] 2022年统计数据显示,当前北京高等教育国际学生在校生数34272人[2],已远远低于疫情前的水平。教育是国际交往中心功能建设的重要窗口,如何开创高等教育对外开放的新局面,是新发展格局下北京面临的一个亟待解决的问题。

《首都教育现代化2035》提出,"到2035年实现高水平教育现代化……使北京成为全球主要留学中心和世界杰出青年向往的留学目的地,为初步建成国际一流的和谐宜居之都提供重要支撑"。《北京市"十四五"时期教育改革和发展规划(2021~2025年)》提出,"首都教育必须在开放发展、推进高水平教育交流合作方面发挥重要作用"。"十四五"规划中的一项主要

---

[1] 杨振军等:《北京高等教育发展研究报告(2021)》,知识产权出版社,2021。
[2] 《2022~2023学年度北京教育事业发展统计概况》,http://jw.beijing.gov.cn/xxgk/shujufab/tongjigaikuang/202303/t20230317_2938666.html。

任务就是促进来京留学提质增效。做大做强"留学北京"品牌，优化北京市外国留学生奖学金项目，优化留学生招生结构，提高学历层次，提高学历生比例。完善留学生高等教育质量标准，健全来京留学质量保障体系。2021年底，北京市教委颁布《北京市来华留学生高等教育质量发展指标体系（试行）》，该指标体系将高校留学生工作量化为配置分值的参数体系，为高校做好留学生工作提供了文件指引，进一步完善来华留学质量标准和管理服务。同时，结合北京推进国际交往中心功能建设的实际，北京市教委印发《关于服务国际交往中心功能建设 推动新时代教育对外开放的若干措施》，整体设计、统筹推进首都教育系统对外开放。上述政策的出台为首都高等教育加强国际交往、扩大对外开放提供了根本遵循。在迈向新时代的历史征程中，北京高等教育加大对外开放具有重要的时代意义，政府需充分发挥统筹协调作用，加强顶层设计，多措并举推动来华留学实现内涵式发展。积极鼓励开放办学，找准着力点和突破口，构建上下有效衔接的工作机制，加强与世界各国高校和学术机构的交流与合作，努力形成更全方位、更宽领域、更多层次、更加主动的教育对外开放局面。

（四）深入实施教育数字化战略，开展高等教育全面质量监测

多年来，北京高等教育持续加大对师资、课程、教学、专业、学生学习等方面的建设投入，并通过开展一系列与上述各要素密切相关的选优评优和竞赛活动，以期提高教育教学质量。上述举措着重在面向教育投入类要素上着力，对过程性和产出类要素的着力相对较少；同时，由于目前过程性、结果性教育教学数据化和信息化水平较低，高等教育教学过程和结果依然处于"黑箱"之中，使政府、高校在教育教学改革和投入上采取的各项举措对于大学生学习过程和结果产生的效果无法证实。除了少数获得优秀奖励的教师、学生、课程之外，绝大多数的教育教学主体的质量依然未纳入全面的、经常的考量。

党的二十大报告指出，要"推进教育数字化"。北京高等教育深入实施数字化战略行动，需要大力促进理念、模式、方法、评价手段等各方面的数

字化转型，在深化融合应用、加快开放共享上发力，积极打造高等教育数字化生态环境。政府、高校及师生应提高站位、充分重视，主动积极应对数字化转型对高等学校教育教学提出的挑战，尽快在理念认同、制度完善、素养提升、方法手段规范等多方面采取相应措施，共同促进高校教育教学水平和人才培养质量的提高。高教管理部门应加强宏观规划，引导高校落实数字化转型；构建北京高校数字化发展建设评价指标体系，开展数字化转型发展监测与建设评估；打造市级高等教育大数据中心，汇聚各方、各类数据资源，提升高校数据一体化建设进程；建立健全激励、奖惩机制，加强宣传推广，助力高校数字化转型。

在开展高等教育全面质量监测过程中，各高校应主动更新教育教学理念，加强顶层设计，提高课程资源、课堂教学、人才培养质量、评估评价等方面的数字化转型成效。以教师评价制度改革和智慧校园建设为关键突破口，积极构建基于OBE（成果导向教育）理念的在线实时教学管理系统，一方面将课程资源、教育教学数字化；另一方面实现对全体师生、全部教学活动、全时长的管理与分析，不断完善教学质量监控体系，提升教学管理效能。市级层面需要统筹规划、集中力量开展北京高等教育投入、过程和产出，乃至劳动力市场、经济运行发展的全面监测，建设北京高等教育大数据中心，通过汇总教学、科研等各类数据实现对高等教育质量的实时监测、分析和预警，为教育决策提供有力支持，有助于进一步提升北京高等教育数据化、数字化和信息化水平，主动迎接"第四次教育革命"的挑战。

（五）加强职业发展规划指导，促进毕业生更高质量的就业

高校毕业生就业创业是一项事关经济发展、社会稳定、教育质量、个人成就的重大事项。近年来，国家、教育部、北京市对高校毕业生就业创业工作给予极大重视，出台了一系列政策、举措提高毕业生就业创业质量，取得了显著成效。但从现实情况来看，2022年我国高校毕业生首次突破千万大关，之后毕业生规模逐年仍将保持高位运行。2023年，北京高校毕业生约28.5万人，比上一年净增1.6万人，毕业生规模创历史新高，就业形势日

趋严峻。

在政府、高校采取积极的就业政策、多措并举拓宽就业渠道的同时，帮助学生苦练"内功"、早早做好人生规划和职业准备是当前高校亟须补上的一课。目前高校毕业生就业创业工作普遍后置，学生对自己的人生和职业选择缺乏明晰的规划，大学期间作为学校与职场的中间地带和过渡阶段，需要高校帮助学生实现从学习者到职场人的转变和蜕变，帮助学生掌握基本的职业知识、技能、态度，做好职业准备，在毕业时达到职场入门的基本要求。基于此，建议高校加强对学生职业发展的规划与指导，将高校毕业生就业创业重心前移，结合高校劳动教育，为低年级学生引入未来人生发展方向的教育指导，引入未来职场所需的知识、技能、态度的基本训练，为学生提供与未来职业发展相关的机构、单位、场所进行实习、实践和顶岗体验，让学生获得未来职业发展的经验与体会，拉长毕业生就业创业工作的战线，为更好地完成高校毕业生就业创业工作进行前期、系统的教育和准备。同时，高校在广泛了解国家经济社会发展状况及相关行业发展趋势的同时，要进一步提高大学生就业创业指导工作的质量和水平。加强就业趋势的前瞻分析，培育学生就业创业的自主意识，实现个人职业生涯的精准指导，为毕业生提供广泛、多样化的就业信息和渠道。

分报告
Sub Reports

B.2 北京高校新工科建设进展报告*

朱贺玲 辛艺如 王楠 纪效珲**

摘　要： 北京高校积极回应时代命题，坚持服务"国之大者"，全方位深层次大力度推进新工科建设。以更新理念、深化探索为目标，积极开展新工科研究与实践；以优化结构、促进交叉为抓手，持续强化学科建设的国家战略导向；以打破壁垒、联动资源为重点，着力打造产教融合协同育人新高地；以创新模式、强化价值为根底，全面重塑新工科人才培养体系。北京高校新工科建设面临系列困境，基于分类的学科理念、专业化人才培养模式、单一学科中心的院系结构、现行学科建设与管理机制阻碍复合型工程人才

---

* 本报告为2023年北京市社会科学基金决策咨询项目"北京市属高校新工复合型工程人才培养模式研究"（项目编号：23JCC073）、教育部新文科研究与改革实践项目"学部制改革与新文科复合型人才培养创新与实践"、北京工业大学教育管理研究课题"学部制改革下学科有效融合的制度困境与出路"（项目编号：GL2022-B03）的阶段性成果。

** 朱贺玲，哲学博士，北京工业大学文法学部、首都工程教育发展研究基地副研究员，硕士生导师，主要研究方向为大学治理、高等教育政策；辛艺如、王楠，北京工业大学文法学部硕士研究生，主要研究方向为高等教育行政与管理；纪效珲，管理学博士，北京教育科学研究院高等教育科学研究所助理研究员，主要研究方向为教育经济与管理。

培养。新工科建设应树立智能时代的新工科观和人才质量观，优化跨学科、复合型人才培养新模式，完善基于学部制的跨学科合作平台，深化制约复合型工科人才培养的管理机制改革。

关键词： 新工科建设　学科融合　交叉学科　北京高校

当前，世界范围内新一轮科技革命和产业变革加速进行，以新技术、新业态、新产业、新模式为特点的新经济，以及产业转型升级和新旧动能转换、国家系列重大战略的推进等均对工程科技人才提出了新要求。新工科建设作为"卓越工程师教育培养计划"的升级版，需要高校瞄准国家战略人才需求，把握新工业革命带来的时代机遇，聚焦"新的工科专业、工科的新要求"建设内涵，着力培养高层次创新型、复合型、应用型工程人才。

一　新工科：学科建设与人才培养的语境转换

为应对新一轮科技与产业革命，我国提出"两个一百年"奋斗目标，统筹推动"五位一体"总体布局和协调推进"四个全面"战略布局，深入实施"创新驱动发展""一带一路""互联网+""京津冀协同发展"等系列国家顶层发展战略，迫切需要高等工程教育提供人才保障和智力支持。当前，学科交叉融合加速，新兴学科不断涌现，前沿领域持续延伸，颠覆性技术层出不穷，高等工程教育改革亟须突破路径依赖，"新工科"建设提供了全新视角和"中国方案"。

自2016年提出初步构想后，我国于2017年初积极推进新工科建设，先后形成"复旦共识"[①]（2017年2月）、"天大行动"[②]（2017年4月）和

---

① 《"新工科"建设复旦共识》，《高等工程教育研究》2017年第1期。
② 《"新工科"建设行动路线（"天大行动"）》，《高等工程教育研究》2017年第2期。

"北京指南"①（2017 年 6 月）等纲领性文件。伴随新工科建设"三部曲"的推出，教育部高教司和办公厅先后发布《关于开展新工科研究与实践的通知》（教高司函〔2017〕6 号）、《关于推荐新工科研究与实践项目的通知》（教高厅函〔2017〕33 号），借由政策引导激发改革动力，鼓励高校积极开展新工科研究与实践。经统计，首批新工科研究与实践项目包括五大选题 30 个项目群 612 个项目。2020 年，教育部办公厅发布《关于推荐第二批新工科研究与实践项目的通知》（教高厅函〔2020〕2 号），经专家综合评议，最终认定五大选题 39 个项目群 845 个项目。同一时期，多项政策文件涉及新工科建设重要内容。

在理论深化、实践探索的基础上，新工科建设启动未来技术学院、现代产业学院、特色化示范性软件学院建设系列工作，引导高校加快体制机制创新，积极打造新工科人才培养高地。教育部办公厅、工业和信息化部办公厅印发《特色化示范性软件学院建设指南（试行）》（教高厅函〔2020〕11 号）、《现代产业学院建设指南（试行）》（教高厅函〔2020〕16 号），教育部办公厅发布《未来技术学院建设指南（试行）》（教高厅函〔2020〕6 号），支持科研实力强、综合优势明显的研究型高校建设未来技术学院，支持行业特色鲜明、与产业联系紧密的应用型高校建设现代产业学院，支持特色学科实力强的高校建设特色化示范性软件学院等专业特色学院。

新工科建设以"应对变化、塑造未来"为建设理念，以继承与创新、交叉与融合、协调与共享为主要途径，旨在培养多元化、创新型卓越工程人才。随着新工科建设的不断深入和持续拓展，其本身的推进范式亦发生相应的变化，由轰轰烈烈的理念倡导和顶层设计转为扎扎实实的推进落实和质量提升阶段。依据新工科建设路线图，2030 年形成中国特色的新工科发展优势，服务创新驱动发展能力显著增强；2050 年形成引领全球新工科的中国模式，为全面建成小康社会和实现中华民族伟大复兴的中国梦提供

---

① 《新工科建设指南（"北京指南"）》，《高等工程教育研究》2017 年第 4 期。

支撑。①

为贯彻落实教育部关于新工科建设的政策要求，北京市全面深化高等工程教育改革，积极开展新工科研究与实践，优化专业结构，在学科广泛交叉的基础上推动体系化、制度化建设，着力交叉学科建设的顶层设计、组织形式创新、社会资源的转化以及复合型工程人才培养体系改革，旨在推动北京高校新工科建设及工程教育改革的创新，提高北京高校高等工程教育质量。

二 积极推进主动作为，深度服务国家战略：北京高校新工科建设的实践探索

北京高校围绕"新的工科专业，工科专业的新要求，交叉融合再出新"总体思路，全方位、深层次推进新工科理论研究、学科建设与布局优化、产教融合协同育人平台建设和组织模式创新、多元化创新型卓越工程人才培养模式探索，旨在提升工程教育质量，助推经济转型升级，应对未来新技术和新产业的国际竞争和挑战。

（一）以更新理念、深化探索为目标，积极开展新工科研究与实践项目

为探索建立工程教育新理念、新标准、新模式、新方法、新技术、新文化，教育部于2017年组织推荐新工科研究与实践项目。北京28所高校获批76项首批"新工科"研究与实践项目，占项目总数的12.42%，内容涉及"新工科"理论研究及国际化、学科交叉融合、新兴工科探索、新工科专业改革、工科专业更新改造、创新创业教育改革、协同育人与实践教育改革、高层次人才培养模式探索、个性化培养模式改革、地方高校"新工科"综合改革、工科与人文社科交叉、医工结合实训基地建设等多个议题。

---

① 钟登华：《新工科建设的内涵与行动》，《高等工程教育研究》2017年第3期。

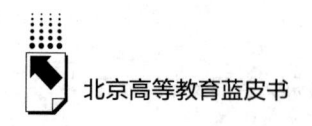

表1 北京高校入选"新工科"研究与实践项目数量

单位：项

序号	高校名称	首批项目数量	第二批项目数量	项目总量
1	清华大学	6	12	18
2	北京理工大学	5	13	18
3	北京航空航天大学	7	8	15
4	中国农业大学	4	10	14
5	北京交通大学	3	10	13
6	北京大学	5	4	9
7	中国矿业大学（北京）	4	3	7
8	中国石油大学（北京）、北京科技大学	3	4	7
9	北京化工大学、中国人民大学、北京邮电大学	3	3	6
10	北京联合大学	2	4	6
11	北京工业大学	1	5	6
12	中央民族大学、北京电子科技学院、中国地质大学（北京）	3	2	5
13	北京师范大学	2	3	5
14	中国传媒大学	1	4	5
15	北京林业大学	0	4	4
16	华北电力大学（北京）	3	0	3
17	中国科学院大学	0	3	3
18	北京印刷学院	2	0	2
19	北京信息科技大学、北方工业大学、北京石油化工学院	1	1	2
20	中央财经大学、北京语言大学、中国消防救援学院、中央美术学院、北京服装学院、中国劳动关系学院	0	2	2
21	首都师范大学、北京城市学院、北京建筑大学、北京体育大学	1	0	1
22	对外经济贸易大学、中国人民公安大学、北京工商大学	0	1	1

资料来源：研究者自行统计。

在首批新工科研究与实践项目的基础上，教育部于2020年组织第二批项目推荐与申报工作。北京39所高校获批项目124项，占项目总数的

14.67%，较之首批研究与实践项目增长63.16%，内容涉及新工科理念研究、专业结构改革、高层次人才培养、个性化培养模式、多学科交叉、协同育人、师资能力标准体系探索与构建、创新创业育人、新工科专业改革、工科与人文社科交叉等议题。北京高校以项目为载体精准把握新工科建设内涵，深入推进人才培养综合改革，完善体系、创新模式，培养引领未来技术与产业发展的卓越工程创新人才。

（二）以优化结构、促进交叉为抓手，持续强化学科建设的国家战略导向

新工科建设以多学科交叉融合为重点横向铺开，围绕国家重大战略和任务、未来技术发展趋势开展多学科协同攻关。一方面，北京高校调整、优化学科布局，围绕社会需求培养国家战略紧缺人才。依据教育部发布的《关于公布2022年度普通高等学校本科专业备案和审批结果的通知》（教高函〔2023〕3号），北京市属高校增设16个备案本科专业，其中契合新工科发展的工学专业占比近六成，北京建筑大学、北京石油化工学院、北京联合大学、北京城市学院4所高校新增备案人工智能专业；北方工业大学和北京工业大学耿丹学院增加储能科学与工程专业；北京建筑大学同时新增智能制造工程、计算机科学与技术、建筑电气与智能化专业。部（委）属高校中，北京交通大学、北京科技大学、北京邮电大学、北京语言大学、中国矿业大学（北京）、中央民族大学、中国消防救援学院等7所高校增设备案本科工学专业11个；北京交通大学、北京化工大学、华北电力大学3所高校新增审批本科工学专业4个。

另一方面，北京高校突出"交叉融合再出新"，推动现有工科以及工科与其他学科的交叉融合，交叉学科建设成为深化新工科建设的重要抓手。2020年底，国务院学位委员会和教育部将"交叉学科"新增为第14个学科门类，下设"集成电路科学与工程"和"国家安全学"两个一级学科。据统计，北京大学、清华大学、北京航空航天大学、北京理工大学、北京邮电大学5所高校获批"集成电路科学与工程"一级学科博士学位授权点，占

全国学位授权点总数的27.78%；北京大学、清华大学、北京师范大学、中国人民解放军国防大学、中国人民公安大学、中国现代国际关系研究院等6所高校及科研机构获批国家安全学一级学科博士学位授权点，占全国学位授权点总数的60%，外交学院、国际关系学院、国家行政学院3所高校及科研机构获批国家安全学一级学科硕士学位授权点，占全国学位授权点总数的75%。[①]

根据《国务院学位委员会 教育部关于印发〈学位授予和人才培养学科目录设置与管理办法〉的通知》（学位〔2009〕10号）、《教育部办公厅关于印发〈授予博士、硕士学位和培养研究生的二级学科自主设置实施细则〉的通知》（教研厅〔2010〕1号）等相关文件，目录外二级学科及交叉学科由学位授予单位在一级学科学位授权权限内自主设置与调整。据统计，截至2022年6月30日，北京高校和科研机构已自主设置交叉学科129个，占全国自主设置交叉学科总数的17.7%。其中，涉及工科专业的交叉学科77个，占北京高校及科研机构自主设置交叉学科总数的59.69%，具体见表2。

表2 北京高校自主设置工科交叉学科名单

单位：个

单位名称	自设交叉学科名称	涉及一级学科数量
北京大学	能源与资源工程	3
	数据科学、纳米科学与技术	5
中国人民大学	环境政策与管理	2
	食品安全管理	4
清华大学	信息艺术设计、精准医学与公共健康	3
	环境科学与新能源技术	4
	数据科学和信息技术	5

[①] 李丽华：《以党的二十大精神引领中国式国家安全学的建设与发展》，《公安教育》2023年第4期。

续表

单位名称	自设交叉学科名称	涉及一级学科数量
北京交通大学	信息安全	3
	交通能源与环境工程	4
北京工业大学	资源环境与循环经济	4
北京航空航天大学	飞机适航设计、集成电路设计、能源经济与管理、文化传播与管理、新能源汽车工程	3
	量子科学仪器	4
	空间技术应用、人工智能、适航技术与管理	5
北京理工大学	数字表演、国民经济动员学、能源与气候经济、融合医工学、智能数字表演	3
	工业与系统工程、光机电微纳制造、机电储能科学与工程	4
	储能材料科学与技术	5
北京科技大学	公共安全与应急管理、应用数学与工程科学、储能化学与物理	3
	人工智能科学与工程、纳米科学与工程	4
北京邮电大学	图像科学与工程	3
	人工智能	4
北京建筑大学	建筑遗产保护	4
中国农业大学	作物智能育种、动物分子设计育种	3
北京林业大学	生态修复工程学	3
北京协和医学院	生命伦理学、医学信息学	4
	医学信息学	5
北京外国语大学	区域学	5
中国传媒大学	新媒体	2
	数字艺术	3
	互联网信息、信息传播学	4
	文化产业、艺术与科学	5
北京物资学院	人力资源开发与管理	3
首都经济贸易大学	劳动关系、城市经济与战略管理、法律经济学	3
中央民族大学	语言信息安全	3
	生态安全	4
华北电力大学	可再生能源与清洁能源	2
	人工智能、储能科学与工程、氢能科学与工程	3
	能源互联网	5

续表

单位名称	自设交叉学科名称	涉及一级学科数量
中国石油大学	能源环境科学与工程、应用数学与能源数据科学、能源物理科学与技术	3
	先进科学与工程计算、能源经济管理、新能源科学与工程、能源治理与法律	4
	油气人工智能、海洋资源与信息工程	5
中国科学院大学	社会计算、生物信息学、食品安全与健康	3
	纳米科学与技术、仿生界面交叉科学	4
	经济计算与模拟	5

资料来源：笔者根据相关高校网站信息整理。

北京 21 所高校设置工科交叉学科 77 个，其中，单个高校设置工科交叉学科数量最多为 9 个，包括北京航空航天大学、北京理工大学、中国石油大学等 3 所高校；设置 1 个或 2 个工科交叉学科的高校数量最多，其中，北京工业大学、北京建筑大学、北京林业大学、北京外国语大学、北京物资学院等 5 所高校设置 1 个交叉学科，中国人民大学、北京交通大学、北京邮电大学、中国农业大学、中央民族大学等 5 所高校设置 2 个交叉学科。其他高校中，中国传媒大学、中国科学院大学设置 6 个交叉学科；北京科技大学、华北电力大学设置 5 个交叉学科；清华大学设置 4 个交叉学科；北京大学、北京协和医学院、首都经济贸易大学设置 3 个交叉学科。

从学科交叉数量来看，涉及 3 个一级学科的交叉学科数量最多，共计 16 所高校设置 36 个交叉学科；其次为涉及 4 个一级学科的交叉学科，共计 14 所高校设置交叉学科 23 个；第三位为涉及 5 个一级学科的交叉学科，共计 10 所高校设置交叉学科 15 个；第四位为涉及 2 个一级学科的交叉学科，中国人民大学、中国传媒大学、华北电力大学 3 所高校依次设置环境政策与管理（环境科学与工程+公共管理）、新媒体（新闻传播学+信息与通信工程）、可再生能源与清洁能源（动力工程及工程热物理+电气工程）3 个交叉学科。

（三）以打破壁垒、联动资源为重点，着力打造产教融合协同育人新高地

打造产教融合新标杆是新工科建设的重要动向之一，教育部、国家发改委、科技部等多部门以未来技术学院、现代产业学院、国家卓越工程师学院、各领域特色化专业学院建设为抓手，引导高校创新工科人才培养组织模式，构建"政产学研用"协同共赢的产教融合育人机制。

第一，加强未来技术学院建设。教育部鼓励专业学科综合、整体实力强的高校瞄准未来10~15年的前沿性、革命性、颠覆性技术建设未来技术学院。清华大学、北京大学、北京航空航天大学入选首批未来技术学院建设名单，其中，清华大学"未来技术学院"着力在航空航天、车辆工程、能源动力、土木水利工程等重大未来技术领域培养顶尖技术创新人才。北京大学"未来技术学院"探索形成产学研一体的技术创新体系和新型工科人才培养模式。北京航空航天大学"未来空天技术学院"重点培养具有想象力、洞察力、执行力、领导力等核心素质的未来空天系统大师，探索未来科技创新领军人才培养的"北航范式"。[①]

在教育部办公厅认定的名单之外，多所在京高校依托优势学科成立未来技术学院，面向国家需求培养卓越工程师和领军人才。北京工业大学于2023年成立"碳中和未来技术学院"，旨在打造碳达峰、碳中和领域具有前瞻性和战略性的未来科技创新领军人才培养新模式试验区。北京建筑大学于2022年成立"未来建筑技术学院"，创新实施"三制五化"人才培养育人模式，打造引领未来建筑发展和有效培养复合型、创新性人才的教学科研高地。中国农业大学于2022年成立"未来技术学院"，开设"生物科学"和"生物育种科学"专业，打造急需紧缺前沿人才自主培养的重要平台，培养高层次前瞻性的农业领域领军人才。

---

① 张力：《新工科背景下未来技术人才培养目标调整与育人新范式》，《江苏高教》2022年第10期。

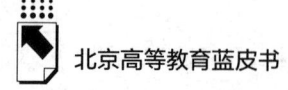

第二，布局建设现代产业学院。教育部办公厅、工业和信息化部办公厅引导特色鲜明、与产业紧密联系的高校建设若干与地方政府、行业企业等多主体共建共管共享的现代产业学院。北京印刷学院与龙港市人民政府共建"北京印刷学院龙港产业学院"，开展人才培养、科学研究、技术创新、企业服务、学生创业相关工作，探索现代产业学院建设新模式。北京石油化工学院构建多主体深度融合、多学科交叉的"安全工程领域现代产业学院"和"生物医药健康产业学院"。中国石油大学（北京）成立"数智油气现代产业学院"，旨在构建数智油气与碳中和人才培养体系和科技创新体系，构建校企共同发展新格局。北京物资学院与京东集团合作共建京东学院，致力打造国内物流科技和智能供应链领域校企合作育人样板，引领国内物流科技、智能供应链方向新工科发展。

第三，积极推进国家卓越工程师学院建设。国家卓越工程师学院旨在驱动工程教育从学科专业单一性和独立性，向学科大类交叉、校企深度融合转变，有助于加强政府和市场对教育的协同赋能，填补现代产业学院与未来技术学院之间的空白地带。清华大学、北京航空航天大学、北京理工大学进入首批"卓越工程师学院"建设高校名单。2022年9月27日，18家国家卓越工程师学院建设单位联合发布《卓越工程师培养北京宣言》，提出卓越工程师培养要始终致力于协同联动，充分调动校企积极性，联合设计培养目标、制定培养方案、实施培养过程，实现工程技术人才培养和工程实践深度融合。

第四，探索建设各领域特色化专业学院。北京高校积极响应国家政策，面向关键核心技术领域，推进示范性微电子学院、储能技术学院、特色化示范性软件学院、网络安全学院等特色化专业学院建设工作，培养大批相关领域的急需人才，服务相关产业高质量发展。清华大学、北京大学、中国科学院大学进入支持建设示范性微电子学院高校名单，北京航空航天大学、北京理工大学、北京工业大学进入支持筹备建设示范性微电子学院高校名单，探索打造国家集成电路产教融合创新平台；清华大学、中国石油大学（北京）、华北电力大学入选实施储能技术国家急需高层次人才培养专项，加快培养储能领域"高精尖缺"人才，增强产业关键核心技术攻关和自主创新能力；清华大学、北京大学、北京交通大学、北京航空航天大学、北京理工大学、北京邮电大学入选首批特色化示范性软件学院名单，探索具有中国特色的软件人才产教融合培养路径，培养满足产业发展需求的特色化软件人才；北京航空航天大学入选首批一流网络安全学院建设示范项目，探索网络安全人才培养新思路、新体制、新机制。

第五，在国家级项目和平台之外，积极拓展"政产学研用"协同育人平台。北京大学对内实现本部校区、新校区、深圳研究生院"南北联动"，对外构建高校、政府、研究院、企业"四位一体"资源汇聚生态，全力打造新工科创新中心和异地研究院。北京大学与昌平区签署战略合作协议，联合筹建北京大学昌平产教研融合创新中心，重点布局北大应用学科创新平台集群，以及相应的成果孵化和转化配套服务平台。未来技术学院与南京市江北新区管理委员会共建北京大学分子医学南京转化研究院；材料科学与工程学院、深圳研究生院新材料学院与深圳市发改委、科创委，联合共建"先进材料与绿色能源实验室（筹）"等。

（四）以创新模式、强化价值为根底，全面重塑新工科人才培养体系

加强课程建设，推动现代技术与教育教学的精准融合。北京邮电大学立项建设基础课程类、专业课程类、学科交叉课程类、线上课程类、虚拟仿真实验类、创新创业实践类等六大类500门"高新课程"，形成一批具有学科专业特色的"高新课程"教材。[①] 同时，以教学云平台为基础整合各类教学应用软件，建立了数据互联互通、资源开放共享、业务协同联动的机制，初步构建起"课程中心—学习中心—资源中心—数据中心"信息一体化平台。开发应用互动研讨型、VR型、5G全息远程互动型、5G虚拟演播直播型、

---

① 《北京邮电大学探索构建"1234"新工科课程思政育人体系》，https：//jwc. njupt. edu. cn/2022/0304/c1600a216470/page. htm。

示范教学型等多种具备现代科技功能的智慧教室，探索理工类、经管类、人文类、艺术类"学科特色型"的智慧教学，有效推动以学生为中心的教学组织模式改革。①

深化双创教育改革，增强学生"敢闯会创"素质能力。北京工业大学持续完善创新创业能力培养体系，首先，强化顶层设计，将深化创新创业教育改革纳入"十四五"发展规划，教学、研究、辅导、实训和孵化"五位一体"的创新创业生态日益完善。其次，完善双创课程体系，探索思政教育、职业规划教育、创新创业教育、专业教育"四融合"，先后建设2批共16门学科交叉、专创融合课程，"创新工程实践"获批首批国家级一流本科课程。最后，构建"一基础三体系"双创人才培养链。"一基础"即以新生"蓝色生涯规划板块"和"紫色综合素质板块"为抓手，构筑创新创业教育基础。"三体系"即以"星火基金""研究生科技竞赛培育基金""国家级大学生创新创业训练计划"为品牌，形成学生科技创新创业基金体系；以"互联网+""挑战杯"等国家级赛事为龙头，"工大杯""鼎新杯"校级竞赛为依托，打造学生科技创新创业竞赛体系；以G星系—创客空间、100+校内外创新创业实训基地为载体，聚集校内外资源，构建学生创新创业实践体系。

建设先进实验实践教学平台，完善新工科实践育人体系。北京大学持续推动校企联合研发平台拓展，新建华为技术有限公司与北京大学半导体技术联合实验室、中兴通讯—北京大学基础软件联合实验室等。北京大学现有新工科领域校企联合研发平台25个，遍及北京、深圳、广州、浙江等诸多地域。北京市属高校同样致力于搭建多学科交叉实践育人平台，构建进阶式实践育人体系。首都体育学院创建全国首个"体医工融合高精尖创新中心"，聚焦竞技体育、大众健康促进、临床康复、军事训练领域的"卡脖子"技术问题，打造集科技创新、工程应用、成果转化、产业升级、学科建设、人才培养、社会服务"七位一体"的体医工融合中心（见图1）。② 北京印刷

---

① 乔建永：《面向新工科　建设高新课程群》，《中国教育报》2021年9月15日。
② 王子朴、秦丹、刘海元等：《体医工融合：交叉学科背景下体育高精尖学科发展探索》，《首都体育学院学报》2022年第6期。

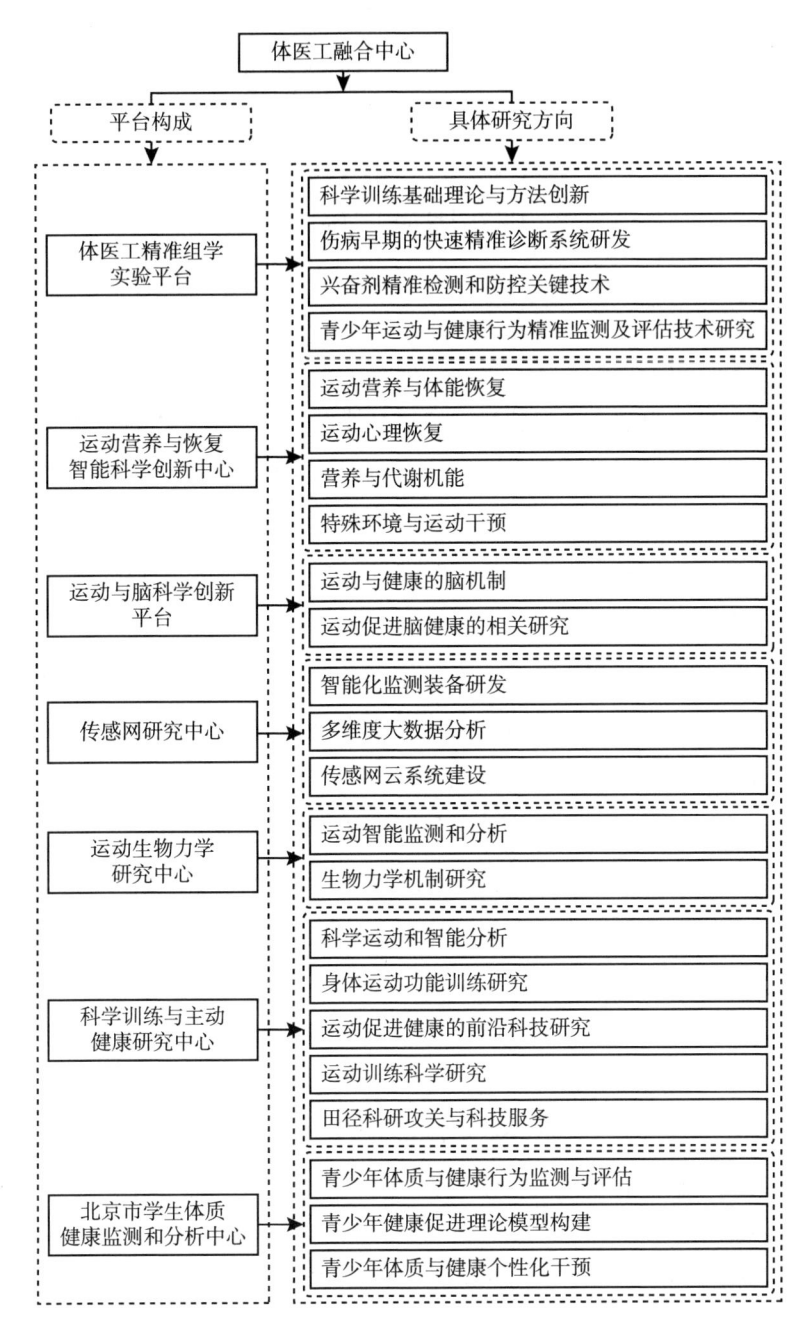

```
                        体医工融合中心
                      ┌──────┴──────┐
                   平台构成         具体研究方向
                      │                │
          ┌───────────┤                │
          │体医工精准组学│──→ 科学训练基础理论与方法创新
          │  实验平台   │    伤病早期的快速精准诊断系统研发
          └───────────┘    兴奋剂精准检测和防控关键技术
                            青少年运动与健康行为精准监测及评估技术研究

          ┌───────────┐
          │运动营养与恢复│──→ 运动营养与体能恢复
          │智能科学创新 │    运动心理恢复
          │   中心      │    营养与代谢机能
          └───────────┘    特殊环境与运动干预

          ┌───────────┐
          │运动与脑科学创新│──→ 运动与健康的脑机制
          │    平台      │    运动促进脑健康的相关研究
          └───────────┘

          ┌───────────┐    智能化监测装备研发
          │传感网研究中心│──→ 多维度大数据分析
          └───────────┘    传感网云系统建设

          ┌───────────┐
          │运动生物力学 │──→ 运动智能监测和分析
          │  研究中心   │    生物力学机制研究
          └───────────┘

          ┌───────────┐    科学运动和智能分析
          │科学训练与主动│    身体运动功能训练研究
          │健康研究中心 │──→ 运动促进健康的前沿科技研究
          └───────────┘    运动训练科学研究
                            田径科研攻关与科技服务

          ┌───────────┐
          │北京市学生体质│    青少年体质与健康行为监测与评估
          │健康监测和分析│──→ 青少年健康促进理论模型构建
          │   中心      │    青少年体质与健康个性化干预
          └───────────┘
```

图1 首都体育学院"体医工融合高精尖创新中心"的平台构成及研究方向

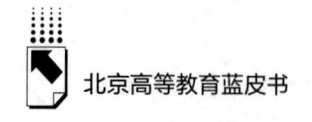

学院组建印刷包装虚拟仿真实验中心，结合培养方案设计并嵌入理论课程或集中实践环节课程，加强专业间的交流互动，促进复合应用型人才培养。①

三 在变局中谋破局：北京高校新工科建设的现实困境与解决路径

新工科建设是高等工程教育对未来发展的崭新思维和深度思考，北京高校聚焦未来卓越工程师的培养需求，探索工程教育新范式，开拓工程教育改革新路径，打造引领未来科技发展和培养技术创新领军人才的教学科研新高地。不过，宏观层面在推进政策、改革结构的同时，仍需关注微观主体面临的实际困难。目前，基于分类的学科理念、专业化人才培养模式、单一学科中心的院系结构、现行学科建设与管理机制较大程度阻碍学科交叉融合以及新工科复合型工程人才培养。

基于分类的学科理念阻碍新工科复合型工程人才培养。在学科分类的理念指引下，我国实行国家学科制度，颁布具有学科管理功能的《学位授予和人才培养学科目录》②，学科建设和人才培养必须在学科目录下通过学科审批方能进行。政府根据学科类别和等级自上而下分配知识发展所需要的资源，无形中构筑了学科之间的界限与藩篱。高校同样依据学科划分为社会培养本专业领域的专门人才，无法满足社会对于多学科交叉视野的复合型工程人才的需求。

专业化人才培养模式难以供给新工科复合型工程人才。目前，专业化人才培养仍然是我国高等教育的基本属性，专业化教育强调本学科理论知识的结构性输入，限制了人才培养的结构和体系，复合型课程群往往呈现合而不融的"拼盘"特征，彼此之间缺乏关联性与系统性。③新工科复合型工程人

---

① 杨永刚、刘江浩、王华明：《印刷包装虚拟仿真平台的构建及创新人才的培养》，《教育教学论坛》2022年第34期。
② 张庆玲：《重审学科分类及其建设》，《学位与研究生教育》2021年第5期。
③ 方东：《高校复合型人才培养的现实困境及其反思》，《高教探索》2008年第4期。

才培养同样面临挑战，作为学科知识的承载者，以及跨学科教学、科研、学生培养等活动的直接执行者，教师之间的跨学科交往存在"合而不作"或"只合不作"等现象，① 难以服务复合型工程人才培养的系统工程。

单一学科中心的院系结构成为新工科复合型工程人才培养的组织壁垒。以学科为中心的院系建设固化了学科身份，强化了院系之间的封闭性，不利于跨学科科研、教学的开展，学生被限制在单一学科和专业范围内，知识视野的狭隘限制了跨界思维和多学科能力的迁移。大型国家重点实验室、协同创新中心等跨学科学术组织的教师、学生的行政归属仍局限于特定院系，缺乏实质的合作与融合过程，难以形成有效的跨学科、复合型工程人才培养模式。②

现行学科建设与管理机制与新工科复合型工程人才培养不相适应。一方面，刚性的学科建设机制影响新兴交叉学科的生成与发展，不利于营造复合型工科人才培养的外部环境；另一方面，强化分类评价原则的学科评估制度较大程度上导致高校按照一级学科开展学科建设，忽视学校的特色学科以及交叉学科的发展③，成为新工科复合型工程人才培养的制度障碍。

推动北京高校新工科建设，实现复合型工程人才培养，可以通过以下主要途径实现。

重塑学科理念，突破学科壁垒、实现不同学科之间的交叉与融合。随着科学技术的不断发展，人与万物智能互联的社会正在成为可能。树立智能时代的新工科观和人才质量观，在学科分类理念之外，新工科建设应注重多学科交叉和跨学科融合，在此基础上重构工程人才培养体系，全面提升工程人才培养质量。

重构模式，优化跨学科、复合型工程人才培养新模式。培养学科基础宽厚、专业知识和能力交融程度高、专业思维辐射面宽的复合型人才是新工科

---

① 刘天华：《教师跨学科合作的主要障碍及其解决途径》，《教学与管理》2020年第33期。
② 胥秋：《学科融合视角下的大学组织变革》，《高等教育研究》2010年第7期。
③ 陈金圣、邹娜：《论高校的学科治理》，《高教探索》2019年第6期；尚玮、强强：《"双一流"政策下高校"弱势学科"的治理建议》，《上海教育评估研究》2018年第5期。

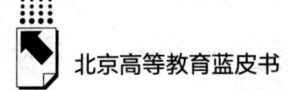

建设的重要任务，而专业化人才培养模式难以满足新工科复合型工程人才培养需要，因此，需要打破学科、院系壁垒，重构新工科复合型工程人才培养模式。

重筑平台，完善基于学部制的跨学科合作平台。以学科为基础形成的院系制度难以真正实现新工科复合型工程人才培养模式，学部制改革以学科群和学科门类为依据重新整合高校院系组织，破除复合型工程人才培养组织壁垒。相较于虚体型跨学科学术组织，学部能够获得更为稳定的资源，为跨学科科研合作、学生培养等提供组织保障与支持。

创新制度，深化制约复合型工程人才培养的管理机制改革。现有的学科建设、管理及评估机制以分类为主导理念，并经由长期发展演变固化为支配性的政策机制，不能很好地适应新工科复合型工程人才培养。模糊学科界限，柔化刚性制度，深化制约学科建设、科研评价、人才培养的体制机制改革是复合型工程人才培养的重要保障。

B.3
北京高校新医科建设进展报告

刘娟 王辰 薛培 张蕊杰 马超**

摘 要： 北京医学教育基础坚实且发展活跃，发展水平处于高位。近年来，北京以"新医科"统领医学教育创新，优化学科专业结构，持续推进课程建设，推动医学教育认证，发展群医学并构建高水平公共卫生人才培养体系；开展多样化人才培养模式改革实践，加大拔尖创新人才、复合型人才以及紧缺人才培养力度，提升人才培养质量。未来应在加强市级层面医学教育的顶层设计和统筹管理，进一步完善学科专业结构，深化拔尖创新人才培养体制机制改革，创新多样化人才培养模式，建立高层次医学人才培养的完整体系和有效衔接机制，强化多方协同构建医学教育共同体等方面深化改革，推动北京医学教育高质量发展。

关键词： 新医科 医学教育 高质量发展 北京

---

* 基金项目：北京市高等教育学会 2021 年度一般课题"新时期北京高校内部教学质量保障体系优化策略研究"（项目编号：YB2021170）、北京市教育科学规划课题"新时代高等中医药教育体系创新模式建设与发展研究"（项目编号：CHDB21168）。

** 刘娟，北京教育科学研究院高等教育研究所副研究员，主要研究方向为高等教育政策；王辰，呼吸病学与危重症医学专家，中国工程院院士，中国工程院副院长，中国医学科学院院长，北京协和医学院校长，主要研究方向为呼吸病学、群医学及公共卫生；薛培，博士，副研究员，硕士生导师，北京中医药大学教务处副处长，主要研究方向为教育管理、循证决策等；张蕊杰，助理研究员，首都医科大学教务处处长，主要研究方向为医学教育管理；马超，医学博士，中国医学科学院北京协和医学院教务处处长，教授，主要研究方向为神经科学和医学教育。

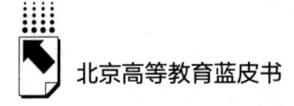

医学教育是我国卫生健康事业发展的重要基础，医学人才是保障经济社会发展和人民群众身体健康的第一资源。习近平总书记强调把保障人民健康放在优先发展的战略位置，坚持"人民至上、生命至上"，为医学教育改革指明了方向。近年来，北京医科院校在完善医学院校治理体系、优化医学人才培养结构、促进产教融合服务社会中探索前进，为保障人民健康培养了大批高素质、高水平医学人才，科技创新和服务国家重大需求能力不断提高。同时，医学教育自身面临的矛盾和问题也日益突出，提高医学教育能力、加快医学教育改革迫在眉睫。因此，在分析"新医科"概念内涵和发展脉络的基础上，系统梳理北京新医科教育发展特点，深入分析存在的问题并提出发展建议，对于推动北京新医科教育高质量发展，服务首都"四个中心"建设，以及为国家卫生健康事业发展做出更大贡献，有着重要的现实意义。

一 新医科建设的意义和内涵

（一）医学教育的重要性

党的十九大报告指出"人民健康是民族昌盛和国家富强的重要标志"。党的二十大报告将"健康中国"作为我国 2035 年发展总体目标的一个重要方面，提出"把保障人民健康放在优先发展的战略位置"，并将"面向人民生命健康"列为科技创新"四个面向"之一。这些都表明医学卫生健康事业是核心、主流、宗旨性社会事业，其重要意义关乎国家安全、经济发展、社会文明和人民福祉。医学教育是医学卫生健康事业之本，具有重要的地位和作用。其主要体现在以下几方面。①医学教育是培养医药卫生人才的基础和关键环节。只有借助高质量的医学教育，才能培养出具备专业知识和技能、具有医学伦理和人文关怀的医学精英，为医学卫生健康事业提供持续不断的人力资源，从而提升未来医疗服务的品质与效率。②医学教育是推动医学创新和知识进步的核心环节。培养具有创新精神和研究能力的医学人才，能够促进医学领域的科技进步和学科发展。③医学教育强调医学伦理和专业道德的培养，以确保医学从业人员恪守医德、保持良好的医风，尊重患者权益，提供高品质医疗服务。④医学教育肩负传承和发展医学的重任。通过教育，医学知识和经验得以传承，医学精神得以发扬，为我国的医学卫生健康事业提供持久的文化支持。

医学教育在培养医学人才、提高医疗卫生工作质量、推动医学创新和优良文化传承等方面起着重要的基石作用。2020年9月，国务院办公厅发布了《关于加快医学教育创新发展的指导意见》（国办发〔2020〕34号），其中强调，医学教育是卫生健康事业发展的重要基石，要把医学教育摆在关系教育和卫生健康事业优先发展的重要地位，以"大国计、大民生、大学科、大专业"的新定位，推进医学教育改革创新发展，服务健康中国建设和教育强国建设。

（二）"新医科"的概念界定及其内涵特征

新医科是在坚持"医"的本质和把握"新"的特质的语境下，对传统医科的全面反思和"守正创新"，推动传统医科的模式创新、范式转换、知识更新、路径优化和学科升级，以寻求自身的新变革、新发展和新作为，培养"医学+"创新型、复合型、高层次医学人才。[①] 新医科建设是对传统医学教育体系的升级和变革。原教育部高教司司长吴岩指出，加强新医科建设，一是理念新，实现从治疗为主到生命全周期、健康全过程的全覆盖；二是背景新，以人工智能、大数据为代表的新一轮科技革命和产业变革扑面而来；三是专业新，医工理文融通，对原有医学专业提出新要求，发展精准医学、转化医学、智能医学等医学新专业。[②]

新医科建设是医学领域在面对以人工智能、大数据为代表的新一轮科技革命和产业变革时，进行自我更新和转型的重要手段。这场变革不仅影响着

---

① 彭树涛：《"新医科"的理念与行动》，《上海交通大学学报》（哲学社会科学版）2020年第10期。
② 吴岩：《新工科：高等工程教育的未来——对高等教育未来的战略思考》，《高等工程教育研究》2018年第6期。

医学领域的发展，也推动着医学教育、医疗服务和健康管理等方面的深刻变革。提出了"新理念"的新医科，强调从以治疗为主到生命全周期、健康全过程的转变，将关注的焦点从疾病的治疗扩展到预防、保健和康复等多个方面。这种转变也意味着医学教育不仅要注重专业技能的培养，还要注重培养学生的全局观念和人文素养，使他们能够更好地为患者服务；强调"新专业"的新医科建设，更加注重医工理文融通，对原有的医学专业提出新的要求，提出了对精准医学、转化医学、智能医学等医学新专业发展要求。这意味着医学教育要注重跨学科的交流与合作，促进医学与其他学科的融合，以培养出更多具备创新能力和跨界思维的新型医学人才。

二 我国新医科建设的时代背景和政策内容

当今，以生物医学、信息科技及人工智能技术为核心的第四次科技革命正在重塑全球产业格局，呈现"医学与生命科学时代"的新景象。为推动经济的持续发展，我们必须主动迈向科技创新的前沿。生物医学科技、信息科技及人工智能技术的迅猛进步，正不断重塑医学教育的生态。新理念、新技术的涌现，使医学教育面临新的外部挑战。为应对健康中国建设目标和老龄化社会的挑战，我们需要明确医学教育的新时代命题。随着国内外医学卫生健康事业的快速发展，医疗卫生行业对人才的需求发生了巨大变化。为了培养符合时代需求的医学人才，医学教育必须开展与时代需求相适应的改革与创新。

2018年8月，中共中央、国务院在关于新时代教育改革发展的重要文件中首次正式提出"新医科"概念；9月，教育部、国家卫生健康委员会在2012年启动的"卓越医生教育培养计划"（1.0版）的基础上，联合国家中医药管理局发布《关于加强医教协同实施卓越医生教育培养计划2.0的意见》，提出新医科作为构建健康中国的重要基础，要适应新一轮科技革命和产业变革的要求，实现从以治疗为主到生命全周期、健康全过程的全覆盖，提升全民健康力，并对新医科建设进行全面部署。2019年4月，教育部、科技部等13个部门联合召开"六卓越一拔尖"计划2.0启动大会，要求全面实施"卓越工程师、卓越医生、卓越农林人才、卓越教师、卓越法治人才、卓越新闻传播人才、基础学科拔尖学生"培养计划2.0，发展新工科、新医科、新文科、新农科，并成立了新医科建设工作组，从组织架构上为新医科建设提供了保障，开启了我国全面推进新医科、构建医科教育新发展体系的新篇章。2020年9月，国务院办公厅印发《关于加快医学教育创新发展的指导意见》，明确提出要以"四新"引领医学教育创新发展，以新理念谋划医学发展、以新定位推进医学教育发展、以新内涵强化医学生培养、以新医科统领医学教育创新，成为我国医学教育发展史上战略性、纲领性、引领性文件，为新时代我国医学教育高质量发展指明了前进方向。意见提出"到2030年，建成具有中国特色、更高水平的医学人才培养体系，医学科研创新能力显著提高，服务卫生健康事业的能力显著增强"的远景目标。[①]

随后，上海、江苏、河北等地也纷纷发布医学教育创新发展的方案，诸多高校抓住"医学+X"的发展机遇新建医学院，或是与当地医院共建大学附属医院共谋发展。[②] 2022年，教育部办公厅等四部门印发《关于开展高水平公共卫生学院建设的通知》及相关建设指南，计划经过10年左右时间，建成若干所具有中国特色世界一流水平的公共卫生学院，形成适应现代化公共卫生体系建设的高质量教育发展体系。

处于建设教育强国、科技强国、健康中国的关键时期，在国家政策的持续推动下，北京市高度重视"新医科"建设，始终以人民为中心，以"大健康"理念为引领，以新医科建设为抓手，以体制机制改革创新为动力，鼓励在京医学院校积极面向经济社会新发展、科技和产业新变革，主动服务国家战略、首都经济社会和产业发展需要，开展科技创新。增设医工、医理、医文等交叉融合的新专业，促进学科交叉融合；同时，积极支持新医科

---

① 国务院办公厅：《关于加快医学教育创新发展的指导意见》，http://www.gov.cn/zhengce/content/2020-09/23/content_5546373.htm。
② 《"医学+X"等新兴学科专业来了！这些人才是如何培养的?》，https://bj.bjd.com.cn/a/202304/06/AP642e2c3ee4b05339adcbe132.html。

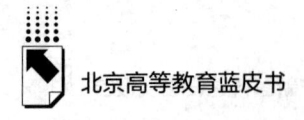

在京试点高校的改革创新工作，深化人才培养供给侧改革，着力培养高素质拔尖创新人才和复合型医学人才，为北京乃至全国提供强有力的医学人才支持，为解决全人类共同面临的生命安全和身体健康问题积极做出北京贡献。

三　北京市新医科教育的发展特点

北京以"新医科"作为引领医学教育创新的重要手段，致力于构建完善、现代的医学教育体系与机制。在这个过程中，教育教学基础不断夯实，为推动多样化人才培养模式、提升人才培养质量提供了坚实的保障。北京医学院校积极探索学科专业结构调整，创新教育教学方法手段，丰富人才个性化培养，建设了较为完善的质量保障体系，推动新医科教育改革实践不断深入。这些举措不仅有助于提高北京医学教育的整体水平，也为全国医学教育的改革和发展提供了有益的借鉴和参考。

（一）夯实新医科教育教学基础

北京医学院校着眼于"新医科"建设目标，持续优化医学教育学科专业结构，开展了系列医学教育改革探索，有力推动了医学与多学科深度交叉融合。同时，通过打造高水平的科研平台和育人基地，医学科研创新和育人能力得到显著提高。持续推进核心课程建设，创新方法，提升课程水平。推动医学教育认证，提升质量保障水平。发展群医学，构建高水平公共卫生人才培养体系，从而推动医学教育创新发展，更好地适应社会和人民的需要。

1. 优化学科结构，打造跨学科研究中心

学科交叉是医学学科的本质和内在发展的重要动力，是新时代医学教育发展理念之一。北京高校加强医学学科建设，统筹研究医学相关一级学科设置，优化学科结构，在"双一流"建设项目中，加大医学及相关学科建设布局和支持力度，并推动医学与多学科深度交叉融合。一些综合大学发挥学科优势，进一步整合优质学术资源，系统集成，创新突破，部分院校通过建设交叉科研机构、增设交叉学科、设立交叉项目等方式促进学科融合。如北

京大学推进学科布局调整，促进医学部与理学部、信息与工程科学部、社会科学学部等五大学部39家单位之间的交叉合作，开展有组织科研。学校自主设立新一轮学科建设目录，在前期医工、医生、医信交叉的基础上，全面启动"临床医学+X"建设，作为重大交叉学科领域进行战略布局，为学科交叉与融合提供了良好的发展生态。医学与理工多学科融合成立多个跨学科新体制研究中心，不断增强核心竞争力和创新源。首都医科大学在2023年成立首都医学科学创新中心，对标国际一流生物医药研究机构，与附属医院紧密联合，打造多学科交叉的现代医学研究体系和"医教研产"深度融合的生物医药科创高地，建设世界高水平医药创新研发集群，培养面向国家医学科学创新战略需求，投身医学科学基础、临床和创新转化的新型人才。

一些院校还通过共建或者自筹方式开展交叉研究，带动跨学科人才团队的交叉融合与协同创新。为加快服务首都科创中心建设，北京航空航天大学明确将医工交叉作为学校发展重点方向之一，成立了北航—首医大数据精准医疗、生物医学工程和大数据科学与脑机智能三个高精尖创新中心，建立"医工交叉创新研究院"；北京理工大学2018年建立"医工融合研究院"，清华大学2020年成立"清医医工转化创新中心"等，以医工创新进行战略布局，加强学科交叉融合，汇聚多方资源，创新合作模式。

2. 发挥一流专业示范作用，扎实推进专业建设

北京市贯彻国家一流专业"双万计划"、"六卓越一拔尖"计划2.0和"四新"建设等文件精神，鼓励医学院校深化新医科建设，推进专业升级改造，培育优势专业集群，为人才自主培养和高等教育更好服务国家区域经济社会发展提供支撑。同时发挥一流专业建设点的示范作用，引领和持续推进学校特色发展。一些高校还加强校际合作交流，发挥各自的专业优势合作培养人才。例如，北京中医药大学依托中医学、中药学等优势专业，以中医领军人才、中西医领军人才和基础学科拔尖学生培养计划2.0基地——中药学拔尖学生培养基地（时珍国药班）建设为契机，对标拔尖创新人才培养目标，深化专业培养方案，进行全面课程体系改革，完善人才培养和选拔的动态机制，专业内涵建设稳步提升；并与北京理工大学依托两校中药学、针灸推拿学、人工智能、生物医学工程、光电信息科学、工程及制药工程六大优势专业开设跨校微专业，以满足经济社会发展对跨学科专业人才的需求。

同时，北京市通过调整、升级、换代、新建，优化医学专业结构，鼓励增设医工、医理、医文等交叉融合的新专业，促进学科专业交叉融合。例如首都医科大学新增了康复物理治疗专业、康复作业治疗专业、智能医学工程专业；北京石油化工学院新增药物分析专业等。北京市属普通高等学校本科专业备案和审批结果显示，新医科是新增备案专业的亮点。①

3. 推进一流课程建设，提升教学育人效果

北京医学院校强化现代信息技术与医学教育教学的深度融合，推进"一流课程"建设。教育部公布了第二批国家级一流本科课程认定结果，共有625门医学类课程被认定为"金课"。各高校也在积极响应教育部文件，加大五类"金课"建设，探索建设智能医学新形态。北京大学、北京中医药大学、北京理工大学、中国农业大学等获得线上一流课程15项，北京大学获得虚拟仿真实验教学一流课程1项，北京大学、北京协和医学院、首都医科大学获得线上线下混合式一流课程4项，北京大学、清华大学、北京协和医学院、首都医科大学、北京中医药大学等获得线下一流课程19项，北京协和医学院获得社会实践一流课程1项。②

同时，学校加强顶层设计，通过完善课程体系，提升课程内涵推动课堂教学质量全面提升。例如，北京大学于2019年全面启动新时代医学教育教学改革，八年制临床医学专业将所有基础课、桥梁课和临床课程整合成为13个器官系统。引导学生在"医学基础综合+器官系统整合课程"中开展主动性、探究性学习。通过完善课程体系，实现了从"知识呈现"到"知识构建"，从"相对分隔"到"充分融合"的转变，有助于培养学生临床综

---

① 《北京市教育委员会关于公布2022年度市属普通高等学校本科专业备案和审批结果的通知》，http://jw.beijing.gov.cn/xxgk/zfxxgkml/zfgkzcwj/zcqtwj/202305/t20230508_3089992.html。

② 《教育部关于公布第二批国家级一流本科课程认定结果的通知》，http://www.moe.gov.cn/srcsite/A08/s7056/202306/t20230612_1063839.html。

合能力，特别是临床思维的形成与发展。北京中医药大学瞄准新时代中医药人才培养要求，全面、深入推进课程体系改革，持续深化整合课程建设，构建形成通识、中医基础、针灸推拿、基础医学、临床医学、实践实训六大类整合课程群。同时，进一步加强基础与临床课程融合，中医与西医课程融合，综合性创新型实验实训课程创设。首都医科大学从现行器官系统教学改革的瓶颈问题出发，依托首都医科大学潞河临床医学院进行试点，在"以器官系统为基础，以疾病为核心"的学科改革基础上，打破原有临床科室建制和临床课程体系，精简内外科课程教学内容，进行临床课程的全面整合。

4. 推动医学教育认证，提升质量保障水平

医学教育认证是保障医疗服务安全及医学专门人才合理利用的切实有效的手段之一。2020年，教育部临床医学专业认证工作委员会正式获得世界医学教育联合会（WFME）医学教育认证机构认定，实现了我国医学教育领域具有里程碑意义的重大突破，标志着我国医学教育认证质量得到国际认可，具有中国特色、与国际实质等效的医学教育认证制度成功建立。目前已基本完成了本科临床医学专业首轮认证全覆盖，正在全面推进护理学、中医学等专业认证工作。

北京协和医学院、北京大学、清华大学、首都医科大学等多所高校通过了临床医学专业认证。通过临床医学专业认证，促进了《本科医学教育标准》的贯彻落实、各医学院校教学软硬件水平的提升和质量监督体系的建设，医学教育质量文化深入人心，有力地推动了医学教育改革与发展。

5. 发展群医学，构建高水平公共卫生人才培养体系

群医学作为公共卫生的医学基础，是推动健康公平、实现人群整体与长远健康效益最大化的一门医学学科。北京重视公共卫生人才培养体系建设，提高公共卫生教育在高等教育体系中的定位，积极支持群医学学科建设工作。北京协和医学院于2020年将原公共卫生学院更名为"群医学及公共卫生学院"，在我国率先建立了群医学学科和相应的教育体系，通过设置群医学课程体系，推动多学科融合，聚焦于新冠等传染病及重大慢病防控研究的群医学实践。目前，北京协和医学院联合高等院校、医疗机构、疾控中心、

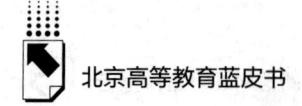

科研机构、地方政府等45家单位成立了群医学研究联盟，共建多个群医学教学实践和科研基地。

2020年，教育部会同国家卫生健康委批准北京大学等11个单位立项为高层次应用型公共卫生人才培养创新项目单位。清华大学于2020年成立万科公共卫生与健康学院，推动学科布局更加科学完善，通过持续深化综合改革、加快"双一流"建设，有力推动了医学、生命科学、人工智能等一批学科的快速发展。北京大学医学部2021年与北京市卫健委合作，开展北京市公共卫生应用型博士（Dr PH）专项计划，致力于培养面向未来、具有潜在领导力的公共卫生领域骨干力量。推动形成医教协同育人机制，努力探索"北京模式"，彰显特色并发挥示范引领作用。[1]

（二）探索新医科人才培养模式改革

北京高校构建和完善医科与多学科交叉融合、高水平的医学人才培养体系，推进多样化人才培养模式改革。以培养医学科学家、医学工程师等高端医学人才为目标，促进医工、医理、医文学科专业的深度融合，加大新医科教育拔尖创新人才、复合型人才以及紧缺人才培养力度，不断提升培养质量。

1. 加快"医学+X"和"X+医学"复合型拔尖创新人才培养

北京高校突破学科专业壁垒，通过跨界合作，推进医工、医理、医文学科专业的深度融合，加快推进"医学+X"和"X+医学"复合型创新拔尖人才培养，进一步提升人才培养水平。北京大学医学部夯实高校附属医院医学人才培养主阵地，促进学科创新交叉融合，探索基于国家高水平科研项目、重大科技创新平台、重大工程项目和急需紧缺学科的研究生培养模式，从2022年起探索实施医学创新交叉博士研究生招生项目，设立"基础临床转化博士生"，药学"4+X本博融通"等交叉学科专项招生项目，构建跨学科人才培养体系。[2] 北京

---

[1] 《心怀"国之大者"，推进新医科建设，培育时代新人》，https：//www.bjmu.edu.cn/bdyx110zn/bygs/88056b11ec704a6491cffcecc4b307ac.htm。

[2] 《心怀"国之大者"，推进新医科建设，培育时代新人》，https：//www.bjmu.edu.cn/bdyx110zn/bygs/88056b11ec704a6491cffcecc4b307ac.htm。

协和医学院于2018年启动了临床医学培养模式改革试点班（简称"4+4"试点班），面向国内外高水平大学招收非医优秀本科毕业生直接攻读临床医学博士学位，为国内医学"4+4"培养模式首开先河。除生命科学和化学、数学、物理、工程类专业之外，还有经济学、心理学和外语等人文社会学科的优秀本科生报考并获得录取，为我国的医学界注入了多学科的优秀基因，初步实现了"纳多学科背景者、纳爱医者、纳天下贤才学医从医传医"的"三纳"初衷。学校高度重视对"4+4"试点班学生的培养，聘请医学教育专家设计并实施了融合基础和临床的"器官—系统—功能"（Organ-System-Function，OSF）模块课程，实行"一对一"导师制，并在每学年都设置了严格的考核节点。2023年北京协和医学院相继与北京航空航天大学、北京理工大学、中国科学技术大学、北京师范大学等著名高校合作开办"协和医班"，按照4年本科、4年直博的学制培养，进一步突出多学科交融的医学教育。

首都医科大学提出在临床医学和口腔医学专业培养高水平复合型、研究型高水平医学人才新模式——"阶平班"，探索本科直博"5+研究生培养阶段"（PhD—学术型博士学位）一贯制人才培养模式。阶平班从本科早期阶段开始，将科研训练课程全程贯通，持续不断地进行科研训练与创新能力培养。课程系统设计突出强化基础知识储备，优化基础课程内涵建设，采用中英双语教学方式教学。配备双导师，基础医学和临床医学导师各1名，以院士、杰青、优青等为导师主体。5年本科阶段培养、符合学士学位授予标准者，授予医学学士学位，完成研究生阶段培养、达到学术型博士学位授予标准，最终授予医学博士学位（PhD）。

2. 开展卓越医师科学家培养改革试点

北京高校积极开展卓越医师科学家培养改革试点工作。培养医师科学家是我国当代医学发展所需，也是改变我国医学科学与西方发达国家医学科学相比发展相对缓慢的务实选择。医师科学家（Physician Scientists）指的是既能根据临床工作需要开展科学研究，又能利用科研结果指导临床实践的医生。[①]

[①] 区景松：《培养医师科学家是当代医学发展所需》，《中国高等教育》2017年第1期。

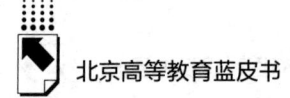

清华大学在医学实验班基础上，2022年推出了卓越医师科学家项目，招收世界一流大学非医学专业优秀本科毕业生进行四年医学专业学习，毕业时授予临床医学专业博士学位。学校整合优化原有知识体系，从基因—分子—细胞、组织—器官—系统、个体—环境—社会三个层次建立核心体系，同时建立临床技能、学术研究和领导能力体系；培养方案和课程结构更凝练，融合国内外最优化的临床教学模式，强化临床实践和科研能力；培养路径更灵活多元，开拓多学科医工、医理交叉；更强调国际化培养，重视培养学生独立创新能力；① 以培养具有"高度人文情怀、丰厚科学素养和复合知识背景"，集"良医、学者和领导者"三位一体的卓越未来医学人才。②

3. 完善"5+3"临床医学人才培养模式

随着医学精英教育的理念深入人心，以"5+3"一体化为主体的高素质医学人才培养模式受到更多关注。作为培养卓越医生而实施的新模式，它推动了医学教育与住院医师规范化培训的无缝衔接。首都医科大学遵循学位培养和职业培养与发展的规律，进行了系统顶层设计，率先完成了"5+3"一体化培养模式改革，将培养方式调整为2.5+2.5+3，课程设置和考核方式等既考虑了通科培养阶段的要求，又考虑到硕士专业学位及住院医师规范化培养的要求，率先推动了医学专业学位硕士研究生培养与住培的有机衔接、医学专业学位硕士研究生毕业时兼顾"四证"（即研究生毕业证、硕士学位证、执业医师资格证、住院医师规范化培训合格证）的培养模式，有效提升了学生学习效率和教育质量。

4. 探索中医药领军人才培养模式

北京医药院校推动中医院校教育与人才培养，深化医教协同，加快中医紧缺型人才培养。北京中医药大学创新中医药类拔尖创新人才培养模式。

---

① 《清华启动"卓越医师-科学家"项目！扩招至60人》，https://www.cn-healthcare.com/article/20220607/content-5701。
② 《清华大学卓越学者型医师项目课程建设工作汇报会召开》，https://www.tsinghua.edu.cn/info/1176/101176.htm。

2019年，学校开创"中医学领军人才培养计划项目"，采用"中医+""+中医"方式，打造中医+工/文/理等复合型人才培养新模式。"中医+"学制7~9年，采取多院校联合培养形式，与国内外知名高校、科研院所、智能医疗企业合作完成人才培养。"+中医"项目学制5年，面向一流大学建设高校的非医类专业本科优秀应届毕业生，毕业授予医学博士（MD或Ph.D)学位。通过"中医学全新模块+现代医学模块"的学习，使其具备卓越医学素养。开展前沿交叉领域的科学研究，培养学生形成在学术、创新、实践等方面的综合科研能力。2020年，学校创新"中西医临床医学领军人才培养计划项目"，促进中医学与西医学相互交叉、优势互补、融会贯通，以培养学贯中西，引领未来健康事业发展的新医学人才为目标。学制9年，面向高中应届毕业生，与国内外知名医学院校、科研院所合作，通过"分阶段"的培养设计和"模块制"的培养方式，采用"阶段性"评价机制，结合中医"师承"教育理念，全程中医跟诊跟师，研究生阶段实行中医学、西医学双导师制，同时，将全新实践平台、自主化管理模式和弹性学制贯穿整个培养过程。时珍国药班积极探索"价值塑造、能力培养和知识传授"三位一体的教育模式，深入探索书院制、导师制、学分制"三制"交叉融通的创新育人模式，培养在国内外中药教学、科研、生产、检验、流通及使用等领域从事相关工作的中药学拔尖人才。

5. 创新护理教育卓越人才培养

为积极响应"健康中国"国家战略，推动护理事业的发展，提高护理学科水平，培养高端护理领军人才，北京协和医学院于2019年开始创办卓越护理人才"4+2"本硕贯通培养改革试点班。"护理卓越班"特色鲜明，在传承创新、交叉融合培养理念指导下，在保留特色的基础上探索"护理+"教育模式，注重植入人工智能、大数据应用、康养护理、智能护理等教学内容，强化培养目标，注重多学科融合，具有培养目标清晰、课程统合优化、临床实践和研究学习整合等特点，侧重培养提升护理实践水平、推动卫生政策变革、产出护理科研成果的创新型人才。

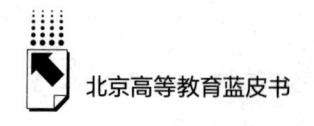

四 北京新医科教育发展的问题

在"健康中国"战略背景下,医药健康领域已经成为新一轮科技革命的引领性力量。我国健康事业发展迎来历史机遇期,同时也面临各种挑战,从健康需求大国转变为医学强国任重道远。北京医学教育在有力支撑医药卫生事业发展的同时,仍需不断适应国家社会与经济发展的新需求,及时解决新时代所面临的问题与挑战。

(一)北京市级层面的规划、统筹和支持力度有限

较之国外和国内其他省市,北京新医科建设的顶层设计和统筹力度不够。北京市拥有国内教学科研水平最高、学科门类最齐全、附属医院实力最强的医学院校和综合大学,也有包括中科院、医科院、中医科学院、军事医学科学院等在内的国内最高层次的科研机构,但在发展高水平医学教育方面尚缺乏明确的长远规划。京内医学院校和高水平科研单位之间的合作也往往各自为政,缺乏市级层面的统筹协调。在国家大力提倡高质量发展、核心科技攻关的背景下,培养高水平医学科研人才已经成为各大医学院校和综合大学的首要任务之一,北京应积极作为,成为中国高层次医学人才培养和医学研究的引领者。

(二)学科专业结构有待优化

目前医学相关学科专业设置不合理导致临床工作中重诊治、轻防控和康复的问题较为突出;虽然院校开设了医学交叉专业,但在实践中,往往缺乏与之配套的支撑体系。为此,医学相关的一级、二级学科设置需要进一步优化、与时俱进,以适应医学卫生健康事业发展的迫切需求。

(三)高层次拔尖人才培养不足

我国医学教育虽然总体培养规模较大,但是在高层次医学人才特别是创

新型人才和领军人才的培养体制方面和发达国家还有较大差距，[1] 高层次医学科技创新人才不足，医学人才规模与创新水平匹配度不够。[2] 高层次拔尖创新医学人才的缺乏已经成为制约首都北京和全国医学科技及产业发展的瓶颈之一，需要以新医科建设为契机，创新体制机制，打造培养高层次拔尖医学人才的基地。

（四）人才培养模式有待创新

从经验医学到循证医学，再到精准医学，以及未来的发展趋势高清医学，每个时期医学的进步发展都对医学人才的培养要求和模式提出了不同的要求，以学科为中心的教育模式已不能满足医学人才培养需求。此外，当前医学院校的五年制医学生毕业实习普遍受到找工作、考研冲击，医学生实习质量难以保证，影响毕业生临床实践能力的形成和发展。学生的毕业后教育和终生专业素养培养等问题突出，对临床医学人才培养质量影响甚大，需要予以高度重视，尽快妥善解决。

（五）毕业后和继续医学教育质量有待提升

医学教育分为院校医学教育、毕业后医学教育和继续医学教育共三个不同阶段，目前我国医学教育界往往偏重于院校教育而忽视毕业后教育和继续教育，院校教育和毕业后教育、继续教育未能有效衔接，特别是亟待建立专培体系和医师资质再认证体系。在毕业后教育阶段，我国目前实行的住院医师规范化培养（住培）、专科医师规范化培养（专培）制度和临床专业型硕士（专硕）、临床专业型博士（专博）培养的关系尚不明确；在继续医学教育的制度性、规范性和质量保障方面我国和发达国家仍有较大差距。

---

[1] 王辰、马超：《以新医科建设为契机 推动医学教育创新发展》，《中国高等教育》2022年第12期。
[2] 詹启敏、王维民、王县成等：《面向未来：医学教育的责任与使命（笔谈）》，《中国高教研究》2018年第5期。

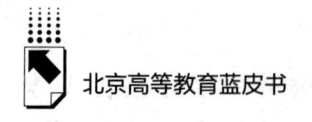

（六）医教协同育人机制尚未完全建立

医学教育是一门实践性极强的学科，医学人才培养也是一项复杂的系统工程，改革推进离不开方方面面的协同配合。而目前"医教协同"育人实施过程中相关利益主体的合作层次还比较低，多元主体协作育人的效率和效益不高，运行体制机制仍面临一些瓶颈和障碍。[①] 建立医教协同育人长效机制任重而道远。

五 北京新医科教育的未来发展建议

北京医学教育的基础坚实且发展活跃，其发展水平亦处于高位。北京医学教育的发展对于全国有着重要的示范引领作用。未来应以"大国计、大民生、大学科、大专业"的新定位，立足新发展阶段医学教育重点问题和时代挑战，以更开阔的视野、更高的标准、更长远的眼光，全面规划北京新医科发展建设的实施路径，扎根中国大地、自主培养面向未来的医学创新人才，积极推进北京医学教育创新发展。具体而言，需要从以下几个方面深化改革，加快建设步伐，努力为健康北京、健康中国建设贡献力量。

（一）加强市级层面医学教育的顶层设计和统筹管理

为了推动医学教育的创新发展，北京需要从经济社会发展的全局出发，以整体性、系统性和协调性的方式进行推进。应强化市级层面的医学教育顶层设计与统筹管理，将医学教育创新发展纳入北京的"十四五"发展规划、新一轮综合改革项目以及重点工作计划等，并制定首都医学教育创新发展的实施方案和相关配套政策。同时，要发挥北京高等教育的学科优势，促进学科交叉和科技创新。在政府的支持和引导下，医院、高校、企业和科研院所

---

① 杨国兴、郑宏香：《"医教产研"协同育人的本质内涵和实践路径——基于新医科建设的视角》，《现代教育科学》2023年第1期。

等相关利益主体共同参与，优势互补，相互配合，使医学研究、人才培养、科技创新与产业升级、地区发展相融合，强化医教协同、科教结合和产教融合，推动中医、西医的汇聚创新，为实现"健康北京"的人才培养规划，打造制度创新的供应高地。

（二）与时俱进优化学科专业结构

针对目前我国医学人才培养的学科结构需要改进提升的问题，北京市可以先行先试，如针对本科专业设置的儿科学、精神病学、麻醉学等二级学科可先停招，改为统一的（临床）医学学科，并通过改善职业前景、加强宣传等手段提升生源质量。针对目前临床上重诊治、轻防控和康复等问题，应当大力加强公共卫生学科建设，并在医学教育中加强公共卫生的理论和实践教学。如北京协和医学院在国内首创、已经纳入北京市高精尖学科的"群医学"创新学科，可以进一步提倡和推广。对于目前新兴的医学与工科、理科、人文等交叉学科，应当鼓励高水平医学院校和综合大学开展建设试点工作，大力培养具备跨学科领域创新能力的医学人才。

（三）深化拔尖创新人才培养体制机制改革

拔尖创新人才的培养是一项系统性工程。面对健康中国建设新目标、人民生命健康新需求、科技发展新趋势和国际人才竞争新挑战，需要从体制机制方面着手，探索超常规人才选拔和培养机制，在把握优质生源的基础上，将"以学科为导向"的培养模式逐步转向"以需求为导向"的跨学科交叉融合"X+医学+Y"培养模式。发挥北京市高水平综合大学、教学医院和研究所院集中的优势，通过与高水平科研机构和研究型医院等协同合作，建立"科教协同"的创新培养机制，探索高层次医学人才培养的完整体系，一方面吸引多学科背景的优秀生源进入医学专业（"X+医学"），另一方面通过临床博士后、双博士等吸引优秀医学毕业生进入创新型人才培养序列（"医学+Y"），培养具备多学科背景、交叉创新能力的复合型医学领军人才。此外，应进一步厘清和优化医学教育层级设置，分层级培养医学人才，形成医

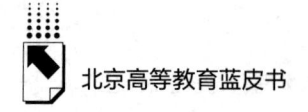

疗卫生行业合理层级、类别的人才队伍体系，以更好地适应我国新时期医疗卫生事业的发展需求，为"健康中国"建设奠定牢固的人才基础。

（四）创新多样化医学人才培养模式

北京医学院校借助丰富的医学教育资源、高水平的师资队伍等优势条件，可以在不同类型和不同层次的医学人才培养方面发挥更大潜力。北京医学院校应根据自身定位和优势特色，探索不同类型的医学人才培养模式，以满足北京医学人才培养多样化需求，如面向各大医院的临床药学博士（Doctor of Pharmacy，Pharm. D.）、医工结合交叉学科博士等高级人才培养以及面向基层的医师助理（Physician Assistant，PA）初级医技紧缺人才等。同时，还应根据社会需求积极调整人才培养的规模和层次，如进入老龄化社会，北京及全国各地都面临高素质护理人才短缺的普遍问题，特别是面向基层医疗机构的老年护理、社区护理等相关人才以及高层次护理领军人才培养方面存在较大缺口。为此，一方面应当通过加强相关医学院校的护理学科建设，保证面向基层的临床护理人才供给；另一方面可以通过创新培养模式，扩大高层次护理人才的社会供给，以及试点开展执业护士（Nurse Practitioner，NP）的培养工作等。

（五）建立高层次医学人才培养的完整体系和有效衔接机制

在国内的住培和专培制度日趋规范化的背景下，应建立与毕业后医学教育制度相衔接的专业学位研究生培养体制，将专硕与住培结合，即医学生毕业后直接进入住培成为行业人，临床专硕不再从本科毕业生直接招收，而是从住院医师中考核选拔有意接受更高学术培养的优秀者，给予住培之外的研究培训，对于住培成绩优秀和研究素养达标者授予临床专硕学位。同样，专博与专培相结合既可缓解对医学生毕业实习的冲击，又可保证住培和专培质量，更有利于招收到高素质的临床专业研究生。在继续医学教育方面，建议由医生行业协会牵头，完善我国继续医学教育的培训和考核体系，并为专科医师定期发放资质证书，推动医生终身学习。此外，我国目前实行的住院医师、主治医师、副主任医师、主任医师这一职称体系混淆了职业发展和学术发展，未来需要优化医生职业发展路径，依国际通例，实行"主诊医师负责制"，并分设职业职称与学术职称体系，帮助医生依据自身优势选择清晰有序的职业发展路径。

（六）强化多方协同构建医学教育共同体

未来应创新人才培养体制机制，推动医学教育供给侧改革，需贯通各个环节和各个阶段，建立医疗、教学、科研协同发展机制。一方面，推动当前"促进人民生命健康为中心"的医学教育理念更好指导实践，将医学人才培养的重点从疾病诊疗扩展到"促、防、诊、控、治、康"六位一体，全方位照护人民健康；另一方面，要创新医教协同机制、科教协同机制、医科协同机制，构建服务于全生命期、健康全过程的教学—科研—医疗—产业协同体系[1]，建立高校与科研院所、临床医院、行业企业和相关部门之间协同办学的体系，形成人才培养合力，完善教学支撑科研和医疗、科研反哺教学和医疗、医疗提供教学实践和科研问题的良性互动机制。积极探索适应自身特点的协同育人模式，全面提高人才培养能力。

---

[1] 彭树涛：《"新医科"的理念与行动》，《上海交通大学学报》（哲学社会科学版）2020年第5期。

B.4
北京高校新农科建设进展报告

杨娟 崔情情*

摘　要： 为深入贯彻党的二十大精神，加快世界一流农业大学建设，全面推动新农科建设进程，服务农业农村现代化，北京市涉农高校以习近平总书记重要回信精神为指引，坚持面向新农业、新乡村、新农民和新生态的新理念，把新农科建设作为深化改革的发力点和突破口，结合服务国家重大战略、地方经济社会和行业产业发展的需求，立足学校发展定位、特色优势和实际情况，革新理念、狠抓落实、凝练成果、强化保障，高质量推进新农科研究与改革实践，全方位培养知农爱农新型人才。

关键词： 新农科建设　人才培养　北京市

一　新农科建设的发展

2018年8月，中办、国办在联合发表的文件中提出要发展新工科、新医科、新农科和新文科。2018年11月13日，新时代云南省本科教育工作会议在云南大学呈贡校区召开，时任教育部高等教育司司长吴岩在会上作了题为"学深悟透　精准发力　久久为功——全力支持云南高等教育提质量

---

* 杨娟，中国农业大学高等教育研究中心副研究员，主要研究方向为高等教育政策与管理；崔情情，中国农业大学本科生院教学研究与专业建设办公室主任，主要研究方向为高校专业建设。

上水平创特色"的专题报告,强调了发展新工科、新医科、新农科、新文科。①

2018年12月,中国农业大学牵头组织召开"新农科"教育研讨会。教育部高教司农林医药处高斌处长及来自西北农林科技大学、南京农业大学、华中农业大学等七所农林高校主管校领导、教务处长参加了启动会,围绕"新农科"重点研究问题及推进方案展开广泛讨论,并达成重要共识。②

2019年4月,教育部等多部门在天津联合召开"六卓越一拔尖"计划2.0启动大会。会议指出,要全面实施"六卓越一拔尖"计划2.0,发展新工科、新医科、新农科、新文科,打赢全面振兴本科教育攻坚战。启动会上举行了新工科、新农科、新医科、新文科建设工作组聘任仪式。中国农业大学孙其信校长受聘为新农科建设工作组组长,负责全国农林高校新农科建设的相关工作。③

2019年6月28日,由教育部高等教育司指导、教育部新农科建设工作组主办的新农科建设安吉研讨会在浙江省安吉县余村召开。来自全国50余所涉农高校的140余位党委书记、校长和知名专家齐聚一堂,围绕习近平总书记关于"两山"理念的重要论述和新时代中国高等农林教育创新发展的思路和举措进行了交流与研讨。会议发布了《安吉共识——中国新农科建设宣言》,对新农科建设做出了总体部署。④

2019年9月19日,新农科建设北大仓行动工作研讨会在黑龙江七星农场召开。全国50余所涉农高校的近180位党委书记、校长和专家代表集中学习了习近平总书记给全国涉农高校书记校长和专家代表重要回信精神,提

---

① 云南省教育厅:《努力担当起中西部高等教育振兴的标杆省、样板校》,https://jyt.yn.gov.cn/article/98f0437e8e5d4e5b9770f60be28c7618.html。
② 全国新农科建设中心:《2018年大事记》,http://nceaed.cau.edu.cn/art/2022/9/13/art_46798_879943.html。
③ 教育部:《教育部启动"六卓越一拔尖"计划2.0》,http://www.moe.gov.cn/jyb_xwfb/xw_zt/moe_357/jyzt_2019n/2019_zt4/tjx/mtjj/201904/t20190430_380243.html。
④ 教育部:《新农科建设吹响"开工哨"全国50余所涉农高校发布〈安吉共识〉》,http://www.moe.gov.cn/jyb_xwfb/s5147/201907/t20190701_388410.html。

出深化高等农林教育改革行动实施方案,提出新农科建设"北大仓行动",对新农科建设做出全面部署。①

2019年12月,新农科建设北京指南工作研讨会在北京召开。来自全国55所涉农高校的150余位党委书记、校长和专家代表参加会议。会议研究了新农科建设发展举措,提出了新农科改革实践方案,推出了新农科建设"北京指南",对新农科建设的改革实践作出全面部署和展望。会上,吴岩出席会议并发表了题为"从'试验田'到'大田耕作'——深入贯彻总书记回信 全面展开新农科建设"的讲话。②

2020年9月2日,教育部高教司复函中国农业大学,支持依托中国农业大学设立全国新农科建设中心(简称中心),中心接受教育部的委托,主要承担开展新农科建设理论研究、推进新农科教育改革、开展新农科建设有关国际交流与合作等工作。中国农业大学校长、全国新农科建设工作组组长孙其信任主任,副校长林万龙任中心副主任。③

2021年4月,习近平总书记在清华大学考察时强调,"要用好学科交叉融合的'催化剂',加强基础学科培养能力,打破学科专业壁垒,对现有学科专业体系进行调整升级,瞄准科技前沿和关键领域,推进新工科、新医科、新农科、新文科建设,加快培养紧缺人才"。④ 这一重要讲话精神将推进"四新"建设放在构建一流大学体系、用好学科交叉融合的"催化剂"、对现有学科专业体系调整升级、瞄准科技前沿和关键领域、加快培养紧缺人才的语境下。⑤

---

① 教育部:《"北大仓行动":掀起高等农林教育新变革》,http://www.moe.gov.cn/jyb_xwfb/s5147/201909/t20190923_400289.html。
② 教育部:《从"试验田"到"大田耕作"新农科建设全面展开》,http://wap.moe.gov.cn/jyb_xwfb/s5147/201912/t20191206_411069.html。
③ 全国新农科建设中心:《中心简介》,http://nceaed.cau.edu.cn/col/col46783/index.html。
④ 《习近平在清华大学考察时强调 坚持中国特色世界一流大学建设目标方向 为服务国家富强民族复兴人民幸福贡献力量》,https://baijiahao.baidu.com/s?id=1697473380461511475&wfr=spider&for=pc。
⑤ 马陆亭:《新工科、新医科、新农科、新文科——从教育理念到范式变革》,《中国高等教育》2022年第12期。

2022年9月，在教育部高教司的指导下，全国新农科建设中心深入分析国外涉农高校学科专业目录、调研国内涉农高校专业设置需求，研制出《新农科人才培养引导性专业指南》。指南围绕粮食安全、生态文明、智慧农业、营养与健康、乡村发展等五大领域共设置了12个新农科人才培养引导性专业，想国家之所想，急国家之所急，应国家之所需，引导全国涉农高校深化农林教育供给侧改革，加快布局一批具有适应性、引领性、交融性的新农科专业，推进高等农林教育高质量发展。①

二 北京高校新农科建设进展

新农科建设是涉农高校落实习近平总书记关于"三农"工作重要指示精神的战略举措，也是高等农林教育服务脱贫攻坚、乡村振兴的战略行动。北京市主要有3所涉农高校，分别为中国农业大学、北京林业大学、北京农学院。整体上，北京高校新农科建设进展顺利，在探索新农科建设发展理念、攻坚新农科专业优化改革、完善新型农林人才培养模式、创新协同育人体制机制、深化质量文化综合建设等方面取得了显著的阶段成果与育人成效。

（一）深入探索新农科建设发展理念，不断完善新农科建设方案

服务国家战略需求和推进农业农村现代化对高水平农林人才提出迫切需求，北京涉农高校落实立德树人根本任务，深挖思政育人元素，推进课程思政建设，培养知农爱农、学农为农的高层次人才。

1. 落实立德树人根本任务，大力推进课程思政建设

中国农业大学在"面"的层面，率先启动并完成了2000余门本科课程从"教学大纲"变"育人大纲"的创新，引导每一门课程从知识传授、能

---

① 《教育部办公厅关于印发〈新农科人才培养引导性专业指南〉的通知》，http://www.moe.gov.cn/srcsite/A08/moe_740/s3863/202209/t20220919_662666.html。

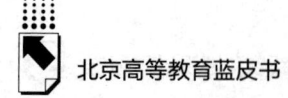

力提升、人格完善三个层面系统设计教学目标、育人使命和教学内容；创立"最美课堂"，评选"最美教师"，扎实落地将立德树人教育、创新创业教育有机融入课程教学的方式方法，保障教书育人成效。通过调研发现，中国农业大学在"点"的层面，率先开展"专业课发挥思政功能"专项教改，建设4个课程思政示范学院、17个课程思政示范专业，在全校累计支持443门次本科专业课程探索和推广将思政教育融入专业课建设的经验，逐步打造了课程思政示范学院+示范专业+示范课程+最美教师的育人格局；开辟"思政启育记""课程思政云展览"等宣传专栏，搭建学校有温度、有力量的课堂交流平台；创新实施教师党支部与课程思政"双融合、双促进"工程；成立课程思政教学研究与培训中心，开展思政育人专项培训，提升教师课程思政教学能力。在"特色"层面，率先打造大国"三农"系列精品在线开放课程，聚焦我国"三农"领域的辉煌成就与科技自立自强，已正式上线两季，累计选课高校316所，选课人数近6万，网络点击量突破1000万，引领了全国高校乃至全社会的知农爱农教育。校内建设"当代中国的农业、农民与农村""现代农业""乡村振兴：理论、政策与实践"等19门大国"三农"系列通识课程。2020年6月，中央教育工作领导小组编撰的《教育工作情况》第37期，全篇以"中国农业大学全面加强课程思政建设"为题，肯定了学校的育人工作。学校共有4门课程入选首批教育部课程思政示范项目，在全国普通高等学校中排名并列第一。①

北京林业大学进阶式构建思政育人格局，厚植新农科人才家国情怀。把高质量推动习近平新时代中国特色社会主义思想进教材、进课堂、进头脑，作为构建"大思政"育人格局、加快推进新农科建设的战略目标，教育引导学生知林爱林、学林为林。一是形成工作机制。学校党委将"三进"作为首要政治任务，强化顶层设计，以"抓教材—抓课程—抓实践—抓教改—抓特色—抓监督"为方法和路径，把"三进"工作贯穿到立德树人全

---

① 林万龙、何志巍、崔情情、汪建华：《高等农林院校课程思政建设的机制创新与路径探究》，《中国农业教育》2020年第4期。

过程各环节，夯实新农科建设关键支点。二是形成协同格局。实施思政课程与课程思政"双轮驱动"，形成"各管一段渠—同向同行—融通互促"进阶式改革，获批2个全国高校黄大年团队、2门国家级课程思政示范课程，获评省部级以上思政教学名师7人次，打造"五分钟林思考"课程思政样板，坚定学生厚植"植绿报国"理想信念。三是形成特色引领。率先设立生态文明建设与管理博士点交叉学科，新增"习近平生态文明思想"研究方向，牵头3项教育部哲学社会科学研究重大专项研究，建强"生态文明"博士生讲师团，紧紧追随习近平总书记"绿色足迹"，连续十年宣讲千余场，受众达80余万人次，为新农科建设提供学科和实践支撑。①

北京农学院认真贯彻习近平总书记在学校思政课教师座谈会上的重要讲话精神，深入落实党中央、北京市委和学校党委关于思政课改革创新的部署，结合学校办学特色，通过健全完善"一立二评三督"工作机制，扎实推进思政课建设，提高思政课质量，筑牢意识形态主阵地，落实立德树人和铸魂育人根本任务。为深入贯彻落实习近平总书记关于教育的重要论述和全国教育大会精神，学校在2019年"课程思政"试点课程建设的基础上，根据教育部《高等学校课程思政建设指导纲要》（教高〔2020〕3号），颁布《北京农学院关于推进"课程思政"建设的实施意见》（北农党发〔2020〕7号），全面展开本科教学课程思政建设工作。学校首次把"课程思政点"写入新版课程教学大纲，鼓励教师结合专业课程特点，创新课堂教学模式，深入挖掘课程思政元素，将课程思政落实到课程教学设计中，实现"课程思政"对所有课程全覆盖。2020年9月，学校启动本科课程思政示范课程评选工作，共遴选示范课程10门；2020年12月，启动思政课程和课程思政建设优秀案例评选工作，遴选优秀典型案例86个，并由中国农业出版社汇编出版《都市型农林高校课程改革研究与实践——思政课程和课程思政优秀案例》。学校于2021年3月启动2021~2022年度教育教学改革项目申

---

① 《北京林业大学2021~2022学年本科教学质量报告》，http://jwc.bjfu.edu.cn/docs/20221212160841094957.pdf。

报工作,在获批的61项校级教改项目中,增设15项由教务处与马克思主义学院联合立项的思政课程和课程思政建设项目,包括重点项目3项,一般项目12项,用以支持教师对课程思政开展研究。[①]

2. 构建耕读教育与劳动教育有机融合的育人体系

中国农业大学构建了耕读教育与劳动教育有机融合的"1451中农模式":以1个学分的劳动教育必修课为依托,从知识、认知、实践、文化四个维度全面强化,通过建设课程、编写教材、打造基地、培育队伍、丰富活动五大路径,设计1套综合评价标准作为保障,让耕读教育与身体力行的劳动实践相结合、与丰富而深入的文化教育相结合、与面向未来的科技探索相结合,切实让劳动教育、耕读教育在人才培养中鲜活起来、深入下去、持续发展。[②] 学校牵头编写全国首部耕读教育读本,引领耕读教育教材建设;设置耕读实践教育基地,2021年,学校组织近3000名本科新生参加"劳动教育实践周"活动,让学生通过亲身实践,实现耕读文化的传承与价值内化。学校前期投入200余万元专门打造涿州劳动教育实践基地,制定以"耕读教学、田间实践、自主活动"为特色的劳动周实践方案。近3000名2020级本科生作为"先行者",组建"劳动生产队",扛起锄头学"真把式",在田野躬耕中出力出汗体验农事艰辛,在耕读学习中感悟农业发展的变迁与农民生活的改善,在国家级农业科技园区感受农业现代化前沿发展,在农业科技拉练中振奋投身"三农"事业的热情和实现乡村振兴的信心。学生通过劳动播种与收获的玉米、红薯、花生等农作物被批量送到学校餐厅,劳动丰收的喜悦与全校师生共同分享。连续三年,学校依次组织2020~2022级本科生顺利完成劳动教育实践。学校基地建设的经验得到了中国高教学会劳动教育专业委员会的认可,并被《劳动教育评论》专题刊文推广。[③]

---

① 《北京农学院2020~2021学年本科教学质量报告》,https://jwc.bua.edu.cn/info/1163/2063.htm。
② 林万龙、崔情情、何志魏、曹志军:《涉农高校耕读教育特色育人模式构建与实践研究》,《高等农业教育》2021年第4期。
③ 《全国新农科建设进展简报(2022年第1期)》,http://nceaed.cau.edu.cn/art/2022/9/9/art_46800_879507.html。

北京林业大学坚持以习近平新时代中国特色社会主义思想为指引，以铸魂育人为目标，践行"知山知水、树木树人"育人理念，结合"耕读传家"的中华优秀传统文化，立足新时代对培养知农爱农新型人才的新要求，全面加强和改进耕读教育，建成33个耕读教育实践基地，在实践中创设了"春植、夏认、秋抚、冬防"耕读教育品牌，探索形成耕读教育"333"融合机制：统筹三个关系，即耕读教育与劳动教育、第二课堂、实践教学的关系；抓实三个环节，即狠抓耕读教育安全、学分、动力环节；落实三个保障，即落实经费投入、教师队伍、实践保证。让学生在山水林田湖草沙一体化保护和系统治理的生动实践中，厚植"植绿报国"北林精神，涵养知行合一劳动品质，提高干事创业能力，深入绿水青山，建设美丽中国。①

3. 多方对接，环环相扣，完善新农科建设发展方案

涉农高校深刻认识高等农林教育对支撑服务乡村全面振兴的重大意义，系统谋划推动新农科建设，完善新农科建设发展方案，以人才振兴推动乡村振兴。中国农业大学在政府、企业和社会的"三对接"基础上，从培养造就一支"一懂两爱"的专门人才，积极推进农科教融合、产学研协同的新模式，构建适应新时代要求的德智体美劳高水平人才培养体系，加强开放共享协同创新的国际合作交流等方面，完善新农科建设发展方案。② 北京林业大学深入调研8所涉林高校、11家林草主管部门、14家林业高新企业，准确把握新时代林草人才培养细分领域，提出面向国家战略、学术前沿、行业发展、产业创新"4+N"的新林科发展定位。③

（二）积极推动涉农专业供给侧改革，持续优化学科专业布局

北京涉农高校立足新的发展阶段、贯彻新的发展理念、构建新的发展格

---

① 《北京林业大学2021~2022学年本科教学质量报告》，http://jwc.bjfu.edu.cn/docs/20221212160841094957.pdf。
② 《中国农业大学蓄力新农科建设 集聚乡村振兴》，http://news.cau.edu.cn/zhxwnew/831416.htm。
③ 《全国新农科建设进展简报（2021年第2期）》，http://nceaed.cau.edu.cn/art/2022/8/9/art_46800_879637.html。

局,聚焦服务乡村振兴、生态文明、美丽中国、健康中国等国家重大战略需求,持续优化调整专业结构,积极推动涉农专业供给侧改革,想国家之所想,急国家之所急,应国家之所需,加快布局一批具有适应性、引领性、交融性的新农科专业,推进高等农林教育高质量发展。在《新农科人才培养引导性专业指南》的指引下,北京涉农高校立足新的发展阶段、贯彻新的发展理念、构建新的发展格局,聚焦服务乡村振兴、生态文明、美丽中国、健康中国等国家重大战略需求,积极推动涉农专业供给侧改革,强化新农科专业顶层设计。

1. 强化一流本科专业建设

一流本科专业建设"双万计划"是教育部推动新工科、新医科、新农科、新文科建设,做强一流本科、建设一流专业、培养一流人才,全面振兴本科教育,提高高校人才培养能力,实现高等教育内涵式发展的重要举措。涉农高校始终坚持以立德树人为根本,把持续推进一流本科专业建设作为培养支农爱农新型本科人才、实现内涵式发展的重要基础与根本抓手。2022年6月,教育部发文公布2021年度国家级和省级一流本科专业建设点名单,中国农业大学共有13个专业入选国家级一流本科专业建设点,7个专业入选省级一流本科专业建设点。学校共有54个一流本科专业建设点,其中国家级36个、省级18个。在学校具有申报资格的专业中,已有近90%的专业获评一流。①

2. 优化升级传统学科专业

涉农高校融合新农科特色元素,强化专业内涵,打造专业特色,实现传统农科专业转型升级。中国农业大学结合新农科,做好人才大类培养基础上的专业改造,培养知农爱农新型人才。新农科人才培养的"新"重在创新,需要一二三产的结合,强调农业生产体系、产业体系和经营体系的重构,是传统农科与工科、理科、文科、信息科学等的高度融合。因此,做好基于大

---

① 《中国农大一流本科专业建设点再增20个!》,http://jwzs.cau.edu.cn/art/2022/6/13/art_4529_866544.html。

类培养的一流专业建设，是培养新时代知农爱农新型人才的重要基础。立足知农爱农新型人才培养，面向新农业、新乡村、新农民和新生态，研究服务农业农村现代化、国家粮食安全、乡村振兴、山水林田湖草系统治理等方面的新变化和新需求，分析新时代农业重点发展方向及其对传统农业的挑战，改造1~2个涉农相关专业；利用信息技术、工程技术、生态环境技术等现代技术提升2~3个传统涉农专业的适应性，完成对传统涉农专业的改造升级。进行新农科背景下传统专业的知识体系和能力要求分析等；研究传统涉农专业的改造升级方法的适用性及其调整完善策略，总结传统涉农专业改造升级的普适性实施路径。

3. 构建新的学科专业体系，布局谋划新专业

北京涉农高校聚焦科技前沿、国家战略需求和区域经济社会发展需要，在充分调研国外先进经验的基础上，用好学科交叉融合的"催化剂"，开展新兴涉农专业探索与建设，加快培养农林类紧缺人才。

中国农业大学紧扣"标准制定，改革引领，世界影响"的发展目标，在营养健康、生物科技、智慧农业、绿色发展、生态环境、乡村发展、全球农业等七大领域构建了新的学科专业体系，为新农科专业建设提供支撑。发挥新农科建设工作组组长单位责任担当，以"生活、生产、生态"耦合"新农业、大农科"，构建"两横三纵"专业目录矩阵，谋划新生新兴专业。近三年来，学校科学推进农工、农理、农文、农医的深度交叉融合，增设生物育种科学、农业智能装备工程、生物质科学与工程、食品营养与健康、兽医公共卫生、土地科学与技术、社会政策等11个新专业，其中5个为专业目录外的新农科专业，专业改革力度在全国农林高校中保持领先。此外，学校牵头各农林高校，围绕新农科建设理念，研制完成高等农林类专业认证的国家标准，被媒体称为"支柱高校"。主持了11项新农科研究与改革实践项目，位列全国高校榜首。学校积极推进传统专业的质量提升与升级改造，现有54个专业入选教育部一流专业建设"双万计划"，2个专业入选北京市重点建设一流专业，约占全校现有招生专业的90%。

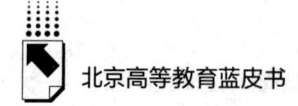

北京林业大学面向产业需求，推动农、工、文学科交叉融合，通过探究"林科"与"经管"双向互动的复合型人才培养模式，有效提升了新农科复合型人才培养成效。学校坚持扎根中国大地，精准对接林草行业发展，强化政策资源协同，加强国际交流与合作，加快推进"根蘖式"自我拓展、"嫁接式"转型升级、"植被修复式"自然恢复与人工促进、"新造混交林式"等多类型一级学科之间或学科门类的交叉深度融合方式；以"新产业新业态急需的新专业"为导向，开办经济林、国家公园建设与管理等行业特色专业，申办生态学等专业。2021年，学校新增获批草坪科学与工程、生态学和家具设计与制造三个专业。2022年，经专业申报、学院论证、专家评审、学校审议，已新申报国家公园建设与管理专业。①

北京农学院紧抓国家"双万"专业建设、北京市重点建设一流专业行动计划、"六卓越一拔尖"2.0计划和新农科建设等机遇，加强优势专业和特色专业建设，全面推进本科专业内涵式发展，积极推进农科与理工文学科深度交叉融合。学校2020年新增国家级一流本科专业1个和北京市级一流专业3个，目前共有国家级一流专业3个，北京市级一流专业6个，北京市重点建设一流专业2个，入选卓越农林人才教育培养计划2.0专业4个，当年学校招生的本科专业29个。②

4. 建立完善专业动态调整机制

中国农业大学探索建立校内本科专业和教学基础数据信息系统。综合考量办学定位（优势学科、长线学科）、办学条件（师资、教学设施）、毕业去向（就业率、就业质量、同行竞争力）、学生意向（高考志愿满足率、转专业报名比例、大类分流报名比例）等因素，完善全校专业评估和专业动态调整机制，以引领学科专业前沿发展和适应社会人才需求两个维度为标

---

① 《北京林业大学2021~2022学年本科教学质量报告》，http://jwc.bjfu.edu.cn/docs/20221212160841094957.pdf。

② 《北京农学院2020~2021学年本科教学质量报告》，https://jwc.bua.edu.cn/info/1163/2063.htm。

准，构建四象限专业发展区域，淘汰部分不适应经济社会发展和我校人才培养定位的专业，持续优化专业结构。

（三）深化人才培养改革，构建新型农林人才培养模式

1. 融通专业教育与通识教育，培养一流拔尖创新人才

中国农业大学坚持以学生成长成才为中心，实施灵活自由的转专业政策、自主开放的选课政策，推动公共基础课程改革、实施小班化授课、改革成绩记录方式、完善双创机制、完善学业指导体系，让学生"学其所长、学其所爱"，个性化培养成效显著。2021年，学校进一步以新农科理念为指导，重构"通识、大类、专业"三层次知识结构，在原有人才培养模式基础上打破专业固化的壁垒，进一步强化通识教育，突出交叉融合，推动本科人才大类培养改革，培养具有宽广文化视野、扎实专业基础、卓越实践能力和全球胜任力的一流拔尖创新人才。

2. 探索本研贯通、学科融通培养模式，设立人才培养特区

中国农业大学入选全国首批强基计划、基础学科拔尖创新人才培养计划2.0基地，进入基础学科人才培养第一梯队。成立未来技术学院，大力推动生物科学、生物育种等急需领域后备人才培养，以交叉融合、大师引领、个性化培养、突出科研训练为特色，深化本研贯通人才培养。建立由著名学者、学术大师构成的百人"强基"导师团队，构建全校协同工作机制制定专项支持政策，着力培养一批面向未来的，致力于服务国家重大战略领域，具有突出研究与实践能力的拔尖创新领军人才。此外，学校入选全国中学生"英才计划"，将拔尖科技创新储备人才培养工作科学前置，探索大中学校联合培养青少年树立科学志向、提高创新能力的有效模式。

北京林业大学开辟基础学科拔尖人才培养新赛道。依托生物类基础学科拔尖学生培养计划2.0基地，实施超常规培养定位、超常规师资资源、超常规培养路径"三超"模式，创立"三制三化"实验区，建立"3+8+个性化"课程体系，构建研究型教学、开放型实验和创造型科研"双渠联动—三位一体"培养机制，实施"3+1+X"本博贯通培养，着力培育森林生物

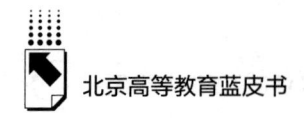

学领域的战略科学家。①

3. 有机衔接人才培养与服务国家重大涉农战略

中国农业大学以强农兴农为己任，对接脱贫攻坚、乡村振兴、农业绿色发展、"一带一路"等国家重大需求，与政府、行业领先部门、产业龙头企业等共同打造政产学研用人才培养共同体，建设校级实践教学基地24个、院级实践教学基地326个，聘请近500名有丰富实践经验的行业骨干担任兼职课程教师或第二导师，培养学生在干事创业的实践舞台上提升解决复杂实际问题的能力。形成"科技小院""牛精英""乡村振兴""种业菁英班"等深扎"三农"一线的实践育人特色品牌，设立"脱贫攻坚""服务一带一路"等专项行动，集教学、科研、技术转化与推广为一体，为服务国家重大发展战略源源不断贡献农大智慧、农大方案。学校高度注重一二课堂的有机融合，依托"稼穑英才"实践育人工程，每年近3000名本科生赴全国百余县开展实践学习，切实将论文写在祖国大地上，在实践中涵养师生知农爱农情怀。依托调查研究、科技支农、政策宣讲、农业技术培训、乡村环境治理等丰富多样的志愿服务项目，培植服务乡村振兴、塑造知农爱农新型人才的重要力量。2020年，与拼多多合作，在联合国粮农组织的指导下，举办了全国第一个数字农业比赛——"多多农研科技大赛"，汇集全球农科优势高校学子、青年科学家同台竞技，将新技术与新模式率先应用在田间地头，大胆实践，推动了教育链、人才链与产业链的深度融合。以种业菁英班和乡村振兴班为人才培养模式改革重要试点的农学院，于2019年荣获全国脱贫攻坚组织创新奖，2021年荣获全国脱贫攻坚先进集体。

北京林业大学积极把思想和行动统一到习近平总书记乡村振兴系列重要讲话精神上来，按照国家乡村振兴战略要求和学校"双一流"建设总体部署，不断提升服务乡村振兴的能力和水平。一是连续4年高质量完成了陕西等6省28个贫困县的精准扶贫工作成效第三方评估及贫困县退出专项评估

---

① 《北京林业大学2021~2022学年本科教学质量报告》，http://jwc.bjfu.edu.cn/docs/20221212160841094957.pdf。

检查，积极服务党中央、国务院重大决策部署，为贫困地区实现高质量脱贫、全面建成小康社会发挥重要智库作用。二是深入一线调查，撰写脱贫攻坚、乡村振兴相关书籍4本，形成10余份咨询报告并得到国家有关部门和地方政府领导同志的肯定，进一步丰富了"中国减贫方案"，全面推进乡村振兴战略。三是承担北京市等20多个市（县）政府委托的林业产业发展与乡村振兴规划咨询任务，服务于国家精准扶贫和乡村振兴重大战略。四是认真践行"把论文写在祖国的大地上，把科技成果应用在实现现代化的伟大事业中"的具体行动，已在云南省昆明市等近10个州市，挂牌成立了林下经济创新发展示范基地、林下经济专家团队工作站以及乡村振兴研究中心，通过推动科技成果转化、打造林下经济全产业链条助力地方经济发展。[①]

（四）打造一流课程，锤炼优质教材，助力人才培养

1. 打造课程群，形成品牌课程

课程建设与教材建设方面，近五年来，中国农业大学以打造一流本科课程群、打造优质系列教材的建设思路，支持建设三批共100门"大国三农"一流本科课程、134门在线课程建设项目、202本教材建设项目；不断推动信息技术与课程教学的深度融合，通过自建与引进，SPOC资源已突破2000门。截至目前，34门课程入选教育部一流本科课程"双万计划"，25项教材/课件入选北京高校优质本科教材/课件。全校形成"德才兼备、全面发展、通专平衡、追求卓越"育人共识，以"厚基础、宽口径"为建设思路，构建了"核心通识课、核心基础课、专业核心课"三类课程体系，院士、名师、高层次人才齐上讲堂，为学生提供通专平衡、优质前沿的本科教育。以核心课建设为辐射，实施"教学内容经典化、教学方式多样化、教学团队结构化、教学评价过程化、教学考核素质化"等全环节课程教学改革，有效提升课程教学质量。学校构建覆盖全校的体育、美育、劳育体系，编写

[①] 《北京林业大学2021~2022学年本科教学质量报告》，http：//jwc.bjfu.edu.cn/docs/20221212160841094957.pdf。

教材、增设课程、建设基地、开展活动，夯实全面发展教育，引导学生正确处理人与社会、人与自然、人与他人以及人与自我的关系。学校开设"大国三农""农业总论""乡村振兴：理论、政策与实践""当代中国农业、农村与农民"等82门核心通识课程，突出农耕文明、农业科技、乡村振兴等主题。以"大国三农"为例，全国选课学校达316所，选课学生近6万，在智慧树、学习强国、哔哩哔哩等多平台上线，全网课程点击量突破1000万，成为引领知农爱农价值观教育的现象级课程，入选北京高校优质本科重点课程。学校牵头主编并出版的《耕读教育十讲》，系统阐述耕读文明的历史发展与现代价值，成为国内耕读教育的重要教材，荣获"2021年度影响力图书"与2022年北京高校优质本科教材，并入选教育部"教育这十年"新闻发布会典型案例，充分显示了学校主动为涉农高校学子乃至全社会输出优质文化资源的责任担当。

2. 推进课程标准建设，强化内涵式发展

北京林业大学紧密结合国家和行业发展需求，依托学校在自然保护与环境生态类等特色优势专业，根据"两性一度"要求，探索形成自然保护与环境生态类课程建设标准的指标体系和实施细则，打造高质量课程建设的新途径。学校面向新农业、面向新乡村、面向新农民、面向新生态，开展大量的相关调研和教改研究，制定和完善了包括水土保持与荒漠化防治、农业资源与环境、野生动物与自然保护区管理等自然保护与环境生态类专业的专业发展战略和专业建设规范，形成了"高等学校水土保持与荒漠化防治"本科专业教学质量国家专业认证执行标准。打造了一批自然保护与环境生态类专业核心专业课程的国家精品在线开放课、国家虚拟仿真实验和线上MOOC等。明确自然保护与环境生态类专业课程体系与教学目标，突出课程的高阶性、创新性和挑战度，在正确价值引领下提出课程体系和核心课程具有系统性、完整性、关联性和有深度的教学目标，从整体上提升课程质量。针对各专业、各课程知识结构特点，有针对性地提出分类建设和发展一流课程的教学设计。坚持"少而精"的原则，构建以"思政与创新"为引领的通识教育课程体系，提高新农科学生文化素养和政治站位；坚持"宽与用"的原则,构建以"基础与工具"为引领的学科专业基础课程体系,造就学生的宽就业面;坚持"整与分"的原则,构建以"知识技能需求相当"为引领的专业核心课程体系,提升学生的专业核心素养。"十三五"期间,北京林业大学立项农业部、国家林草局规划教材 276 种,出版各类教材 158 种。高质量教材建设步伐持续推进,2017 年以来,7 种教材获得"全国高等农业院校优秀教材"称号;8 种教材获北京市教委"北京高校优质本科教材课件"立项;申报各类"十四五"规划教材 258 种。学校高度重视教育教学与信息技术的融合,教材建设立项中重点支持和鼓励教师编制数字化、立体化教材,2017 年以来,学校累计出版新形态教材 17 种。①

3. 以评促建,切实提高课程质量

2020 年 9 月,北京农学院启动优质本科课程评选工作,旨在引导教师加强在课程目标设置、教学组织、教学效果等教学过程中落实 OBE 理念,遴选一批能够体现学校本科教育优势特色、教学成效显著、受学生欢迎、具有推广示范价值的优质本科课程,进而形成校、院两级优质本科课程培育体系。共评选出植物生理学等优质本科课程 10 门。2020~2021 年,学校共 8 门课程获评"北京高校优质本科课程"(包括 1 门重点课程),8 位老师获评北京高等学校优秀专业课主讲教师荣誉称号。其中,兽医公共卫生学、发酵工程、普通植物病理学和农业政策与法规 4 门课程荣获"2021 年北京高校优质本科课程",农村统计与调查(重点项目)、绿色化学、饲料学和中华龙舟 4 门课程荣获"2020 年北京高校优质本科课程"。2021 年 5 月,根据《教育部办公厅关于开展第二批国家级一流本科课程认定工作的通知》(教高厅函〔2021〕13 号),学校组织了第二批国家级一流本科课程申报工作,共 3 门课程(植物学、设施园艺学、绿色化学)入选北京市向教育部推荐名单。②

---

① 《北京林业大学 2021~2022 学年本科教学质量报告》,http://jwc.bjfu.edu.cn/docs/20221212160841094957.pdf。
② 《北京农学院 2020~2021 学年本科教学质量报告》,https://jwc.bua.edu.cn/info/1163/2063.htm。

（五）不断强化师资队伍建设，重视营造教书育人良好氛围

涉农高校坚持强化教师教学发展顶层设计，健全制度保障和资源平台，提升教师业务水平与教学能力。中国农业大学教师教学发展示范中心高质量推进教师教学发展项目，建设教师培育机制与育人能力体系，在名师教学团队、信息化平台、农林高校教师教学发展联盟等方面取得了实质进展。

中国农业大学2017年、2020年连续两次修订教育教学奖励办法，加大教育教学奖励力度，扩大奖励范围，设立"立德树人卓越成就奖"百万元教学专项大奖。学校拥有3名国家高层次人才特殊支持计划（"高层次人才支持计划"）教学名师、2名国家级教学名师和52名北京市教学名师、72名校级的教学名师梯队、5个北京高校优秀本科育人团队，充分发挥教书育人典型示范引领作用。学校成立150个本科基层教学组织，实现教师与课程的双覆盖，2个团队入选北京高校优秀本科育人团队，有效推动了教学力量的聚合与教学治理的下沉。学校成立了"教师教学发展中心"作为教师教学能力发展与提升的专门机构，以服务教师、促进教师发展、全面提高教师教学能力和水平、建设高素质高质量教师队伍为宗旨，以全面提升中青年教师业务水平和教学能力为重点，完善教师教学的发展机制、管理机制和服务机制，在教师培训、教学咨询、教学研究、质量评估、资源共享以及示范辐射等方面开展多样化多层次的工作，配套出台《中国农业大学青年教师育人能力培训方案》等系列文件，贯通"校—院—基层教学组织"三级组织体系，设计了覆盖全面、类型丰富、层次递进的青年教师育人能力培养模式，实施了连贯、清晰的青年教师学习计划，建立了名师指导、前后辈协同提升的教师研修共同体，学校教学氛围愈发浓厚，教师育人能力提升工作取得了阶段性的良好效果，形成具有中国农业大学特色的教师教学发展体系，建成国家级农林教师教学发展中心，引领农林高校教师教学发展工作。[①]

[①] 《全国新农科建设进展简报（2021年第3期）》，http：//nceaed.cau.edu.cn/art/2022/8/10/art_46800_875794.html。

北京林业大学实施《北京林业大学全面提升教师教学能力的实施方案》，构建覆盖全员、全过程、全素养的教学能力提升培训体系，内容涵盖课程思政、教学理念与方法、教师素养、教学技能、信息化教学等，以两年为一个轮次，推出200学时研修活动供教师选择，通过实施三大计划——基础研修计划、"新绿萌芽—青椒成长—卓越发展"专项研修计划、自主研修计划，实现教师终身学习全覆盖。以教师发展尤其是教学能力发展为目标，面向全校教师开展教师发展现状与需求问卷调研。邀请统计学、心理学、人力资源、教学学术等方面专家共同研讨设计问卷，以期通过分析调研数据查找影响教学能力提升的影响因素，为进一步完善教师教学能力提升培训体系提供参考。围绕国家和学校"双一流"建设及发展需求，以提升教师教书育人能力、促进教师职业发展为目标，2021~2022学年分模块、分类型、分层次组织线上线下研修活动25场，校内外教师1000余人次参加。持续打造品牌特色，组织3场ISW教学技能工作坊，17名教师获得ISW国际研修证书；教师教学发展社群围绕有效教学结构、混合式学习、学习风格等主题开展学术研讨、实验小剧场10场。引入教育部网培中心、国家级教师教学发展示范中心等平台的优质教师学习资源，通过教师发展中心部门网站整理发布青教赛、教学培训等校内优质视频资源，不断完善教师在线学习平台，实现线上线下联动。①

（六）深化科教融汇、产教融合，强化实践教育，优化协同育人机制

农林教育要走融合发展之路、多元发展之路、协同发展之路。涉农高校从校企合作、校所协同、校校联盟等多维度创新新农科人才协同育人机制，在育人理念、育人模式、育人平台、机制体制等方面提出很多新思路和新举措。校企合作汇集资源，产教融合形成人才培养共同体。

中国农业大学密切联系全国乡村振兴高校联盟中多所涉农院校并积极联

---

① 《北京林业大学2021~2022学年本科教学质量报告》，http：//jwc.bjfu.edu.cn/docs/20221212160841094957.pdf。

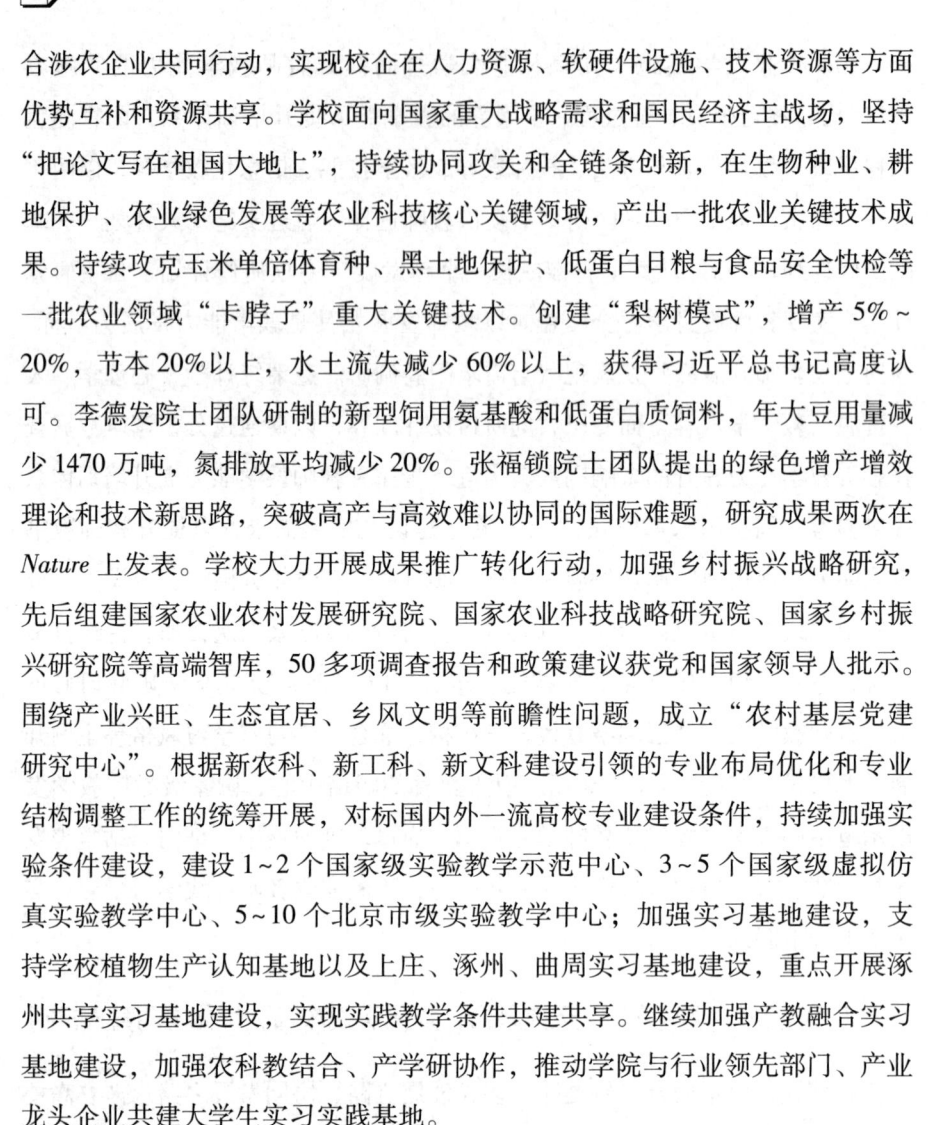

合涉农企业共同行动，实现校企在人力资源、软硬件设施、技术资源等方面优势互补和资源共享。学校面向国家重大战略需求和国民经济主战场，坚持"把论文写在祖国大地上"，持续协同攻关和全链条创新，在生物种业、耕地保护、农业绿色发展等农业科技核心关键领域，产出一批农业关键技术成果。持续攻克玉米单倍体育种、黑土地保护、低蛋白日粮与食品安全快检等一批农业领域"卡脖子"重大关键技术。创建"梨树模式"，增产5%~20%，节本20%以上，水土流失减少60%以上，获得习近平总书记高度认可。李德发院士团队研制的新型饲用氨基酸和低蛋白质饲料，年大豆用量减少1470万吨，氮排放平均减少20%。张福锁院士团队提出的绿色增产增效理论和技术新思路，突破高产与高效难以协同的国际难题，研究成果两次在 Nature 上发表。学校大力开展成果推广转化行动，加强乡村振兴战略研究，先后组建国家农业农村发展研究院、国家农业科技战略研究院、国家乡村振兴研究院等高端智库，50多项调查报告和政策建议获党和国家领导人批示。围绕产业兴旺、生态宜居、乡风文明等前瞻性问题，成立"农村基层党建研究中心"。根据新农科、新工科、新文科建设引领的专业布局优化和专业结构调整工作的统筹开展，对标国内外一流高校专业建设条件，持续加强实验条件建设，建设1~2个国家级实验教学示范中心、3~5个国家级虚拟仿真实验教学中心、5~10个北京市级实验教学中心；加强实习基地建设，支持学校植物生产认知基地以及上庄、涿州、曲周实习基地建设，重点开展涿州共享实习基地建设，实现实践教学条件共建共享。继续加强产教融合实习基地建设，加强农科教结合、产学研协作，推动学院与行业领先部门、产业龙头企业共建大学生实习实践基地。

北京林业大学从四个方面打造协同创新的实践育人平台。一是建设多元化、多层次实践育人基地。在已建成的国内外实践与就业实习基地的基础上，扩展厦门、漳州、云南等华南西南地区实习基地。二是升级国家级园林实验教学示范中心，率先建立了数字景观实验室、虚拟仿真平台，购置可移动评图仪、全息扫描仪等数字设备优化实践教学资源。三是丰富实践教学内容。开展大栅栏老城更新、北京绿廊、大学生创新训练等实践教学探索；探索《植物设计与应用》花境实地设计、成都国际花园建造设计、机械臂园林假山数字建造等实践教学方式。四是拓展农工融合实践育人渠道。增设农工跨学科教学模块，推动农工院校联合教学，构建产学合作协同培养—就业三级实施体系。①

北京农学院修订校外人才培养基地建设管理制度，明确新农科背景下农林实践教学基地建设要求与标准，建设并运行"北京农学院实习基地与实验室管理系统"，对校外人才培养基地建设与运行情况实施信息化管理，提升基地使用效益及对专业人才培养目标的支撑度。改革校内实践教学平台建设与管理机制，实施校园东区用地回归实践教学功能，根据教学实际需求重新规划，探索建设功能集约、开放充分、协同联动的校内实践教学平台。目前学校共建成省部级以上实践平台12个，包括实验教学示范中心4个（国家级2个、北京市级2个），校外人才培养基地6个（国家级1个、北京市级5个），校内实践基地2个（全部为北京市级）。共有实习、实践、实训基地217个，其中校外基地207个，校内基地10个，在2021～2022学年共接纳学生1208人次。继续优化本科"3+1"人才培养模式中"1"部分的实习环节，使学生实习实践更加科学、高效、合理，要求本科生深入生产、研发、管理一线实习实践不少于3个月。2021～2022学年，完成了2018级1681名本科生毕业实习工作，开展了2019级1648名本科生专业实习工作。设置省部级实验教学示范中心、校外人才培养基地建设专项课题和资金，支持实践教学平台建设，强化平台对应用人才培养的支撑作用。根据教育部通知开展国家级实验教学示范中心考核验收，提升中心示范效应。②

（七）开展新农科质量文化建设综合改革

1. 深化以质量提升为核心的管理体制机制建设

涉农高校聚焦立德树人根本任务，以提高培养质量为核心，遵循教育教

---

① 《北京林业大学2021～2022学年本科教学质量报告》，http：//jwc.bjfu.edu.cn/docs/202212122160841094957.pdf。
② 《北京农学院2020～2021学年本科教学质量报告》，https：//jwc.bua.edu.cn/info/1163/2063.htm。

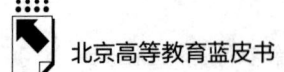

学规律，重构教学组织体系，有效破解管理体制机制瓶颈，切实推进教育教学深化改革，全面提高人才培养质量。中国农业大学完成了校内基层教学组织的重构，成立了生命科学、工学与信息科学、理学、人文社会科学、生态与环境科学五个大类平台课程委员会，由院士与名家领衔合力打造农、理、工、文等多学科深度交叉融合的本科人才"孵化器"。①

2. 完善高校教学质量保障体系

涉农高校坚持学生中心、成果导向、持续改进的理念，多措并举构建教育质量保障机制，拓宽质量评价维度，完善质量评估制度，丰富质量监管主体。北京农学院初步完成教师教学质量评价系统的研发工作，形成评价—反馈—改进闭环机制，强化评价结果运用，发挥评价在提高教学质量方面的指挥棒作用。

3. 研制农林类专业建设标准

为科学规划建设农林类专业，各涉农高校基于本校优势专业和研究特色，共同研制农林类一流专业建设标准。中国农业大学大力推进专业认证工作，牵头制定普通高等学校农林类专业认证标准，成为农科专业认证标准的制定者。②农学专业率先通过国家农科专业（第三级）认证；植物保护、园艺两个专业率先通过中俄联合认证；农业水利工程、水利水电工程、车辆工程、电气工程及其自动化、计算机科学与工程、食品科学与工程六个专业通过工程教育专业认证。③北京林业大学组织召开了林业工程类国家级一流专业建设标准咨询会，组建自然保护与环境生态专业教学指导委员会，并构建了自然保护与环境生态类一流专业建设的核心指标体系。

---

① 《掌舵护航！学校成立大类平台课程委员会》，http://news.cau.edu.cn/art/2022/9/3/art_8769_878617.html。
② 《我校牵头启动教育部高等教育农林类专业认证标准研制工作》，http://news.cau.edu.cn/art/2017/12/28/art_8769_550774.html。
③ 《22年来首次！》，https://mp.weixin.qq.com/s?__biz=MzA3MzM3MTUxOQ%3D%3D&mid=2651179526&idx=1&sn=2afd14f5a8cd68170b3e77594c56fe1e&scene=45#wechat_redirect。

（八）拓展国际交流合作，引领构建全球农业与国际发展共同体

扎根中国大地办好高等农林教育，服务中国农业农村现代化是高等农林教育的时代使命。同时，作为世界农业大国，中国高等农林教育还承担着为全球农业可持续发展提供中国方案的重要使命。新农科建设启动以来，部分涉农高校的教学和研究体系历经了一个不断从"引进来"到"走出去"的转型和成长过程，从全球搭建联系到重点国家布局，从制度建设到海外实地探索，从科学研究到教学实践，涉农高校国际合作交流机制建设不断推进。同时，依托重要国际合作联盟的建立，高等农林教育国际影响力不断得到提升。

中国农业大学参与构建人类农业教育命运共同体，引领我国在"一带一路"与南南合作领域的农业教育科技合作。成立于2017年的"一带一路农业合作学院"在联合国总部发布系列报告，参与国际发展评估标准制定；在坦桑尼亚实施的"千户万亩玉米增产示范工程"减贫项目，入选联合国南南合作优秀案例。服务国家"中非合作"战略，打造中非公共管理、"中非科技小院"、"中非农业合作1+1"三个专业硕士班，公共管理硕士（MPA）新增"国际组织与社会组织管理"人才培养方向，突出中国农业发展和减贫经验，助力农业教育援外人才培养。构建与国际组织新型合作关系，与联合国南南合作办公室、联合国粮农组织、世界粮食计划署等国际组织建立合作关系，努力提高中国农业高等教育国际话语权。学校推出研究生、本科生"出海深度学习"重大举措，与世界顶尖农业大学联盟（A5）成员大学建立首个双边合作人才培养计划，联合培养农业科技人才。[①]

三 总结与展望

北京涉农高校深入贯彻新农科建设理念，充分吸取借鉴国际高等农业教

[①]《落实全球发展倡议，中国农大在行动——系列报道之三：发挥人才培养功能，培养全球青年》，https：//baijiahao.baidu.com/s？id=1771848900620670128&wfr=spider&for=pc。

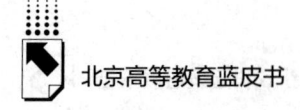

育的成功经验，立足新要求，强化问题导向和需求导向，突出适应性人才培养质量观，以更新理念、对接需求、引领支撑为主线，以新农科为统领，系统化推进学科发展和专业人才培养的新路径、新范式，为新农科建设提供更加丰富的内涵。下一步，应继续聚心聚力到本科教学、人才培养上，从以下几方面努力，实现与国家和北京市农业农村现代化建设与发展的同频共振。

（一）不断探索人才培养新范式

面向新时代新需求，聚焦现代农业发展方向，从教育理念创新、培养目标体系、学科专业结构、人才培养模式、政策支撑体系等方面，综合运用理论研究、案例研究、比较分析、文本调研、问卷调查等方法，深入探索现代农业人才成长的规律，为支撑现代农业发展和高质量林业专门人才培养提供可借鉴、可推广的新范式。

（二）持续推进人才培养改革

高度聚焦学术前沿、国家战略需求、行业产业发展，精准把握和系统梳理现代林业的外部环境和需求供给，提出现代林业的新动态、新趋势、新增长点，重点解决新时代林业人才培养、学科专业建设与国家需求不相适应的突出问题。坚持扎根中国大地，精准对接林草行业发展，强化政策资源协同，加强国际交流与合作，加快推进学科交叉融合，全面提升现代农业人才培养质量。

（三）深入开展理论与实践研究

充分把握高等农林教育的教育规律、人才培养规律、科学创新规律之间的关系，树立改革的系统观，从培养方案修订、师资队伍建设、管理体制机制等方面进行突破，探索高等农林教育的新模式，不断提高决策服务的水平。

B.5 北京高校新文科建设进展报告

吕素香 杜思佳[*]

摘　要： 文科教育的振兴关乎高等教育的振兴，关乎教育强国目标的实现。北京高校积极回应时代命题，面对改革进程中出现的新问题、新矛盾、新挑战，全方位、深层次、大力度推进新文科建设，革新文科教育理念，完善课程教材体系，优化人才培养模式，以"新文科"培养未来发展需要的时代新人。本文追溯新文科起源，梳理北京高校新文科建设的进程，聚焦新文科建设中的问题，为推动新文科建设进一步发展与创新提出建议。

关键词： 新文科建设　交叉学科　北京高校

文科在我国高等教育中占据半壁江山，承担着为社会发展提供思想、方向、标准、价值判断的功能，因此文科教育水平更能体现国家软实力，文科教育的振兴关乎高等教育的振兴，关乎教育强国目标的实现。"新文科"概念提出四年多来，北京各高校主动适变，面对世界百年未有之大变局加速演进、现代科技不断创新与突破发展、传统文科教育亟待转型的现实挑战，以构建中国自主知识体系、重塑中国特色的人才培养体系、培养堪当民族复兴大任的新时代文科人才[①]等为己任，在新文科建设方面开展了积极探索，取得了丰富的理论和实践成果。

---

[*] 吕素香，经济学博士，北京工商大学经济学院党委书记、教授，主要研究方向为财政学、预算绩效管理；杜思佳，北京工商大学马克思主义学院硕士研究生。
[①] 吴岩：《积势蓄势谋势　识变应变求变》，《中国高等教育》2021年第1期。

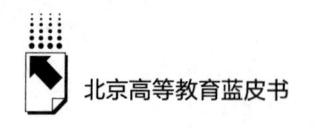

一 新文科建设的源起

部分学者认为,"新文科"概念源于美国,标志性事件是2017年美国希拉姆学院对培养方案进行全面修订,对传统文科进行"学科重组、文理交叉",即把以数字技术、计算机技术、信息技术为代表的新技术融入哲学、文学、语言学等人文课程,打破专业壁垒,为学生提供综合性的跨学科学习,达到知识扩展和创新思维的培养。

我国的新文科是在振兴本科教育的背景下提出与展开的。2018年6月,新时期全国高等学校本科教育工作会议召开,教育部部长陈宝生提出要"加强文科教育创新发展"。2018年9月,《教育部关于加快建设高水平本科教育全面提高人才培养能力的意见》印发,文件提出要深化协同育人重点领域改革,并对加快发展"新工科"、促进医教协同、深化农科教结合,以及推进法学教育和司法实践紧密结合、推动高校与法治实务部门交流、宣传部门与高校共建新闻学院等新文科建设做出具体部署。新文科建设由此开启。

2019年4月,教育部"六卓越一拔尖"计划2.0启动大会召开。会议提出要全面推进新工科、新医科、新农科、新文科建设,提高高校服务经济社会发展能力。"六卓越一拔尖"计划2.0旨在通过实施包括新文科在内的"四新"建设,掀起高等教育的"质量革命",引导高校全面优化专业结构,深化专业综合改革,激发学生学习兴趣和潜能,全面提高本科人才培养质量。此次会议之后,"新文科"建设开始引起社会各界广泛关注。

2020年11月,教育部主办新文科建设工作会议并发布《新文科建设宣言》(简称《宣言》)。这是新文科建设中的一次里程碑事件。《宣言》从提升综合国力、坚定文化自信、培养时代新人、建设高等教育强国、推动文科教育融合发展等不同视角强调新文科建设的必要性和紧迫性。《宣言》对新文科建设做出全面部署,提出要坚持走中国特色的文科教育发展之路，强化价值引领、促进专业优化、夯实课程体系，推动模式创新、打造质量文化，推动文科教育创新发展，构建世界水平、中国特色的文科人才培养体系，培养知中国、爱中国、堪当民族复兴大任的新时代文科人才。

2021年4月19日，习近平总书记在清华大学考察时，对如何建设一流大学、提高人才培养质量做出重要指示。他说，"要用好学科交叉融合的'催化剂'，加强基础学科培养能力，打破学科专业壁垒，对现有学科专业体系进行调整升级，瞄准科技前沿和关键领域，推进新工科、新医科、新农科、新文科建设，加快培养紧缺人才"。

2021年11月，教育部公布首批认定的1011个新文科研究与改革实践项目，覆盖全部人文社会科学门类，标志着新文科建设研究全面深化。

2023年，教育部等五部门印发《普通高等教育学科专业设置调整优化改革方案》的通知（教高〔2023〕1号），就加快新文科建设重点提出：构建中国特色哲学社会科学，建构中国自主的知识体系，努力回答中国之问、世界之问、人民之问、时代之问，彰显中国之路、中国之治、中国之理；推动文科间、文科与理工农医学科交叉融合，积极发展文科类新兴专业，推动原有文科专业改造升级；强化重点领域涉外人才培养相关专业建设，打造涉外法治人才教育培养基地和关键语种人才教育培养基地，主动服务国家软实力提升和文化繁荣发展；推进文科专业数字化改造，深化文科专业课程体系和教学内容改革，做到价值塑造、知识传授、能力培养相统一，打造文科专业教育的中国范式。

可以看出，中国的新文科建设与美国希拉姆学院"对传统文科进行学科重组、文理交叉"的新文科理念有所不同，内涵更为丰富：既要面向科技革命强调学科专业知识的多维交叉融合，更要扎根中国大地，突出中国特色，强化价值引领；既要以教育数字化转型为契机推动文科教育的模式方法多元创新，更要明确服务定位，立足新时代改革开放和社会主义现代化建设的伟大实践，面对改革进程中出现的新问题、新矛盾、新挑战，培养未来发展需要的时代新人。

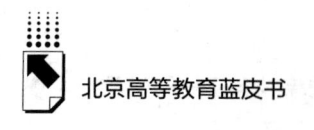

二 北京高校新文科建设的实践探索

为适应新时代要求而启动的新文科建设是一项庞大的系统工程,涉及从思想到行动、从内容到模式、从教与学到支撑环境条件的一系列变革。北京高校积极贯彻落实中央要求,以建设教育强国为己任,坚持问题导向,主动谋新求变,积极投身新文科建设改革洪流,在人才培养理念变革、知识生产模式创新、课程教材体系重构、教学方式方法多元化、师资队伍建设等方面开展了卓有成效的实践探索。

(一)研究先行,推动新文科改革实践

为全面推进新文科建设,2021年11月教育部发布《关于公布首批新文科研究与改革实践项目的通知》(教高厅函〔2021〕31号),认定1011个新文科研究与改革实践项目。据统计,北京48所高校获批首批"新文科"项目198项,约占全国项目总数的19.58%,内容涉及新文科建设改革与发展研究、新文科建设发展理念研究、新文科建设政策与支撑体系研究、新时代文科专业结构优化研究与实践、原有文科专业改造提升改革与实践、新兴文科专业建设探索与实践、新文科课程体系和教材体系建设实践、基础学科拔尖创新人才培养创新与实践等22个议题。中国人民大学、北京大学入选"新文科"研究与实践项目数量位居前列,均入选10个以上的项目(见表1)。

从图1可见,北京市首批新文科研究与改革实践项目主要集中于经管法领域新文科建设实践,涉及项目数量高达27个;新文科课程体系和教材体系建设实践与高素质涉外人才培养创新与实践项目数量次之,均有项目21个。新文科教师专业发展探索与实践、教师教学发展示范中心建设以及高校内部教育质量保障体系建设三方面分别有1个项目,以质量提升为核心的管理体制机制建设在北京高校没有项目。不难看出,目前北京高校有关新文科建设的研究还集中在课程、教材等初级层面,对教师以及制度保障等深层次问题尚未深度关注。

表 1　北京高校入选"新文科"研究与实践项目数量

序号	高校名称	立项数	序号	高校名称	立项数
1	中国人民大学	13	26	中国农业大学	4
2	北京大学	12	27	中国石油大学（北京）	4
3	清华大学	8	28	北京电子科技学院	3
4	中国传媒大学	8	29	北京工业大学	3
5	对外经济贸易大学	8	30	北京语言大学	3
6	北京理工大学	7	31	首都师范大学	3
7	北京外国语大学	7	32	中国地质大学（北京）	3
8	中央财经大学	7	33	中国矿业大学（北京）	3
9	中央民族大学	7	34	北京电影学院	2
10	北京航空航天大学	6	35	北京工商大学	2
11	中国政法大学	6	36	中国社会科学院大学	2
12	北京中医药大学	5	37	北方工业大学	1
13	北京交通大学	5	38	北京第二外国语大学	1
14	北京林业大学	5	39	北京服装学院	1
15	北京师范大学	5	40	北京联合大学	1
16	北京邮电大学	5	41	北京舞蹈学院	1
17	中国人民公安大学	5	42	北京物资学院	1
18	中央美术学院	5	43	北京协和医学院	1
19	北京科技大学	4	44	北京信息科技大学	1
20	北京化工大学	4	45	国际关系学院	1
21	北京体育大学	4	46	首都经济贸易大学	1
22	华北电力大学	4	47	中国戏曲学院	1
23	外交学院	4	48	中央音乐学院	1
24	中国科学院大学	4	49	中央戏剧学院	1
25	中国劳动关系学院	4	50	中国音乐学院	1

资料来源：笔者统计。

（二）理念变革，强化新文科价值导向

新文科之新，首先体现在理念之新。与传统文科教育相比，新文科教育在价值导向上更加鲜明。

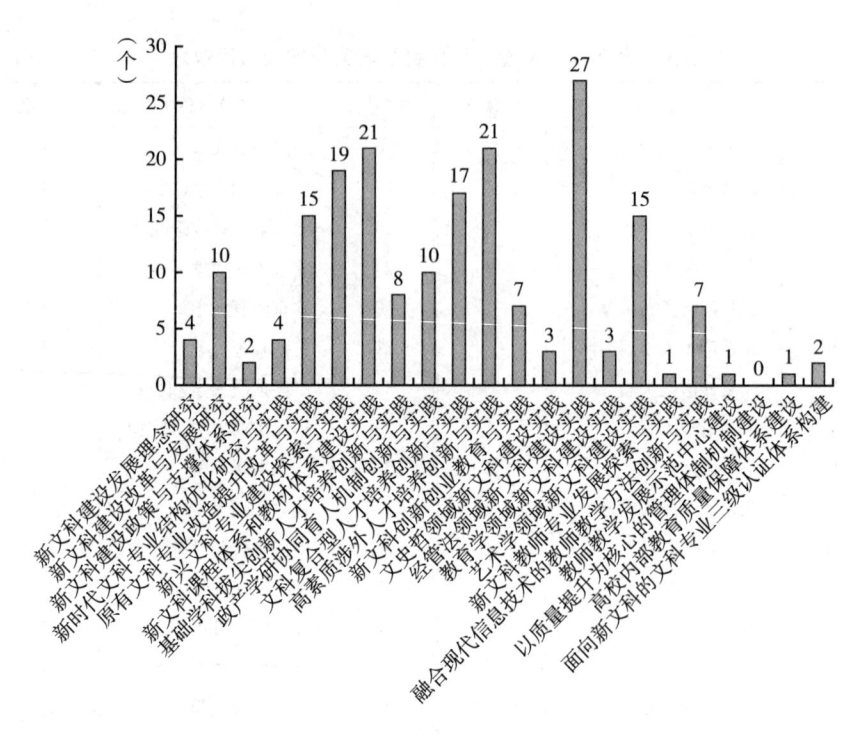

图 1　北京市首批新文科研究与改革实践项目数量分布

资料来源：笔者统计。

1. 新文科更加强调中国特色

从2016年的哲学社会科学工作座谈会到2022年习近平总书记考察中国人民大学，习近平总书记多次指出，要加快构建中国特色哲学社会科学，推动哲学社会科学原创性、主体性、系统性、集成性、专业性、理论性、实践性发展，要"在指导思想、学科体系、学术体系、话语体系等方面充分体现中国特色、中国风格、中国气派"，"要以中国为观照、以时代为观照，立足中国实际，解决中国问题，不断推动中华优秀传统文化创造性转化、创新性发展，不断推进知识创新、理论创新、方法创新"。[①] 这些重要讲话为首都高校新文科教育提供了方向指引和遵循。落实在新文科建设中，各高校

---

① 习近平：《在哲学社会科学工作座谈会上的讲话》，《人民日报》2016年5月19日。

无论是传统专业还是新设专业，都着力强化中国特色，探索走中国特色的文科教育发展之路。

北京大学党委印发《北京大学推动"四史"学习教育工作方案》，将四史教育融入教育全过程，引导学生建立民族自豪感，并于2022年成立北京大学现代中国人文研究所，引入跨学科的视野和方法，推进新文科建设。中国人民大学"政治学、经济学与哲学"（PPE）专业是国内建设较早、发展最好的跨学科专业之一，既充分借鉴世界顶尖大学PPE先进教学理念，探索学科交叉模式，又扎根中国实际，在课程体系中设置中国哲学、中国政治体制改革、中国经济研究等与中国社会文化紧密相关的专题性课程，强化学生中国问题意识，增强国家使命感，该专业入选北京市一流本科专业建设点。中央财经大学财税专业坚持开设中国财政史必修课，在人才培养中，以中国财政基础理论为指导，大量开展实践教学，利用经济学、管理学、社会学等跨学科研究方法，引导学生关注和研究中国实际财政问题，为培养具有中国气派的财政学者、构建中国特色的财政理论奠定人才基础，该专业入选国家级一流本科专业建设点。[①] 北京工商大学将"政治经济学"课程作为商科学生第一学期必修课，开设《资本论》选读课，为学生打好中国特色社会主义思想基础；开设"中国经济专题""新中国金融发展史""中外商业比较"等课程增强学生对中国经济社会和文化底蕴的了解，学校"以'四个正确认识'为导向的新时代经济类人才培养模式探索与实践"获得2021年北京市教育教学成果二等奖。

2. 新文科更加注重价值引领

强化价值引领是新文科建设的根本要求。习近平总书记旗帜鲜明地指出："古今中外，每个国家都是按照自己的政治要求来培养人的，世界一流大学都是在服务自己国家发展中成长起来的。我国社会主义教育就是要培养

---

① 马海涛：《新文科背景下文理贯通的财税人才培养实践及其思考——以中央财经大学财税学科为例》，《新文科理论与实践》2022年第6期。

社会主义建设者和接班人。"① 习近平总书记还对高等教育提出了"为人民服务，为中国共产党治国理政服务，为巩固和发展中国特色社会主义制度服务，为改革开放和社会主义现代化建设服务"的要求。基于上述要求，各高校在新文科建设中，更加注重以价值引领推进铸魂育人，通过思政课程、课程思政同向发力，引导学生树立坚定的理想信念，筑牢深厚的家国情怀，在服务国家战略、城市发展、新生业态等方面做出贡献。

中央财经大学构筑"润心铸魂、求真求实、价值引领"的德育机制，传扬财税大师精神，设立"姜维壮教授教育基金"，组织师生排演剧作《姜维壮》，设计《姜维壮》主题展览，举办纪念姜维壮教授朗诵诗会等系列纪念活动，对学生进行沉浸式教育。北京航空航天大学公共管理学院在新文科建设中，坚持核心价值引领，依托学科特色优势资源，充分发挥公共管理学科所具备的天然"思政教育"属性功能，以特色课程为龙头，带动课程思政示范课程群建设，构建通识课、专业课、实践课相结合的"大思政"课程体系，厚植学生"空天报国"精神和"致真为公"情怀，着力培养中国治理实践的行动者、中国公共管理理论的创新者、国家治理现代化的推动者。

3. 新文科更加重视人文精神和综合能力培养

文科教育兼具人文性和工具性。"新文科"的提出是为了解决文科教育长期以来积累的弊端，包括在人文性和工具性两者之间的失衡。工具性强调教育应"有用"，能够指导人们解决重大理论问题和实践问题，培养国家急需的人才；人文性则强调教育要"无声"，能够以文化人，深化人文底蕴，塑造历史视野，培育哲学思维，涵育审美素养。② 新文科改革，则在既强调专业教育重视学生显性技能培养的同时，也强调博雅教育培育深厚的人文素养、人文情怀，以实现二者效能的平衡。

北京高校新文科建设突出文科潜移默化的教化功能，鼓励学生在日常生

---

① 习近平：《在北京大学师生座谈会上的讲话》，新华网，http://www.xinhuanet.com/politics/2018-05/03/c_1122774230.htm。
② 张树庭：《学科交叉融合：新文科建设的突破口》，《学习时报》2023年5月5日。

活中涵养道德情操，在学以致用中提升综合能力，在社会实践中厚植家国情怀。北京大学注重通过通识课程培养学生独立人格和创新思维能力，文科通识核心课程占比高达70.21%，学科融合的新文科课程占比24.46%。北京航空航天大学、北京科技大学等多所高校在新文科改革中，通过探索书院制等模式，加大通识教育力度。清华大学2020年成立新雅书院等五大书院，有效地打破院系之间的壁垒，引导学生在通识教育的基础上，探寻某一专业领域的兴趣，从知识结构、思维模式、精神世界等促进学生全面发展。大类招生使"宽口径，厚基础"的新文科人才培养理念得以更好落实。2019年首都经济贸易大学的招生专业中有5个大类招生，学生入学集中开展一段时期的通识教育后，再实施专业分流。交叉人才培养使学生修读来自不同专业的课程，知识面更广。人民大学PPE专业的核心课程包括核心基础课和跨学科素质课。其中哲学核心课包括马克思主义哲学、中国哲学、外国哲学、伦理学等；政治学核心课包括政治学原理、比较政治制度概论、国际关系等；经济学核心课包括宏微观经济学、政治经济学、计量经济学等；跨学科课程则包括PPE导论、跨学科对话与争鸣、融通与创新高阶研讨课等，通过课程体系的重构，切实培养学生扎实的理论功底和多学科理论视野与思维方法。

（三）模式重构，突出学科专业交叉融合

科技进步引发时代变迁，立足两个百年未有之大变局，人文社会科学迫切需要对中国面临的重大理论和实践问题做出回答。这对以往单一、传统的文科教育提出挑战。北京高校从课程体系优化、培养模式变革方面探索开展新文科建设。

1. **课程内容注重知识结构多元交叉**

课程是人才培养的核心要素，课程体系改革是高校新文科建设的首要任务。2020年4月教育部办公厅下发关于启动部分领域教学资源建设工作的通知，组织高校、行业企业和科研院所协同，研究制定覆盖特定知识领域、知识单元和知识点的知识图谱，以此为基础，建设视频、课件、习题、案例、实验项目、数字教材、实训项目、数据集等教学资源，打造一批优质教学资源库。2022年6月教育部高教司启动经济学、法学、新闻学等部分文科专业的教学要点研制工作，从需求侧出发，根据新时代对相关领域人才的知识能力素质要求，推导达成这些要求所需要的核心课程、培养环节，以及课程中应有的知识点，进而构建一套科学、完整、系统、规范的专业教学要点。

2023年8月教育部启动实施"101计划"，推进基础学科和"四新"关键领域的核心课程建设，其中包括经济学、哲学两个文科领域。这项由图灵奖得主约翰·霍普克罗夫特教授提议、教育部部长统筹部署、高教司牵头的重要教改工作，试图以2年的时间，建设一批相关学科的核心课程，推动核心教材、师资、实践项目等建设，以课程改革小切口带动解决人才培养模式大问题。在首批33所试点高校中，北京大学、清华大学、北京航空航天大学、北京理工大学、北京邮电大学、中国科学院大学、中国人民大学、北京交通大学等8所在京高校入选。截至目前，经济学学科的10门核心课程及牵头高校已经公布。在22所参与高校中，在京高校有北京大学、清华大学、中国人民大学、中央财经大学、北京师范大学、对外经济贸易大学。

北京高校新文科建设在课程体系方面，主要是适应新技术革命和产业革命迅猛发展的形势，在课程内容上注重人文学科与自然科学知识的交叉融合，使培养的学生不仅具备扎实的专业素养，更有跨学科知识和能力的储备，有对经济社会新模式、新业态、新技术的理解力、适应力和引领力。北京语言大学为实验班学生开设专业培养方案之外难度更大的"高阶"课程，激发学生学习和研究潜能，如"金融学专业拔尖人才实验班"开设"Python数据分析"等课程，"语言智能与技术拔尖人才实验班"开设面向人工智能的数学基础系列课程和语言智能与技术应用实践系列课程。首都经济贸易大学新增"数据科学与大数据技术"专业，由统计学院和管理工程学院联合培养，基础课程覆盖面更广。北京工商大学对经济类专业的课程结构进行调整，按照文理交叉的思路，将大数据、人工智能等新一代信息技术融入专业培养方案，通过开设"数据挖掘与商务智能""Python语言程序设计""金融工程软件与应用""量化投资""金融衍生工具""保险精算""互联网保险""数字化零售""商业大数据分析""数字供应链金融"等跨学科课程,培养兼具财经专业知识与数据分析、机器学习等能力的复合型人才,提升毕业生的战略思维、创新意识,以及知识能力结构对科技进步和经济发展的适应性。

2. 培养模式突出政产学研协同共建

文科教育的改革创新,需要高校通过政产学研协同共建机制,实现各方资源整合、资源优化、资源共享,促进人才培养与社会需求的紧密对接,实现教育链、人才链与产业链、创新链的有机衔接。①

一方面,以创新思维建好校内实验实践教学平台。中央财经大学财税学院建立财税业务一体化仿真实验室,开设"数字税收""财税业务模拟""机器学习"等跨学科课程。北京工商大学经济学院依托学校"国家级实验教学示范中心"和"国家级虚拟仿真实验教学中心"两个实验教学平台,在各专业均开设了3~5门实验实践类课程,既有传统核心业务的虚拟仿真,也有行业最新技术的场景应用,形成了跨境电商模拟实验、证券交易模拟、量化投资、企业战略管理模拟等20余门实验实践和实训课程群,通过研讨式、体验式、沉浸式、互动式教学方法,使学生的创新能力得到系统训练。

另一方面,以科教融合、产教融合的思路,引入科研前沿和产业一线人员,共同开展相关领域研究,联合开发建设各类实验实践课程和项目,或聘任业界精英担任学生校外导师,带领学生学习行业"新本领",研究社会"真问题"。北京体育大学打造产教融合、学训结合的育人新模式,在学生实习实训中探索学校和企业合作培养人才。中央财经大学邀请财政部、国家税务总局、基层财税部门和行业企业的专家进课堂,引领财税人才培养的产学研结合模式。北京工商大学经济学专业引入国内十大资产评估公司的专家,打造"企业价值评估"等行业实务特色课程;与大连商品交易所共建虚拟"期货学院";将"税收管理"课部分内容直接在税务大厅由校内外教

---

① 樊丽明:《论新文科建设的机制保障》,《中国高教研究》2023年第5期。

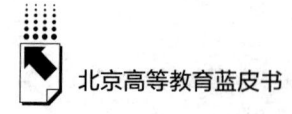

师共同实地教学，以借用社会力量解决学校实践教学滞后于社会发展的问题。北京工业大学的设计学本科专业，立足服务北京文化中心建设和世界一流宜居之都建设，聚焦全面小康社会后带来的生活方式转型和民生需求，与张家湾设计小镇、北京市设计学会等合作，探索建立以工带文、以工促文、艺工结合、德智并进的国际化发展路径。

（四）搭建平台，形成新文科长效机制

1.学科融合诞生一批新文科交叉专业

自2019年开始，教育部每年公布完成备案的学位授予单位自主设置的二级学科和交叉学科名单。根据2023年10月9日最新的公布情况，北京高校自设的文科类交叉学科已达80余个，其中北京大学、中国人民大学、北京航空航天大学、清华大学、北京理工大学数量较多。交叉学科中涉及一级学科数量一般至少3个，最多高达5个，如北京大学的数据科学，涉及数学、统计学、计算机科学与技术、软件工程、公共卫生预防医学5个一级学科；中国人民大学的国学涉及中国史、哲学、中国语言文学3个一级学科（见表2）。

表2 北京高校自主设置的文科类交叉学科名单（截至2023年10月）

单位名称	自设交叉学科名称
北京大学	数据科学、中国学
中国人民大学	金融工程、劳动关系学、风险管理与精算学、环境政策与管理、国学、中国特色社会主义理论、城市发展与规划、可持续发展管理、食品安全管理
清华大学	全球领导力、信息艺术设计
北京工业大学	资源环境与循环经济
北京航空航天大学	文化传播与管理、能源经济与管理
北京理工大学	国民经济动员学、能源与气候经济、智能数字表演、工业与系统工程
北京科技大学	公共安全与应急管理、应用数学与工程科学
北京化工大学	文物科学与技术
北京印刷学院	文化产业管理
北京林业大学	生态文明建设与管理、生态修复工程学、城乡人居生态环境学
北京协和医学院	生命伦理学、医学信息学、群医学、人文医学、医学信息学

续表

单位名称	自设交叉学科名称
北京师范大学	人力资源管理
首都师范大学	中国文化经典教育、语文教育、文化创意产业与媒介素养教育、历史教育学、地理教育学、生物教育学、生物信息学、智能教育学、国别区域研究
北京外国语大学	区域国别研究、亚非地区研究
北京第二外国语学院	国际文化贸易
中国传媒大学	新媒体、数字艺术、互联网信息、信息传播学、文化产业、艺术与科学
中央财经大学	经济信息管理、互联网经济学
对外经济贸易大学	法经济学、全球价值链、公共政策与管理、电子商务与信息管理
北京物资学院	人力资源开发与管理
首都经济贸易大学	劳动关系、城市经济与战略管理、法律经济学、媒介经营与管理、大数据与商业智能
北京电影学院	动画学
中央民族大学	全球治理、语言信息安全、应急管理、边疆安全、文化安全、生态安全、人权保障
中国政法大学	犯罪心理学、法治文化、全球学、国家监察学、国家安全学、政治社会学
华北电力大学	能源互联网
中国石油大学	能源经济管理、能源治理与法律、油气人工智能、海洋资源与信息工程、应用数学与能源数据科学
中国矿业大学	国土空间规划、职业安全健康
中国地质大学	自然灾害与应急管理、自然资源与国土空间规划、碳中和与高质量发展管理、地学大数据
中国科学院大学	社会计算、经济计算与模拟

资料来源：笔者整理。

在学科融合和自我革新过程中，诞生了一系列交叉专业。目前主要有三类：第一类是"传统文科+数据"，如计算社会科学、计算法学、保险精算、医疗健康数据学等；第二类是"传统文科+信息"，如金融科技、数字经济、数字媒体艺术、网络与新媒体等；第三类是"外语+传统文科"，如国际旅游、国际组织与全球治理、国际新闻传播、国际经济发展合作等。北京市教委公布的 2022 年度市属普通高等学校本科专业备案和审批结果中，北京物资学院新增金融科技专业，依托金融学一流本科建设基础，融合期货专业资源，致力于培养复合型、应用型人才。北京工商大学则依托已有的多学科师资优势，近年来成立国际经管学院、电商物流学院、人工智能学院等，作为商科数字化转型的改革试验田，在金融工程等跨学科专业探索基础上，先后设立大数据管理运用、数字经济、数字贸易、金融科技等新专业，推进经管类新文科人才培养。

2. 机制创新设立交叉人才培养基地或研究院、项目组

北京市教委自2021年开始推动市属高校分类发展，引导高校强化内涵式发展、特色发展和差异化发展，在不同类型和不同领域办出特色、争创一流。2023年市教委设立"交叉学科平台建设项目"，由市属高校以优势学科为基础，以服务首都、服务社会、服务行业等为导向，通过校内外资源的统筹整合，自主申报交叉学科平台建设项目。市教委组建专家组逐个高校听取汇报，为学校的交叉学科建设方向把脉问诊。从已经通过评审的高校来看，学科交叉是手段和路径，通过有组织的科研，帮助解决首都重大现实问题、提升学校人才培养和服务社会的能力是根本目标。如北京服装学院"服装学"新兴交叉学科平台建设项目突出"艺、工、商"融合特色，以重大项目、重大任务为驱动，强化学科交叉研究，全力打造服装领域"政用产学研"协同发力的创新高地、引领中华服装服饰文化传承与设计创新的学术高峰、面向服装全产业链培养特色拔尖人才的示范基地。首都经济贸易大学数字经济交叉学科平台建设则聚集研究数字经济的应用场景，重点培养数字领域的高层次应用型人才，旨在补齐北京数字人才缺口，为新时代首都发展提供高质量的数字化人才。从新文科建设的典型案例来看，在大力推进交叉学科建设以及复合型人才培养的过程中，高校逐渐开始探索建设长效机制，更好地整合资源和师资队伍。主要有以下两种模式。

一种是成立以科研为导向的实验室、项目组或以教学为导向的实验班，借助大数据、云计算、人工智能等新兴信息技术，构建"人文+科技"的科学研究和人才培养新模式，推动新文科建设。如对外经济贸易大学数字经济实验室是教育部在全国文科类院校中设置的首个实验室，以海量经济信息数据、高性能计算和深度数据挖掘为基础与技术手段，变革经济学研究方法，引领学科发展并促进多学科交叉融合，围绕数字经济展开深入分析，实现重

大经贸理论创新，有效支撑国家重大经贸政策决策，同时以高水平科研带动人才培养工作。北京外国语大学开设联合国及国际组织人才培养实验班、语言智能与技术拔尖人才实验班、金融学专业拔尖人才实验班、"汉语卓越教师"中国语言文学拔尖人才实验班4个跨学科拔尖人才实验班，探索推进新文科拔尖人才培养。北京航空航天大学开设社会科学试验班，含经济学、行政管理、法学、英语、翻译、德语、法语专业；北京理工大学开设的社会科学试验班，含经济学、社会工作、法学专业，也都体现了文理交叉、多科融合的新文科人才培养理念。

另一种是成立交叉研究院等专门的组织管理机构。如北京大学早在2006年就成立了前沿交叉学科研究院，其中设有纳米科学与技术研究中心、生物医学跨学科研究中心等10多个研究机构，涵盖数学、物理学、化学、生物学、医学、工学、经济学等学科的众多交叉研究领域。2015年依托数学、统计学、计算机科学、软件、公共卫生与预防医学、心理学、社会学、金融学等学科设置了数据科学与大数据技术交叉学科专业，成立了北京大学大数据科学研究中心。这是国内最早的新文科的研究机构之一。中国人民大学交叉科学研究院2022年2月成立，围绕数字经济、人工智能、区块链、国家治理等关键领域培育新兴交叉学科，打造以人工智能、大数据、区块链为底层架构的"数字社会科学"集群，开展交叉型博士研究生培养，体现了新文科建设最新发展趋势。专门机构的成立为推进以学科交叉融合为特征的新文科建设提供了有力的组织保障，特别是在推进师资队伍建设方面，通过探索跨学院、跨学科团队课题组长负责制、校内首席专家双聘制，以及协同创新成果认定新办法等，能够将来自不同领域和学科的教师更好地整合，实现从形式上的"交叉"向实质性"融合"的转变。

三 北京高校新文科建设面临的困境与对策建议

新文科建设是高校面对文科教育滞后社会发展、文科学生就业难、文科"无用论"等现实问题的思考，也是对"教育强国，文科何为"这一时代命题的应答。北京高校在整合教育资源、不断开拓文科发展新路径、培养新时代文科复合型应用型人才方面做出了一些成绩，但新文科建设仍处于初步探索过程中，在实践中仍然存在一些困难和问题，需要重视和解决。

一是学科交叉融合方面，形式上简单叠加居多，实质性交叉融合不足，建议通过成立交叉研究院等专门的组织机构、明确专业课程知识点等，为推进新文科建设提供组织保障和实施路径。教育部发布的《普通高等教育学科专业设置调整优化改革方案》中提出，要"推动文科间、文科与理工农医学科交叉融合，积极发展文科类新兴专业，推动原有文科专业改造升级"。多学科交叉融合是新文科建设最基本的特征，但是，由于大多数市属高校没有自主设立学科专业的资格，专业设置大多还是保留传统专业布局。已经设立的一些交叉学科专业，如果是某一个学院主导，通常在课程体系建设等方面的实质性转型也比较艰难，大多是把两个或多个专业的课程简单拼凑在一起，或是在原有专业课程的基础上，简单加上部分数字化、信息化课程等，实质性融合的课程并不多。对于新文科教育究竟需要培养复合型人才的哪些核心素质和能力以及如何实现，从教育主管部门的层面总体还缺乏系统的解决方案，仍处于各高校初步探索过程中。建议教育主管部门进一步组织推动各专业的核心课程设置以及教学要点研制工作，为高校推动多学科知识的实质性交叉融合、深化新文科建设提供具体工作指引。各高校通过建设专门的交叉学科研究院、学院等形式，更有力度地组织推动培养模式、课程体系的改革，将新文科建设落在实处。

二是支撑新文科建设的师资队伍和教材建设相对滞后，还需要加强培训提升教师交叉学科素养和育人能力。新文科建设是将新方法、新技术纳入文科的专业学习与训练，通过学科交叉与融合逐渐创造新的知识体系。北京高校积极推动教学方法改革，广泛使用小班教学、翻转课堂等形式，形成第一课堂与第二课堂、理论教学与实践教学相互支撑的新文科教学体系，打造了一批新文科"金课"。但总体而言，现有教师队伍学科素养相对单一，多学科贯通的知识结构还需逐步建立，信息技术融入教育教学，加强网络学习空间应用广度和深度方面还需持续发力。同时，随着网络技术的发展，知识更新的速度越来越快，教材修订和编写很难跟上现实需求的步伐。高校应加大对教学资源的投入力度，推动基础教学设施建设和改造，以教育教学的数字化转型应对新文科建设中教材、师资等资源的相对不足。可通过重组教研室、建设虚拟教研室等组织形式，搭建不同学科教师交流、合作平台，促进不同学科专业教师的融合发展。建议各高校结合自身学科优势特色和发展方向，对教师特别是青年教师进行系统的数字化素养或交叉学科素养培训，推动教师提升交叉学科素养和育人能力。应当不断加强新文科建设师资团队的系统性、规范性，出台"政产学研用"协同发力的制度保障，鼓励教师校内外组建团队、多学科间团队协同，鼓励跨团队、跨校、跨区域人才流动，提高教师实践教学能力。总之，通过建设一支有胜任力的高素质教师队伍，推动新文科高质量发展。

三是新文科建设虽然努力在新的教育生态中找准定位，但综合评价体系尚需完善。目前高校大多采用条块分割的管理体制，资源配置、人事聘任、考核评价等通常以院系为单位，学科之间存在隔阂，缺乏合作机制。交叉学科研究具有研究周期长、资金投入多、阶段性成效不明显等特征，与现行的科研考核周期、个人考评标准等存在难以兼容之处，这在很大程度上影响了教师从事交叉学科研究的积极性。通过交叉学科和专业培养人才也面临同样的困难，来自不同学院、学科的教师难以协同，人才培养缺乏明确的评价标准，市场对新专业毕业生的需求存在不确定性，这些因素影响教师参与新文科建设的积极性。科学的评价体系是加快推进新文科建设的重要保障。推动新文科建设高质量发展，迫切需要推进对教学、教材、学科、学术等评价体系的综合改革。建议市级教育主管部门建立对高校新文科专业检查评估的要求，放眼长远，评估办学投入、学生质量与社会需求的匹配度；要推动高校构建符合新文科建设方向的科研评价和职称评价体系，引导教师从社会需求中寻找有价值的研究课题，及时将科研成果转化为教学内容，真正实现科教融合；要鼓励青年教师参与新文科建设，把更多精力放在研究教学内容、创新教学方法、提高教学实效上，力争在新文科建设中发挥生力军作用。

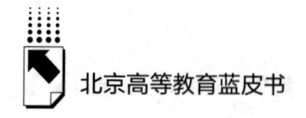

参考文献

吴岩：《积势蓄势谋势　识变应变求变》，《中国高等教育》2021年第1期。

樊丽明：《"新文科"：时代需求与建设重点》，《中国大学教学》2020年第5期。

夏文斌：《新文科新在何处》，《石河子大学学报》（哲学社会科学版）2019年第6期。

方延明：《新文科建设探义》，《社会科学战线》2022年第4期。

高思超、么加利：《人工智能时代的新文科建设——基于新时代教育评价改革背景分析》，《重庆大学学报》（社会科学版）2022年第5期。

权陪陪、段禹、崔延强：《文科之"新"与文科之"道"——关于新文科建设的思考》，《重庆大学学报》（社会科学版）2021年第1期。

马璨婧、马吟秋：《新文科学科交叉融合的体系建设与路径探索》，《南京社会科学》2022年第9期。

郁建兴：《新文科建设的场域与路径》，《新文科教育研究》2021年第9期。

专题篇
Special Reports

B.6 北京高校内部教学质量保障体系建构与优化研究^{*}

刘 娟^{**}

摘 要： 高校内部教学质量保障体系建设对高校实现高质量发展意义重大。北京高校基本建立了较为完善的内部教学质量保障体系，但也存在诸多发展难题。本文在对教学质量保障体系理论探讨的基础上，提炼北京高校内部教学质量保障体系建构的方式和特点，探讨了新时代内部教学质量保障体系建设面临的新要求，针对实践问题，提出了加强顶层设计、优化质量保障运行机制、构建多元化质量标准体系、提升信息化建设水平、加强质量文化建设的优化策略。

---

* 本文为北京市高等教育学会 2021 年度一般课题 "新时期北京高校内部教学质量保障体系优化策略研究"（项目编号：YB2021170）的阶段性研究成果。

** 刘娟，北京教育科学研究院高等教育研究所副研究员，主要研究方向为高等教育政策、学位与研究生教育。

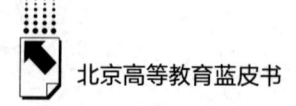

关键词： 高等教育　内部教学质量保障体系　教学质量

高校内部教学质量保障体系（Internal Teaching Quality Assurance System）因其对高校高质量发展的重要性，受到世界高校的普遍关注。高校内部教学质量保障体系建设，是高质量教育体系建设的重要内容，同时也是现有高等教育体系中突出的薄弱部分。有关调研发现，即便是国内顶尖高校，在质量保障的理念、制度体系乃至相应文化等方面，与世界高水平大学相比都有较大差距。①随着新时代审核评估和专业认证深入推进，越来越多的高校更新了质量保障理念，质量保障的主体意识得以强化，校内自我评估制度不断完善，建立了较为完善的内部教学质量保障体系，但也存在诸多实践难题。北京作为国内高等教育发达地区，高校内部教学质量保障体系建设起步早、类型多样、发展良好，在全国高校中具有代表性。本文在对高校内部教学质量保障体系理论探讨的基础上，提炼北京高校内部教学质量保障体系建设的方式和特点，探讨新时代高校内部教学质量保障体系建设面临的新要求，针对实践中的问题，提出优化策略，以期改进我国高校内部教学质量保障体系，不断提升高校人才培养质量，实现我国高等教育高质量内涵式发展。

一　高校内部教学质量保障体系建设的理论探讨

高校内部教学质量保障体系构建是多层次、多环节、多元素的复杂系统，既需要从理论上明晰高校内部教学质量保障体系建设的概念和发展脉络，还需要从实践中进一步提炼高校内部教学质量保障体系的建设理念和运行方式，以期为后期的探讨厘清思路。

---

① 林蕙青、范唯：《以评定向促强　加快建设高质量教育体系》，光明网，https://m.gmw.cn/baijia/2022-12/26/36257002.html。

（一）高校内部教学质量保障的概念界定和发展脉络

高校内部教学质量保障体系是以保证和提升教育教学质量为根本目的，由教育教学质量生成的主要影响要素及其管理基本要素之间的关系所构成的校内工作体系及其运行机制。[①] 教学质量保障体系是提高高校办学水平的重要机制之一，是保证人才培养质量必不可少的环节。

质量保障（Quality Assurance）这一概念最早出现于 20 世纪 60 年代西方国家企业中，后来被引用到其他领域。高等教育质量保障产生于 20 世纪 80 年代，是高等教育大发展以及社会对质量普遍关心和问责的产物，先兴起于西方国家，其他国家随后也迅速流行，由此形成了一场声势浩大的高等教育质量保障运动。2005 年欧洲大学联盟（EUA）大会指出："真正提升大学教学质量的关键并不在于外部评估和监控，其起点在于大学内部在促进与提高教学质量上所做的持续性工作。"当前，高校内部教学质量保障体系建设在全球范围受到高度重视。

我国的教学质量保障体系建设起步于 20 世纪八九十年代，正式框架的建立以 2003 年教育部组织开展首轮普通高等学校本科教学工作水平评估为标志。2005 年，教育部颁布了《关于进一步加强高等学校本科教学工作的若干意见》，指出"加强高等学校教学工作评估，完善教学质量保障体系"。自此，教学质量保障体系建设进入高速发展阶段。高校内部教学质量保障体系是高等教育质量保障体系的重要组成部分，外部质量保障取消不了，也替代不了内部保障。内部保障是质量保障的基础，没有自我质量评估和保障，外部评估和保障就无以附着，其作用也难以发挥。近几年，随着高校审核评估和专业认证深入推进，越来越多的高校也更新了质量保障理念，质量保障的主体意识得以强化，校内评估体系和制度不断完善。内部质量保障体系的建设必将促进我国高等教育质量保障体系建设的科学化、规范化和现代化。

[①] 李庆丰：《高校内部质量保障体系的完型：本质内涵、演进脉络及健全思路》，《国家教育行政学院学报》2023 年第 1 期。

(二)高校内部教学质量保障体系的建设理念

北京地区高校已经基本建立了内部教学质量保障体系,并在"有"的基础上修正完善。目前来看,高校内部教学质量保障体系建设的理念主要分为两类。一类是侧重教学维度。这类高校多着眼于教学质量的内涵、要素和生成机理,侧重对质量涉及投入、过程与产出的全过程理解,把内部教学质量保障体系看作一个整体系统,与教学相关的内容、要素、节点都纳入内部教学质量保障体系的范畴,并充分借鉴全面质量管理、系统论、控制论、信息论等理论,构建教学质量保障体系。[1] 在实操层面,体系的系统性和全面性是其优势,但也存在体系包罗万象、建设及运行过程过于复杂、耗时耗力等现实问题。另一类是侧重管理维度。这类高校更重视管理功效,强调如何构建一个科学有效的教学信息收集、反馈和及时纠正的教学质量促进系统,[2] 进而通过提供高质量的教育服务来提升自身声誉,从而获取更多的外在资源。这类高校的内部教学质量保障体系建设的核心突出教学评价和教学质量监控等管理方式,教学管理组织、体制等环节受到重视,而对教学研究不足,易于造成其他重要的利益相关者,如教师和学生的参与度和话语权不高等问题。

从目前北京高校的实践来看,侧重于管理维度是大多数高校的选择,其原因既与长期以来我国高等教育质量保障侧重于外部质量监控和教学评估等密切相关,也与高校内部尚未建立起与自身相适应的有效治理结构有关。

二 北京高校内部教学质量保障体系的建设方式和特点

(一)建设方式

根据不同的分类标准,北京高校内部教学质量保障体系建设方式多种多

---

[1] 彭安臣、曾洁、赵显通:《高校内部教学质量保障体系:价值取向与技术实现》,《复旦教育论坛》2018年第1期。
[2] 李庆丰、章建石:《高校内部教学质量保障体系的理论构建》,《中国高等教育》2008年第11期。

样。从高校质量保障体系建设的切入点或着力点来看，主要可以分为以下四种。

1. 全过程型

把教学质量保障体系看作一个整体系统，把教学整个过程中的环节和要素都考虑在内，强调质量保障体系的系统性和完整性。如北京建筑大学逐步形成全要素、全过程、全员性的质量保障模式及体系结构。全要素包含制度系统、目标系统、流程系统和反馈系统；全过程包含学习和科研活动、实践实习和课余活动、校园文化等过程；全员性包括学生、教师和教学管理人员。构建了校、院两级教学质量监控体系，实现了以学院（部）为组织实施主体、以系或实验中心（实验室）为基础教学单位、教师与学生共同参与、学校为主导的全过程管理，构建了全方位质量评价体系。

2. 教学标准型

对标教育部颁发的《普通高等学校本科专业类教学质量国家标准》等，根据学校的办学定位和特色优势，制定学校自己的教学质量标准，以标准来办学提高人才培养能力，完善学校内部教学质量保障体系。如首都师范大学依据本科专业类教学质量国家标准、《教育部关于加快建设高水平本科教育全面提高人才培养能力的意见》及各类评估标准，加强本科教学质量相关标准建设，建立完备的校、院两级质量保障组织。建立了由目标决策、教学运行、评价监控、反馈改进等四个子系统组成的闭环教学质量保障体系。

3. 评估引导型

以教育部新一轮普通高等学校本科教育教学审核评估实施办法及指标体系为依据，强化主体和质量意识，完善学校内部的教学质量评价和保障体系。如北京工商大学以新一轮审核评估为抓手，不断完善学校内部教学质量保障体系，建立健全涵盖本科教学质量报告、学院本科教学评价、专业评价、课程评价、教师评价、学生评价的全链条、多维度的教学质量评价与保障体系。

4. 认证引导型

对标国际或者国家本科专业三级认证制度和标准，深化"学生中心、产出导向、持续改进"的教育理念,以专业建设引领支撑高水平本科教育,优化高校内部教学质量保障体系建设。如北方工业大学对标专业评估认证标准,全力打造本科专业特色。以工程教育专业认证为抓手,完善以课程评价为核心的一流专业和高质量"金课"建设。推进各专业师生的OBE教学理念和能力导向教育目标的学习理解,培育、凝练教育教学特色和标志性成果,提升专业建设内涵。形成以"标准—决策—保障"为基础,"运行—监控—评估—评价—反馈—改进"为流程的教学质量控制闭环。

(二)北京高校内部教学质量保障体系建设的特点

北京高校在中国特色"五位一体"高校本科教学评估制度的持续推动下,进一步强化了"以学生为中心"的质量保障理念,坚持"以本为本",推进"四个回归",以新一轮审核评估和专业认证等为抓手,强化质量意识和主体责任,立足立德树人根本任务,强化本科人才培养的中心地位,构建多主体全流程的质量监控体系,构建人才培养质量保障新格局。

1. 完善制度和组织建设,构建科学的管理系统架构

高校不断健全科学合理的教学管理制度,从程序和规范方面保障内部教学质量。高校在校、院、系等不同层面构建起由教学质量标准系统、教学管理组织系统、教学质量过程监控系统、教学质量评估系统和教学质量信息反馈及修正系统等组成的内部教学质量保障体系,形成了"决策—实施—评估—改进"的循环往复过程和管理闭环。管理运行主要以层级管理为核心,理顺了决策层、管理层、执行层和操作层统筹协作的质量保障层级关系。加强了质量保障的组织和制度建设,完善了教学质量保障的体系机制,从而实现教学过程的有效质量管理,实现质量的持续改进和提升。

2. 加强教学质量评价,优化评价体系和工作机制

高校定期开展教学检查、专项检查、专项督导、学生评教、教师评学、

师生自评、干部听课、同行评价等工作，对教学效果和课程教学质量评价与监控发挥了积极作用。进一步完善涵盖教师工作态度、教学情况、教学成果等考核内容，综合定性与定量评价的教师教学质量评价体系。学生评教和校领导听课制度是学校建立自我完善、自我约束的教学质量监控与保障体系的重要组成部分，在实践中得到进一步的巩固和完善。2019~2021年，本科生评教人次和学校领导听课学时数均呈上升趋势（见表1）。

表1 2019~2021年本科生参与评教及校领导听课学时数变化情况

单位：人次，学时

年份	本科生参与评教人次数	学年内校领导听课学时数	学年内中层领导听课学时数
2019	—	3250	31656
2020	6398921	3871	36256
2021	7894225	4458	37950

一些高校依据教师教学质量标准，研究制定教学质量评价工作方案，并组织实施。明确教师职称晋升、年度考核等环节教学质量与业绩要求，坚持在教学评优中学生评教和同行评教结果的刚性要求，坚持教学质量"一票否决制"，强化教师质量意识。如北京化工大学建立了由学生、专家、同行评价以及教师自评等全方位多主体参与的教学质量评价模式，逐步建立全员参与的质量意识。健全包含日常反馈、期中评价、随堂评价的过程性评价及结果性评价（期末评价）的全过程教学质量评价。

3. 强化督导队伍建设，提升教学质量监控水平

北京高校重视和强化督导队伍建设。学校以提升教师教书育人能力为主要目标，按照教学质量保障体系的要求，确定督导的目标和方向，不断充实督导队伍。加强思政课程、课程思政等专题调研工作。2021年，北京本科高校专兼职督导员为5330人，比2020年增加638人，督导听课达到102234学时，较2020年下降了61029学时（见表2）。

表2　2018~2021年学校专兼职督导员人数及听课学时数变化情况

单位：人，学时

年份	学校专兼职督导员人数	学年内督导听课学时数
2019	4650	78716
2020	4692	163263
2021	5330	102234

近年来，北京市属高校专兼职督导员听课学时数增长较快。2021年，央属高校3697名专兼职督导员听课62353学时，人均听课16.87学时；市属高校1633名专兼职督导员听课39881学时，人均听课24.42学时，是央属高校的1.45倍。分院校类型高校评教情况对比如图1所示。

	央属高校	市属高校
学年内中层领导听课学时数	22416	15534
学年内校领导听课学时数	2689	1769
学年内督导听课学时数	62353	39881
学校专兼职督导员人数	3697	1633
本科生参与评教人次	4850529	3043696

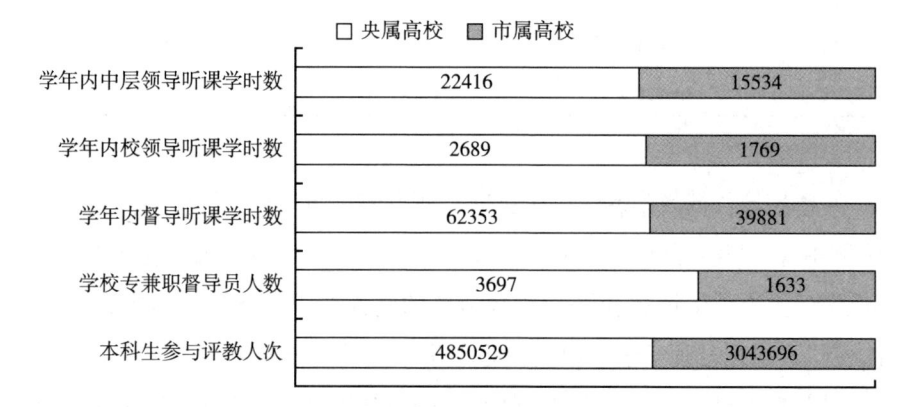

图1　分院校类型高校评教对比情况

同时，高校不断完善督导工作的体制机制，推动督导工作做实做细。通过优化督导信息反馈机制，强化了督导检查反馈后的信息反馈和持续跟踪机制，促进了教师教学能力的进一步提升。如北京邮电大学加强了督导"点对点"地进行持续跟踪和改进，切实保证全过程质量管理的及时性、准确性，落实"督导评价+反馈+跟踪改进"质量管理闭环，并构建质量与资源配置关联机制，创建本科教学业绩及效果评价机制，建立并优化了一套符合学校实际的教学质量评价指标体系，更加全面、客观和公正地评价教师教学质量，为职称评审、教学类奖项评比等学校教学管理工作决策提供重要参考。

4. 重视多元自我评估，课程评估工作得到重视

高校建立了校、院两级教学质量保障体系，建立健全校院协同机制，进一步强调学院作为教学实施主体和建设主体在教学质量保障中的主体责任，强化基层教学组织的质量意识。逐步将内部教学质量保障的重心向下延伸，放到学院、专业、基层教学组织、课程层面。课程评估工作得到充分重视，部分高校通过研制课程建设标准、完善评价指标体系、创新课程评价的方式方法、优化评价结果的利用和反馈等手段，推动课程教学质量评估工作高质量发展。如北京大学不断完善课程评估系统，推进《北京大学本科课程教学质量评估实施方案》落实，加强过程性评估和发展性评估，通过多种方式加强课程评估结果的利用和反馈，有效促进教师在教学过程中调整教学，提升教学效果。北京中医药大学优化教学评价指标，以打造"金课"为目的，改变以往对课堂基本内容的评价模式，旨在培养学生提高对课程质量的认知和要求，倒逼教师提高课程质量。在评价方式上，从以往的"优良中可"转变为打分制，提高了区分度和合理性。分数精确到小数点后两位，学生可以通过参考指标对教师做出更为精准的评价。

5. 加强平台建设，完善教学质量常态化监测

北京高校借助"高等教育质量监测国家数据平台3.0"建设要求，不断更新学校基本信息、基本办学条件、教职工信息、学科专业、人才培养、学生信息、教学管理与质量监控等本科教育教学各方面数据，使之系统化，逐步构建了以教学状态数据库为中心的教学质量大数据系统，通过信息化分析质量监控结果并用于教学质量持续改进，不断完善本科教学质量监控、评估、反馈与改进闭环体系，为持续教学改革提供有力支撑和精准依据。如北京协和医学院在高质量医学人才的培养过程中，建设科学化、规范化、具有学科特色的医学教学质量监测体系，教学质量监测围绕教学目标开展，从教与学两条路线设定评价点，依托多维度评价体系，实现质量评价的公平性、全面性与可信度。北京服装学院构建以教学状态数据库为中心，围绕质量评价、过程监控、教学评估、数据监测等维度，形成全过程、全方位、多元化、多角度的信息化质量监控保障体系；将量化、分散的教学数据整合汇总，形成监测学校、学院、专业、课程等方面的教学质量状态数据，形成分层次、分级别的教学质量分析反馈和改进机制。

三 新时代北京高校内部教学质量保障体系面临的新要求和新挑战

（一）在新时代本科教育质量要求的大背景下，国家将高校内部教学质量保障体系建设提到前所未有的高度

我国高等教育已迈入高质量发展的新阶段。2018年，教育部《关于加快建设高水平本科教育全面提高人才培养能力的意见》中指出"强化高校质量保障主体意识。完善高校自我评估制度，健全内部质量保障体系"。国家对质量保障体系建设的要求达到前所未有的新高度，进一步明确了我国高校深入教育体制机制改革和升级内部教学质量保障体系的实践路径与发展方向。因此，完善高校自我评估制度，明确人才培养要求，健全内部教学质量保障体系，并对照要求建立本科教学自我评估制度，成为高校关注的重要课题。

（二）新一轮审核评估进一步强化高校质量保障的主体责任，升级教学质量保障体系、促进运行有效成为教学质量保障制度供给的重点

高等教育质量保障体系的发展现状与现实需求，既是新一轮审核评估方案设计的背景，也是方案设计的逻辑起点。[1] 2021年，教育部印发《普通高等学校本科教育教学审核评估实施方案（2021~2025年）》，标志着在教育强国战略背景下新一轮审核评估正式启动实施。新一轮审核评估进一步明确、强化高校质量保障的主体责任，聚焦本科教育教学质量全面提升，紧扣"转段"特征和未来五年高校评估着力点，以质量保障机制和能力为评估重

---

[1] 李志义：《新一轮审核评估方案设计与实施要点》，《高等工程教育研究》2021年第3期。

点，引导高校建立健全本科教育教学质量保障体系。① 新一轮本科教育评估的重点不应是"质量"，而是"质量保障工作"，即学校的质量保障体系。② 2023年，北京市出台《北京市属普通高等学校本科教育教学审核评估实施方案（2021~2025年）》。国家及北京市高校本科教育教学审核评估实施办法及指标体系制定对高校自我评估和内部教学质量保障体系建设作用明显。

（三）专业认证作为提升质量保障水平的重要抓手，为高校内部教学质量保障体系建设提供了新的发展路径

专业认证作为高等教育质量保障体系的组成部分，在高等教育发达国家已形成共识，也形成了较为完整的认证模式。专业认证对于国内高校内部教学质量保障体系建设的牵引力越来越大。作为高校专业建设标准化、国际化的重要途径，它对于高校提升专业权威、彰显专业实力有着重要作用。通过专业认证可以对接国际先进的教育理念，把握高校教学质量保障体系建设的目标和基本思路。同时，以认证标准为导向优化专业建设过程，对标师资水平、课程体系、教学质量、教学管理等指标，针对性发现问题，有效地促进高校内部教学质量保障体系建设。因此，专业认证为高校内部教学质量保障体系建设提出了新的要求，也提供了新的发展路径。

（四）新一轮"双一流"建设背景下，完善内部教学质量保障体系成为高校提升教育教学质量的必然选择

党的十九大、十九届四中全会做出了加快国家治理体系和治理能力现代化建设的全面部署，为新时代我国高等教育的"双一流"建设和高质量发展指明了方向。目前我国新一轮"双一流"建设进入发展新阶段，各个省

---

① 《深化新时代教育评价改革全面提升本科教育教学质量——教育部教育督导局负责人就〈普通高等学校本科教育教学审核评估实施方案（2021~2025年）〉答记者问》，http://www.moe.gov.cn/jyb_xwfb/s271/202102/t20210207_512832.html。
② 李志义、王会来、别敦荣等：《我国新一轮本科教育评估的国际坐标》，《中国大学教学》2019年第1期。

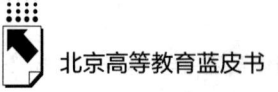

市予以高度重视。在总结前期建设的基础上，高校更加清晰意识到内部教学质量保障体系建设在实现大学治理体系和治理能力现代化进程中的重要地位，把内部教学质量保障体系建设作为提高教育教学质量的重中之重。高校以"双一流"建设为契机，不断优化高校内部教学质量保障体系各要素、各系统、各环节的整体效应，提升运行效能，助力高校实现内涵式发展。

（五）教育评价改革方案出台，为北京高校未来质量保障体系建设指明了方向

教育评价事关教育发展方向。2020年，中共中央、国务院印发了《深化新时代教育评价改革总体方案》，方案中提出到2035年，基本形成"富有时代特征、彰显中国特色、体现世界水平的教育评价体系"，强调要改进高等学校评价，改进本科教育教学评估。有什么样的评价指挥棒，就有什么样的办学导向，评估指标体系的设计框架对高校内部教学质量保障体系建设具有重要的导向作用。在外部评估驱动下建立起的高校内部教学质量保障体系需要首先契合外部评估要求才能适者生存，因而也就无力实现高等教育普及化阶段高校分类发展、特色发展的质量需求。① 这正是首轮审核评估中发现的问题，参评高校出于迎评需求建设的教学质量保障体系同质化有余而多样性不足，缺乏根据办学定位和培养目标"量身定制"体现自身特色的保障活动。② 该方案的出台实施，对于完善立德树人体制机制，破除"五唯"顽瘴痼疾，引导高校基于学校办学基础和人才培养要求形成各具特色的内部教学质量保障体系具有积极的指引作用，为北京高校未来质量保障体系特色化发展指明方向。

（六）数字化、信息化、智能化重塑教学生态环境，成为高校内部教学质量保障体系建设的加速器

随着大数据、人工智能等新一代信息技术对高等教育的深度赋能，"以

---

① 李庆丰：《高校内部质量保障体系的完型：本质内涵、演进脉络及健全思路》，《国家教育行政学院学报》2023年第1期。
② 范菁：《高校内部教学质量保障体系建设的现状与展望——基于本科审核评估实践的研究》，《中国大学教学》2019年第3期。

数据为核心资产、以数据驱动业务更新"的发展模式已经成为高校高质量发展的必然趋势。长期以来，虽然高校在内部教学质量保障体系建设中形成了大量数据，但没有有效利用，导致数据集成困难，数据价值挖掘利用存在较大局限。[1] 党的二十大报告提出，推进教育数字化，建设全民终身学习的学习型社会、学习型大国。从发布首个教育信息化十年发展规划，到印发《教育信息化"十三五"规划》，再到出台《教育信息化2.0行动计划》，数字技术已经成为新时代推进高等教育高质量发展的重要力量。高校内部教学质量保障体系建设和运行都需要高质量信息化建设。因此，高校作为高等教育教学数字化的主要建设者、使用者与管理主体，亟须加强数字化改革的统筹谋划，以数据治理为核心、数智技术为驱动，积极探索利用数据挖掘加强常态化质量监测，促进教学信息的多源数据融合与运用，全面提升教学质量保障体系建设中的信息化水平。[2]

四 北京高校内部教学质量保障体系建设的问题与优化建议

高校内部教学质量保障体系构建是多要素、多层次、多环节的系统化工程。北京高校内部教学质量保障体系建设在取得了一定成就的同时，也存在不少实际问题，需要进一步分析现阶段的共性问题，有针对性地提出发展建议。

（一）北京高校内部教学质量保障体系建设的主要问题

1. 全员质量保障意识不强

教学质量的提升需要高校全员参与。实践中师生员工参与度不高，部分高校师生员工没有形成自觉的质量保障意识，对教学质量保障体系顶层设计

---

[1] 李博、周萍：《数据治理赋能高校"四新"专业教学质量保障：实践阻塞与路径选择》，《中国大学教学》2023年第6期。
[2] 《以数字化变革推动高等教育高质量发展》，https：//www.163.com/dy/article/I88CVPU20550TYQ0.html。

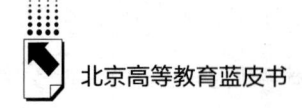

的理解有限。高校内部仍以部门工作为核心，对教学质量的关注度不够，尤其是在本部门工作与实际教学联系相对较低的部门中，如财务部门存在教学质量意识相对不足的情况，影响了教学质量保障体系的价值发挥。①

2. 内部保障系统联动机制尚未成熟

虽然建立了教学质量内部保障体系，但内部各职能部门权责分工不够明确，不同部门之间的质量保障活动呈现散点状态，缺乏系统联动，造成组织协同效率低。多数高校教学管理工作集中在学校层面，学院和系组织层面的质量保障主体积极性没有被充分调动，体系制度和规范未能在内部得到充分明确和有效落实，校、院两级联动不强，协同机制不健全。②

3. 质量标准体系不够完善

谈及高等教育质量，就不可避免要关注质量标准。高校质量标准体系建设是做好教学质量保障工作的重要基础。高校内部教学质量保障标准因校而异，一些学校尚未对接国家标准，根据办学实际制定出明确、公开和可测量的专业办学质量标准，因此也难以根据专业培养质量标准制定教学环节质量标准，如人才培养方案质量标准、课程教学大纲质量标准、教学实践质量标准等，影响了教学质量的提升。

4. 质量管理信息化水平不高

高校教学质量多偏重定性评价，缺乏数据支撑的定量评价，造成数据积累与支撑不够。有的高校质量监控信息化建设不够完备，不能对教学各环节的核心信息进行有效监控和采集。一些学校虽然累积了多年的教学基本状态数据，但对关键质量信息的采集、分析和利用不到位。信息分析方法不够科学，数据管理存在"重采集轻管理、重规模轻质量、重利用轻安全"现象。③还不能充分利用互联网、大数据、云计算等信息手段深入挖掘各类评

---

① 刘保雷、王国胜：《新时期下审核评估的本科教学质量保障体系构建研究》，载《2023年教学方法创新与实践科研学术探究论文集（二）》，2023。
② 白菁、甄真、米洁、伦艳华：《新一轮审核评估下高校教学质量保障体系研究》，《教育教学论坛》2022年第30期。
③ 李博、周萍：《数据治理赋能高校"四新"专业教学质量保障：实践阻塞与路径选择》，《中国大学教学》2023年第6期。

价数据信息，深度整合和分析教学质量状态数据系统，形成有效的预警制度，因而难以满足评估监测和改进的实时需要。

（二）优化北京高校内部教学质量保障体系的建议

1. 加强顶层设计，强化全员质量保障意识

奥利弗·维托里认为，本科教育质量保障不仅仅是一种工具和程序，"更是一种以利益相关者对话交流为基础的长久管理关系"。① 因此高校应加强内部教学质量保障体系的顶层设计，秉持"以人为本"的价值理念，尊重师生在质量保障中的主体地位，充分调动本科教学参与主体的积极性，鼓励教师、管理者、学生等不同利益相关者参与高校教学质量管理过程，使校领导、教务处、质量监测和评估中心、教学督导、学校不同职能部门、学院、师生等不同主体充分认识质量保障的重要意义，共同协作配合，多主体参与推动质量提升，实现利益相关者整体利益最大化。

2. 优化质量保障运行机制，形成协同育人合力

一个健全的教学质量保障体系应该是多部门协同、各级组织负责、全员参与的系统。高校基于全员性、全程性、全面性的"三全管理"思想，应进一步完善包含质量决策与指挥系统、质量目标和标准系统、教学资源管理系统、教学过程管理系统、质量监测与评价系统、质量反馈与改进系统的教学质量保障体系。② 明确高校内部教学质量保障的组织结构和各部门权益分工，加强教务部门与其他相关部门的协同配合，促进多部门协调。院系作为高校教学工作的运行主体，是高校教学质量保障工作落到实处的基本单位。通过明确校院系的定位与职责、权力下放和完善教学管理三级联动机制等多种方式，充分调动院系参与教学质量监控的积极性，构建长期稳定、顺畅运

---

① 赵幸、崔波：《高校本科教学质量保障治理的逻辑基础与实现路径》，《上海教育评估研究》2022年第1期。
② 张安富、张华：《高校教育质量治理：质量保障体系设计与运行》，《中国大学教学》2020年第9期。

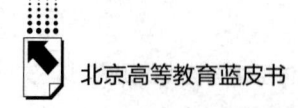

行的教学质量内部保障体系①，形成育人合力，提升教学质量保障效能。

3. 构建多元化质量标准体系，监督质量标准的落实

质量保障标准是高校内部教学质量保障的基础，规定了影响质量的主要方面和关键因素。英国教育质量管理专家艾莉斯分析了发达国家高等教育质量保障体系后指出，成熟的体系普遍具有以下特征：一是各项工作都确立了合理的标准，二是识别和界定了实现标准的职责与程序，三是对标准以及达成标准的职责、程序有明显的文件表述，四是对完成标准的程序进行严密的控制，五是组织服务对象指导、监督质量标准的落实，六是强调全员参与和奉献精神。② 因此，高校应高度重视质量标准体系的建设工作。高等教育质量标准是一个体系，包括学业质量标准、质量保障标准和质量评价标准。不同高校应该有不同的质量标准，高校应对标国家教学质量标准，根据学校类型、自身质量保障现状、行政模式和管理水平等，明确各自的质量保障要素、质量保障标准项及质量要求，制定学校自己的特色化教学质量标准，监督标准落实，从而增强质量保障能力。③

4. 提升信息化建设水平，助力常态监控和质量持续改进

高校需要更加重视加强信息化建设。高校首先应加大经费和资源投入，加强教学设施，如实践教学、课堂教学设施等，满足教学要求，适应信息化时代教学需要，并提升教师信息技术素养，帮助教师成为教学质量保障体系平台建设者和信息使用者。其次要不断完善高校教务管理系统，加强教学基本状态常态化质量监测。以国家数据平台为基础，充分利用互联网、大数据、云计算等现代信息科技的优势，优化学校教学基本状态数据库的建设和运行管理。最后，要统筹校内外信息资源与服务，加强对本科教学状态数据、第三方数据公司调查数据的整合利用，促进信息的多源数据融合，增强

---

① 刘梦颀、邱萍、张瑛媛：《"新工科"背景下高校三级教学质量保障体系建设》，《中国冶金教育》2021年第5期。
② 彭安臣、王正明、李志峰：《实质标准和程序标准——高校教学质量保障体系建设矛盾破解之道》，《江苏高教》2022年第6期。
③ 李志义、张小钢、宫文飞、黎青青：《高校内部质量保障标准构建：策略、框架与要求》，《高等工程教育研究》2023年第4期。

数据分析、预警和反馈功能。通过数据动态汇聚和实时更新，实现有效的"问题发现—及时反馈—快速响应—持续跟进"的教学质量持续改进机制。[1]

5. 加强质量文化建设，构建质量保障长效机制

适应普及化高等教育高质量发展需要，进一步加强质量文化建设，是高校内部教学质量保障不能回避的重要任务。质量文化建设是长期而复杂的系统工程，涉及学校工作的方方面面。高校应高度重视质量文化建设，将质量意识、质量标准、质量评价、质量管理等落实到教育教学各环节。充分发挥主体作用，加强自我评估。在师生中树立自觉的质量保障意识，促进校院管理人员及时发现并改进育人服务管理过程中的问题，提升治理水平；促进教师自觉实践教育教学改革，提升育人本领；促进学生更加关注学习成效，增强学习动力。[2] 高校应以质量文化建设为契机，挖掘和建设各具特色的质量文化，建立全员、全过程、全方位育人模式，形成"自觉、自省、自律、自查、自纠"的质量文化，为全面提升人才自主培养质量持续提供源源不断的内生动力。

---

[1] 《全国普通高校本科教育教学质量报告（2020年度）》，高等教育出版社，2021，第160页。
[2] 林蕙青、范唯：《以评定向促强　加快建设高质量教育体系》，https：//m.gmw.cn/baijia/2022-12/26/36257002.html。

B.7
北京高等教育中外合作办学发展研究*

韩亚菲**

摘　要： 高等教育中外合作办学在建设教育强国、科技强国、人才强国中有着重要地位与作用。当今世界进入新的动荡变革期，我国提出加快构建新发展格局。作为"世界城市""国际科技创新中心""国际交往中心""国际消费中心城市"的北京，其高等教育中外合作办学在"双循环"的国家新发展格局下如何发展？本文基于比较的视角，选取上海、江苏和广东三省市作为比较对象，通过比较四地高等教育中外合作办学的规模、结构，与地区/城市功能定位的匹配情况以及四地中外合作办学发展政策等，探索北京高等教育中外合作办学在"双循环"新发展格局下的发展策略。研究发现，北京高等教育中外合作办学规模需进一步扩大，学科专业设置需进一步优化调整。

关键词： 中外合作办学　高等教育对外开放　"双循环"新发展格局

一　引言

中外合作办学，分"机构"和"项目"两类，根据《中华人民共和国

---

* 基金项目：北京市社会科学基金项目"双循环战略背景下北京中外合作办学发展策略研究（青年项目）"（项目编号：21JYC016）。
** 韩亚菲，教育学博士，北京教育科学研究院高教所助理研究员，主要研究方向为高等教育国际化、高等教育质量监测与评价、高等教育政策等。

中外合作办学条例》和《中外合作办学条例实施办法》，分别是指"外国教育机构同中国教育机构在中国境内合作举办以中国公民为主要招生对象的教育机构"① 和"中国教育机构与外国教育机构以不设立教育机构的方式，在学科、专业、课程等方面，合作开展的以中国公民为主要招生对象的教育教学活动"②。本研究的研究对象为高等教育领域的中外合作办学，具体为本科及以上层次的中外合作办学机构与项目。作为中国高等教育"三驾马车"之一的中外合作办学③，其在建设教育强国、科技强国、人才强国中有着重要地位和作用，在全面提高人才自主培养质量、着力造就拔尖创新人才、聚天下英才而用之等方面有着独特优势和地位。对于北京而言，中外合作办学更具几点独特意义。一是通过发挥国家首都的区位优势以中外合作办学为载体汇聚国际高水平教育资源和教育发展前沿信息，提高首都教育的国际化程度和对外开放程度、促进文化交流与融合；二是中外合作办学及其培养的国际化人才能够有力支撑北京建设国际交往中心和科技创新中心；三是作为教育消费的重要组成部分，中外合作办学亦是北京国际消费中心城市建设的重要方面。④

党的二十大报告指出，当今世界进入新的动荡变革期，来自外部的打压遏制随时可能升级；我国发展进入战略机遇和风险挑战并存、不确定难预料因素增多的时期⑤。中外合作办学发展面临的外部环境发生了质的变化。与此同时，我国提出加快构建新发展格局，中外合作办学亦迎来了新的发展机遇。作为"世界城市""国际科技创新中心""国际交往中心""国际消费中心城市"的北京，其高等教育中外合作办学在"双循环"的国家新发展

---

① 中华人民共和国教育部：《中华人民共和国中外合作办学条例》，http：//www.moe.gov.cn/jyb_sjzl/sjzl_zcfg/zcfg_jyxzfg/202204/t20220422_620494.html。
② 中华人民共和国教育部：《中华人民共和国中外合作办学条例实施办法》，http：//www.moe.gov.cn/srcsite/A02/s5911/moe_621/200406/t20040602_180471.html。
③ 薛卫洋：《民办高校中外合作办学发展研究》，厦门大学博士学位论文，2018。
④ 林金辉、凌鹊：《中外合作办学高质量发展：政策轨迹和政策供给》，《高校教育管理》2021年第6期。
⑤ 习近平：《高举中国特色社会主义伟大旗帜　为全面建设社会主义现代化国家而团结奋斗——在中国共产党第二十次全国代表大会上的报告》，人民出版社，2022，第26页。

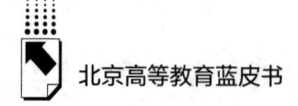

格局下如何发展？在北京探索构建新发展格局的有效路径——"五子联动"中如何发展和发挥作用？

高等教育与区域经济发展有着密切关系。一方面，高等教育对区域经济发展具有促进作用；另一方面，区域经济影响高等教育发展。① 北京、上海居于全国经济最为发达的城市之首；广东和江苏是全国经济最为发达的两个省份。与此同时，北京、江苏、上海和广东"双一流"高校的数量分别位于全国前四位②；江苏和广东是全国拥有最多数量普通高校的省份③。另外，北京、上海和广东粤港澳大湾区均被赋予国际科技创新中心的战略定位；广东和江苏同为制造业大省。本文基于比较的视角，选取上海、江苏和广东作为比较对象，通过比较四地本科及以上层次中外合作办学的规模、结构，与地区/城市功能定位的匹配情况以及四地中外合作办学发展政策等，探索北京高等教育中外合作办学在"双循环"新发展格局下的发展策略。

二 四地高等教育中外合作办学发展背景

当前中国高等教育资源分布存在地域不均衡的现象。北京、上海、江苏和广东四地高等教育资源分布并不均衡。以"双一流"大学的数量为例，北京有34所"双一流"大学，上海有15所，江苏有16所，广东有8所④。四地在高等教育总体规模上也有差距，据教育部最新公布的全国普通高等学

---

① 周异决、张丽敏：《高等教育与区域经济发展互动机制研究》，《国家教育行政学院学报》2011年第6期。
② 中华人民共和国教育部：《教育部 财政部 国家发展改革委关于公布第二轮"双一流"建设高校及建设学科名单的通知》，http：//www.moe.gov.cn/srcsite/A22/s7065/202202/t20220211_598710.html。
③ 中华人民共和国教育部：《全国高等学校名单》，http：//www.moe.gov.cn/jyb_xxgk/s5743/s5744/A03/202306/t20230619_1064976.html。
④ 中华人民共和国教育部：《教育部 财政部 国家发展改革委关于公布第二轮"双一流"建设高校及建设学科名单的通知》，http：//www.moe.gov.cn/srcsite/A22/s7065/202202/t20220211_598710.html。

校名单,截至2023年6月15日,北京有92所普通高校(其中本科67所、公办本科61所),上海有68所(其中本科40所、公办本科31所),江苏有168所(其中本科78所、公办本科50所),广东有162所(其中本科69所、公办本科38所)。①

由表1可见,四地高等教育规模各不相同,高等教育系统内部结构也各具特点。整体上来看,四地在高等教育办学层次结构、公办高等教育资源占比、优质高等教育资源占比(以"双一流"高校数量及占比来表征优质高等教育资源)等方面呈现级差。其中,北京本科高校占比最高(72.83%),公办本科高校占比高达91.04%,优质高等教育资源在四地中处于首位。上海次之,江苏再次。广东本科高校占比仅为42.59%,其中公办本科高校占比仅为55.07%,"双一流"高校数量及占比在四地中均为最低。

表1 四地高等教育规模比较

项目	北京	上海	江苏	广东
普通高等学校数量(所)	92	68	168	162
其中:本科高校数量(所)	67	40	78	69
本科高校占比(%)	72.83	58.82	46.43	42.59
其中:公办本科数量(所)	61	31	50	38
公办本科在本科高校中占比(%)	91.04	77.50	64.10	55.07
"双一流"高校数量(所)	34	15	16	8
"双一流"高校在全部普通高校中占比(%)	36.96	22.06	9.52	4.94
"双一流"高校在本科高校中占比(%)	50.75	37.50	20.51	11.59
"双一流"高校在公办本科高校中占比(%)	55.74	48.39	32.00	21.05

资料来源:中华人民共和国教育部,《全国高等学校名单》,http://www.moe.gov.cn/jyb_xxgk/s5743/s5744/A03/202306/t20230619_1064976.html;中华人民共和国教育部,《教育部 财政部 国家发展改革委关于公布第二轮"双一流"建设高校及建设学科名单的通知》,http://www.moe.gov.cn/srcsite/A22/s7065/202202/t20220211_598710.html。

---

① 中华人民共和国教育部:《全国高等学校名单》,http://www.moe.gov.cn/jyb_xxgk/s5743/s5744/A03/202306/t20230619_1064976.html。

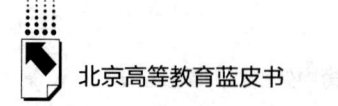

另外，北京、上海、江苏和广东四地发展定位各有侧重，同时又有交叉。北京作为国家的首都，肩负特殊功能定位——政治中心，且"政治中心"定位排在四个中心（政治中心、文化中心、国际交往中心、科技创新中心）定位之首。在教育发展方面，北京的战略定位是"全球主要留学中心和世界杰出青年向往的留学目的地""具有世界影响力的教育先进城市"①。上海作为首批沿海开放城市，是中国的经济、金融、贸易、航运和科技创新中心，在教育发展上的战略定位是"教育改革示范区""教育开放引领区""区域教育发展先行区""教育支撑创新发展新高地"②。江苏作为制造业大省，着力建设具有全球影响力的产业科技创新中心、全力打造具有国际竞争力的先进制造业基地、积极构建具有世界聚合力的双向开放枢纽③。江苏的高等教育发展目标是"一流多元的高等教育"④。广东是中国改革开放的前沿阵地和新一轮改革开放的先行地，其中粤港澳大湾区是我国开放程度较高、经济活力最强的区域之一，且被中央赋予国际科技创新中心的战略定位⑤。广东省教育发展的目标是"教育强省"⑥。

由以上分析可知，北京、上海、江苏和广东高等教育发展的背景各不相同，战略目标定位各有特色，也正因为如此，中外合作办学在四地高等教育中的地位和作用各具差异。

---

① 北京市教育委员会：《市委、市政府印发〈首都教育现代化 2035〉》，https：//jw. beijing. gov. cn/jyzx/jyxw/201909/t20190917_ 665765. html。
② 《上海教育现代化 2035》，https：//www. sou. edu. cn/2020/0623/c3835a67408/page. htm。
③ 江苏省人民政府：《省政府关于印发江苏省国民经济和社会发展第十四个五年规划和二〇三五年远景目标纲要的通知》，http：//www. jiangsu. gov. cn/art/2021/4/13/art_ 64797_ 9751192. html。
④ 《江苏教育现代化 2035》，https：//www. nsi. edu. cn/wlxx/f5/5c/c3963a62812/page. htm。
⑤ 中华人民共和国中央人民政府：《中共中央　国务院印发〈粤港澳大湾区发展规划纲要〉》，https：//www. gov. cn/zhengce/2019-02/18/content_ 5366593. htm#1。
⑥ 广东省人民政府：《广东省人民政府关于印发广东省教育发展"十四五"规划的通知》，http：//www. gd. gov. cn/zwgk/wjk/qbwj/yf/content/post_ 3602375. html。

三 四地高等教育中外合作办学基本情况

本部分对北京、上海、江苏、广东四地高等教育中外合作办学的基本情况进行了比较分析。分本科中外合作办学和硕士及以上中外合作办学两个大类,对中外合作办学机构与项目的规模、项目合作方所在国家的分布情况、项目涉及专业的分布情况以及项目涉及专业门类的分布情况进行了比较分析。

(一)本科中外合作办学机构与项目情况

通过"中华人民共和国教育部中外合作办学监管工作信息平台"发布的"本科中外合作办学机构与项目(含内地与港台地区合作办学机构与项目)名单"(数据获取截至2023年7月3日),北京、上海、江苏和广东四地本科中外合作办学机构与项目的基本情况(剔除了"停止招生""已停办""已并入其他学院"的机构和项目)如表2所示。

表2 四地本科中外合作办学机构与项目情况比较

中外合作办学	北京	上海	江苏	广东
机构(总数)(个)	4	9	10	7
项目(总数)(个)	33	58	84	11
独立法人机构(个)	0	1	2	4
普通本科高校总数(个)	67	40	78	69
高等教育普通本科生在校生数(人)	548951	405818	1209970	1266623
普通本科高校校均机构数(个)	0.06	0.23	0.13	0.10
每万人本科生机构数(个)	0.07	0.22	0.08	0.06
本科高校校均项目数(个)	0.49	1.45	1.08	0.16
每万人本科生项目数(个)	0.60	1.43	0.69	0.09

资料来源:中华人民共和国教育部中外合作办学监管工作信息平台,《本科及以上层次中外合作办学机构和项目名单》,https://www.crs.jsj.edu.cn/index/sort/1006;中华人民共和国教育部,《2021年教育统计数据》,http://www.moe.gov.cn/jyb_ sjzl/moe_ 560/2021/gedi/202212/t20221230_ 1037369.html。

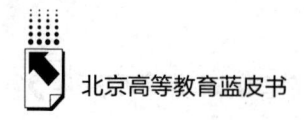

由表2可知，上海校均本科中外合作办学机构和项目、每万人本科生中外合作办学机构和项目数量均最多，江苏次之；北京校均本科中外合作办学机构最少，广东校均本科中外合作办学项目最少。

接下来，将对四地中外合作办学项目的合作方所在国家、项目所设专业及所属专业门类进行具体分析。需要特别注意的是，以下部分的统计范围仅为中外合作办学项目，并不包含中外合作办学机构。

1.四地本科中外合作办学项目的合作方所在国家的分布

北京、上海、江苏和广东四地本科中外合作办学项目的合作方所在国家的分布如下：在合作方国别的分布上，北京的合作方分布在10个国家，上海的合作方分布在14个国家，江苏的合作方分布在13个国家，广东仅有11个合作项目，分布在6个国家（见图1）。

其中，北京与英语国家（第一语言为英语或官方语言为英语，如美国、英国、澳大利亚、爱尔兰、新西兰、加拿大）合办的项目占比高达85%（上海这一比例为53%，江苏这一比例为77%，广东这一比例为55%）。

北京的合作方中，美国、英国和澳大利亚位列前三；上海的合作方中，美国、德国和英国位列前三；江苏的合作方中，英国、美国和澳大利亚位列前三；广东的合作方中，美国、德国、英国位列前三。四地的热门合作对象排名如下：美国、英国、澳大利亚/德国（并列）、加拿大、爱尔兰、俄罗斯。

2.四地本科中外合作办学项目所设专业分布情况

由四地本科中外合作办学项目所设专业的词云分布图可以发现，四地具有不同的特点。北京本科中外合作办学项目所设专业中"国际经济与贸易"专业最多（5个，占15%）；上海"机械设计制造及其自动化"（5个，占9%）和"电气工程及其自动化"专业最多（5个，占9%）；江苏"电气工程及其自动化"专业最多（7个，占8%），其次是"土木工程"（4个，占5%）和"软件工程"（4个，占5%）；广东"金融学"专业最多（2个，占18%）（见图2）。

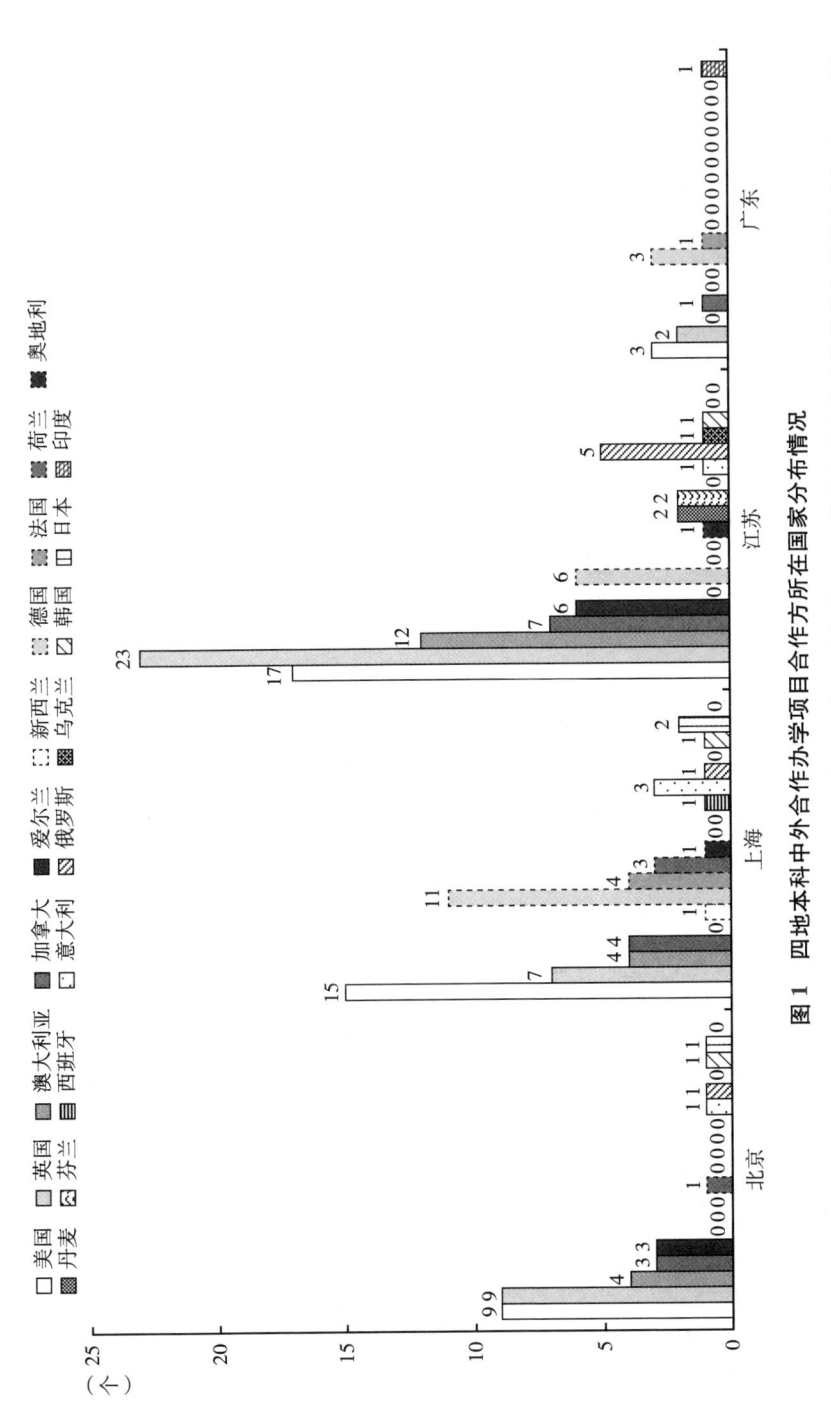

图 1 四地本科中外合作办学项目合作方所在国家分布情况

资料来源：中华人民共和国教育部中外合作办学监管工作信息平台，《本科及以上层次中外合作办学机构和项目名单》，https://www.crs.jsj.edu.cn/index/sort/1006。

图2 四地本科中外合作办学项目所设专业分布情况

资料来源：中华人民共和国教育部中外合作办学监管工作信息平台，《本科及以上层次中外合作办学机构和项目名单》，https://www.crs.jsj.edu.cn/index/sort/1006。

3. 四地本科中外合作办学项目所设专业的门类分布

根据《普通高等学校本科专业目录（2020年版）》①对北京、上海、江苏和广东四地本科中外合作办学合作项目所设专业所属门类和专业类进行统计分析的结果，北京、上海和江苏三地中，上海的专业分布最广，分布在9个门类，广东分布在5个门类；四地专业分布中，工学均占显要地位，其中，北京、上海、江苏三地专业分布最多的均为工学门类，江苏工学门类专业占比高达62%，北京也超过了一半（52%），上海的占比为40%，广东的占比为27%。除工学门类外，经济学和管理学门类的占比也较为突出。在北京，两者总占比为24%，上海为31%，江苏为20%，广东为45%（见图3）。

北京本科中外合作办学项目所设专业中无艺术学门类，与之相比较，上海本科中外合作办学项目所设专业中艺术学门类的占比为9%，江苏为5%，

---

① 中华人民共和国教育部：《教育部关于公布2019年度普通高等学校本科专业备案和审批结果的通知》，http://www.moe.gov.cn/srcsite/A08/moe_1034/s4930/202003/t20200303_426853.html。

广东的更是高达 18%。

与上海相比，北京本科中外合作办学项目所设专业集中度更高，52%集中在工学门类（上海这一比例仅为 40%），经济学门类占比排名第二（15%），这一比例与上海大致相同。与上海相比，北京的管理学门类占比稍低，上海的占比为 16%，与经济学门类占比齐平，而北京的占比为 9%，值得一提的是，广东管理学门类的占比为 27%，江苏的占比为 18%。

四地中，唯有北京本科中外合作办学项目所设专业中没有教育学门类。与上海相比，北京文科门类占比稍低，上海文科门类占比为 9%，北京这一比例为 6%。四地中，北京的理学门类占比最高，比例为 6%，江苏这一比例为 5%，上海这一比例为 2%，广东本科中外合作办学项目所设专业中无此门类。

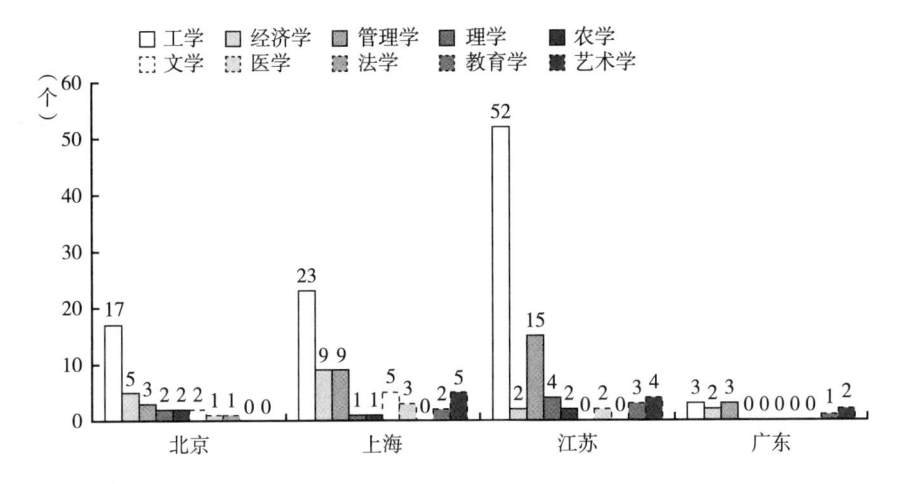

图 3　四地本科中外合作办学项目学科门类分布情况

资料来源：中华人民共和国教育部中外合作办学监管工作信息平台，《本科及以上层次中外合作办学机构和项目名单》，https://www.crs.jsj.edu.cn/index/sort/1006。

具体而言，北京本科中外合作办学项目所设专业分布在 8 个门类，但 52%的专业分布在工学门类，经济学和管理学门类合计占比 24%。工学、经济学和管理学合计占比达 76%。上海本科中外合作办学项目所设专业分布在 9 个门类，其中 40%的专业分布在工学门类，经济学和管理学门类合计占比 31%。三者合计占比为 71%。江苏本科中外合作办学项目所设专业分布在8个门类，其中62%的专业分布在工学门类，管理学门类占比18%。两者合计占比为80%。广东本科中外合作办学项目所设专业分布在5个门类，其中27%的专业分布在工学门类，管理学门类占比27%，经济学门类和艺术学门类各自占比18%。

（二）硕士及以上中外合作办学机构与项目情况

通过"中华人民共和国教育部中外合作办学监管工作信息平台"发布的"硕士及以上中外合作办学机构与项目（含内地与港台地区合作办学机构与项目）名单"（数据获取截至2023年7月3日），北京、上海、江苏和广东四地硕士及以上中外合作办学机构与项目的基本情况（剔除了"停止招生"的机构和项目）如表3所示。

表3　四地硕士及以上中外合作办学机构与项目的比较

单位：个，人

中外合作办学	北京	上海	江苏	广东
机构（总数）	8	12	17	9
项目（总数）	38	22	12	9
其中：独立法人机构	0	1	2	5
普通高校研究生在校生数	425696	231074	270647	173884
每万人研究生机构数	0.19	0.52	0.63	0.52
每万人研究生项目数	0.89	0.95	0.44	0.52

资料来源：中华人民共和国教育部中外合作办学监管工作信息平台，《本科及以上层次中外合作办学机构和项目名单》，https：//www.crs.jsj.edu.cn/index/sort/1006；中华人民共和国教育部，《2021年教育统计数据》，http：//www.moe.gov.cn/jyb_sjzl/moe_560/2021/gedi/202212/t20221230_1037369.html。

由表3可知，四地中，硕士及以上中外合作办学机构最多的是江苏（17个），每万人研究生机构数为0.63个；其次是上海（12个），每万人研究生机构数为0.52个；再次是广东（9个），每万人研究生机构数是0.52个；北京硕士及以上中外合作办学机构最少（8个），每万人研究生机构数仅为0.19个。

硕士及以上中外合作办学项目数量最多的是北京，其次是上海，再次是江苏，广东位列最后。但是，每万人研究生项目数最多的是上海，其次才是北京。四地中，具有独立法人资格的硕士及以上中外合作办学机构最多的是广东（5个），其次是江苏（2个），上海有1个，北京暂时还没有独立法人的中外合作办学机构。

1. 四地硕士及以上中外合作办学项目的合作方所在国家的分布

北京、上海、江苏和广东四地硕士及以上中外合作办学项目的合作方所在国家的分布如下。

在合作方国别（地区）的分布上，北京38个项目的合作方分布在9个国家（地区），上海22个项目的合作方分布在10个国家（地区），江苏12个项目的合作方分布在8个国家（地区），广东9个合作项目的合作方分布在6个国家（地区）（见图4）。

其中，北京与英语国家（如美国、英国、澳大利亚、新西兰、加拿大）合办的项目占比为66%（低于本科的85%）；上海这一比例为45%（本科为53%），江苏这一比例为42%（本科为77%），广东这一比例为44%（本科为55%）。整体而言，硕士及以上的中外合作办学项目合作对象比本科要稍微均衡一些，没有那么集中在英美澳三个国家了。合作对象中亚洲国家（地区）的比重有所增加（江苏除外），北京与亚洲国家（地区）合作的项目占比8%（本科占比6%），上海与亚洲国家（地区）合作的项目占比27%（本科为5%），广东这一比例为33%（本科为9%），江苏这一比例为0（本科为1%）。四地与亚洲国家（地区）的合作对象由本科的以日本、韩国为主变成了硕士及以上的以新加坡和中国香港地区为主。

北京的合作方中，美国、法国和英国位列前三（本科为美国、英国和澳大利亚）；上海的合作方中，美国位列第一，法国和新加坡并列第二（本科为美国、德国和英国）；江苏的合作方中，美国、俄罗斯并列第一，英国、加拿大并列第二（本科为英国、美国和澳大利亚）；广东的合作方中，美国、英国和新加坡并列第一（本科美国与德国并列第一，英国位列第二）。与本科阶段相比，硕士及以上中外合作办学项目的热门合作方的排名变成了美国、法国、英国、新加坡、加拿大/中国香港（并列）、澳大利亚/俄罗斯（并列）。

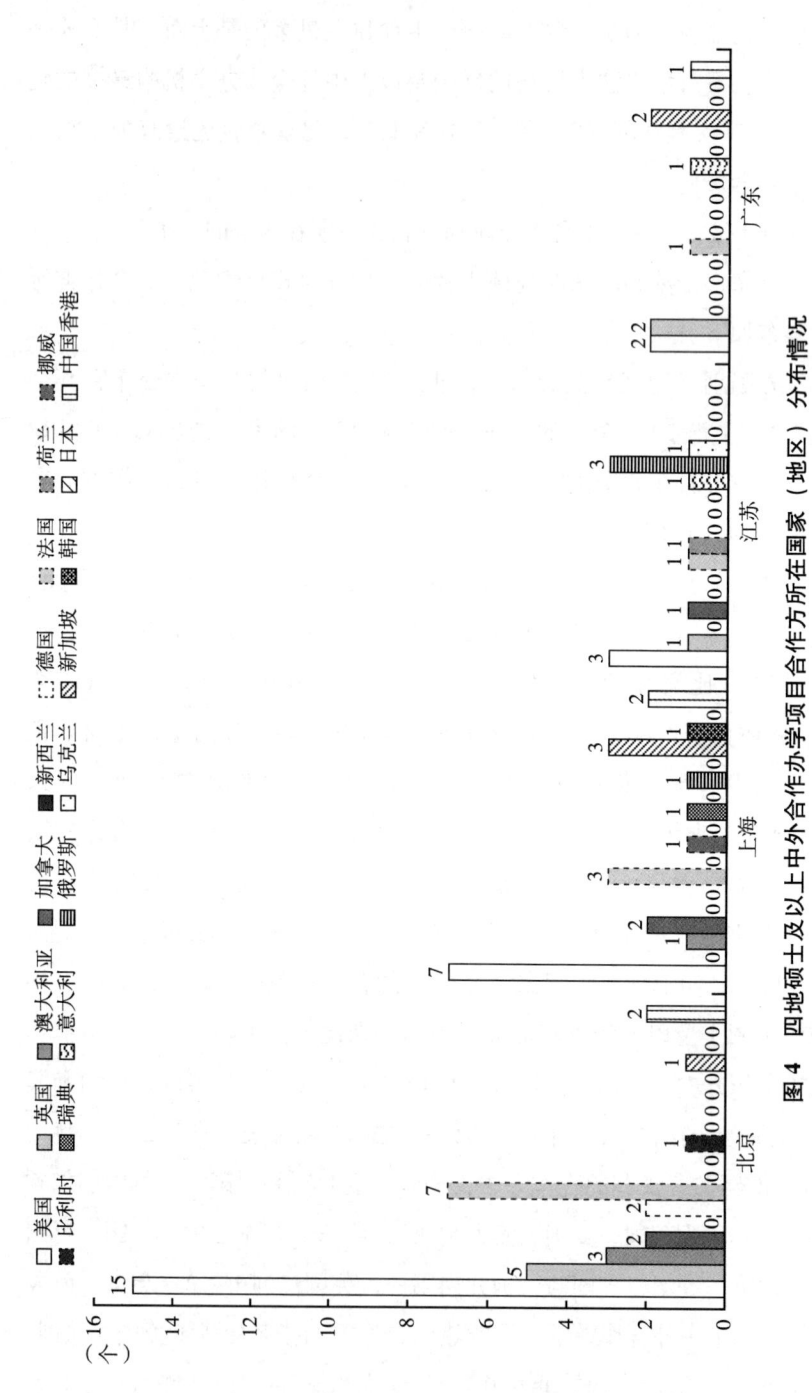

图 4 四地硕士及以上中外合作办学项目合作方所在国家（地区）分布情况

资料来源：中华人民共和国教育部中外合作办学监管工作信息平台，《本科及以上层次中外合作办学机构和项目名单》，https://www.crs.jsj.edu.cn/index/sort/1006。

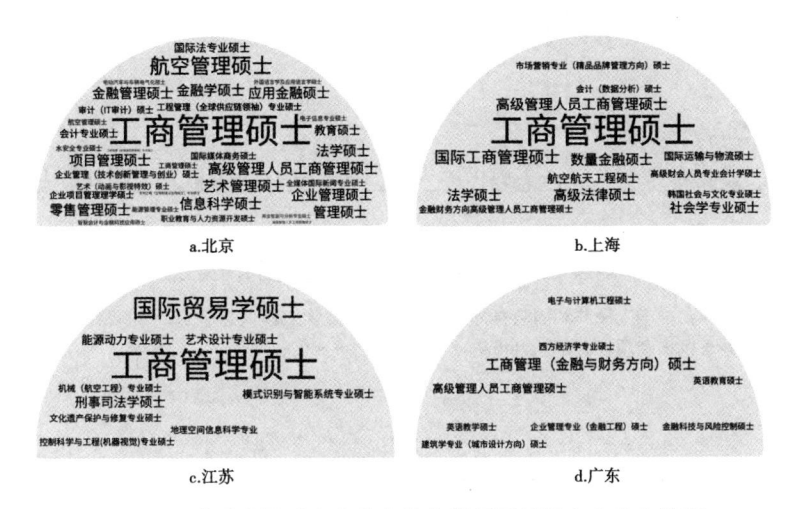

2. 四地硕士及以上中外合作办学项目所设专业的分布情况

在硕士研究生项目中，"工商管理硕士"和"高级管理人员工商管理硕士"专业数量最多，占比达30%。项目名称中含"管理"二字的专业占比达44%。

北京硕士及以上中外合作办学项目所设专业中，"工商管理硕士"专业数量最多，"高级管理人员工商管理硕士"专业其次，两者占比达21%。专业中含"管理"二字的占比达50%。上海的情况类似，"工商管理硕士"和"高级管理人员工商管理硕士"数量较北京更多，两者占比达50%。江苏硕士及以上中外合作办学项目较少，仅有12个（本科项目有84个），"工商管理硕士"和"国际贸易学硕士"各有2个，其余专业均为1个。广东硕士及以上中外合作办学项目最少，有9个，比其本科项目数量少2个。在9个项目中，含"管理"二字的专业占比达33%（见图5）。

图5 四地硕士及以上中外合作办学项目所设专业分布情况

资料来源：中华人民共和国教育部中外合作办学监管工作信息平台，《本科及以上层次中外合作办学机构和项目名单》，https://www.crs.jsj.edu.cn/index/sort/1006。

3. 四地硕士及以上中外合作办学项目所设专业的门类分布

根据国务院学位委员会发布的《研究生教育学科专业目录（2022年）》对四地硕士及以上中外合作办学项目所设专业进行分析的结果，北京、上海和广东三地管理学学科的合作项目均列第一，其中，上海管理学学科在所有合作项目中的占比达68%，北京这一比例为58%，广东这一比例为33%。江苏合作项目中工学学科的比例最高，为33%，管理学学科占比17%。若合计考虑管理学和经济学，则上海的比例达到77%，北京这一比例为68%，广东这一比例为56%。即北京、上海和广东三地经管类学科占比较大，尤其是上海、北京，这一比例已超过2/3（见图6）。

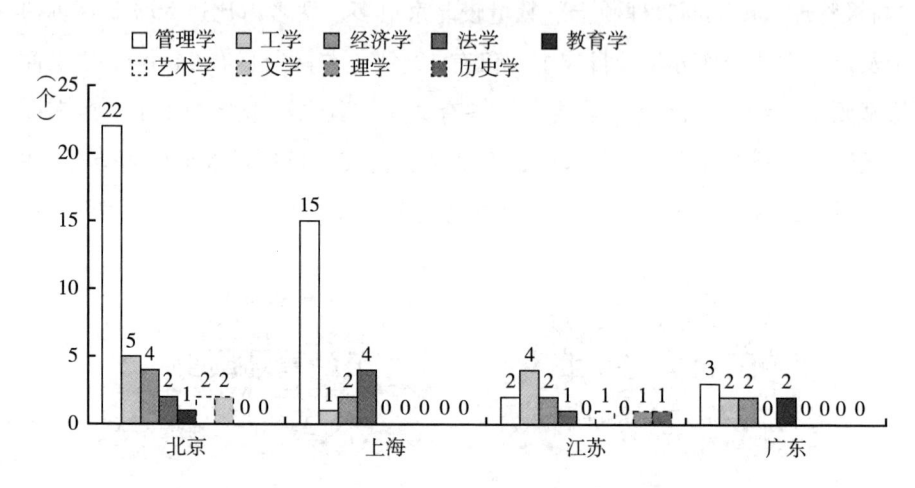

图6 四地硕士及以上中外合作办学项目学科门类分布情况

资料来源：中华人民共和国教育部中外合作办学监管工作信息平台，《本科及以上层次中外合作办学机构和项目名单》，https://www.crs.jsj.edu.cn/index/sort/1006。

四 四地高等教育中外合作办学画像

四地独立法人中外合作办学机构总数达8个，占目前全国本科及以上层次独立法人中外合作办学机构总数的80%。其中，广东独立法人中外合作办学机构数量最多，占了全国半壁江山；江苏也有2所，上海有1所，北京目前尚无独立法人中外合作办学机构。

在非独立法人中外合作办学机构方面，四地硕士及以上层次的机构数量多于本科层次。北京硕士及以上中外合作办学机构数量是本科层次的2倍，上海硕士及以上中外合作办学机构数量是本科层次的1.3倍,江苏是1.7倍,广东是1.3倍。

在中外合作办学项目方面,除北京外,上海、江苏和广东三地硕士及以上中外合作办学项目少于本科层次,尤其是江苏和上海,硕士及以上中外合作办学项目的数量仅为本科层次数量的14.3%和37.9%。北京的硕士及以上中外合作办学项目比本科层次多15%(见表4)。

表4 四地中外合作办学机构与项目数量

中外合作办学	北京	上海	江苏	广东
本科机构(个)	4	9	10	7
硕士及以上机构(个)	8(1)*	12	17	9
本科项目(个)	33	58	84	11
本科项目校均(个)	0.49	1.45	1.08	0.16
硕士及以上项目(个)	38	22	12	9
硕士及以上项目校均(个)	0.57	0.55	0.14	0.13
独立法人机构(个)	0	1	2	5

注:*含一个私立机构——长江商学院。
资料来源:中华人民共和国教育部中外合作办学监管工作信息平台,《本科及以上层次中外合作办学机构和项目名单》,https://www.crs.jsj.edu.cn/index/sort/1006。

(一)机构与项目数量画像

从数量方面来画像可以清楚地看到:广东高等教育中外合作办学的形式以独立法人机构为主;江苏中外合作办学的形式以本科层次的项目为主,兼顾独立及非独立法人机构;上海偏重本科中外合作办学项目,兼顾非独立法人机构;北京中外合作办学更偏向于硕士及以上层次,以项目为主。

(二)项目合作方画像

对四地中外合作办学项目合作方进行画像发现:在本科中外合作办学项目中,上海的合作方分布最广,58个项目分布在14个国家;江苏次之,84

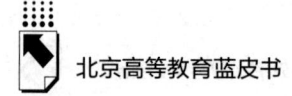

个项目分布在 13 个国家；北京 33 个项目分布在 10 个国家；广东 11 个项目分布在 6 个国家。

在硕士及以上中外合作办学项目中，仍旧是上海的合作方分布最广，22 个项目分布在 10 个国家/地区；北京 38 个项目的合作方分布在 9 个国家/地区；江苏 12 个项目的合作方分布在 8 个国家/地区；广东 9 个项目的合作方分布在 6 个国家/地区。

总体而言，上海的中外合作办学项目合作方分布最广。与北京相比，合作方还包括了瑞典、挪威两个北欧国家以及西班牙（西班牙语国家）和奥地利（德语国家）。江苏次之，与北京相比，江苏的合作方包括了东欧国家乌克兰和北欧国家丹麦。广东以机构为主，项目较少，这里不再做讨论。

从项目合作方官方语言来看，在本科层次，北京的项目合作方中英语国家占比最高，达 85%，上海这一比例为 53%，江苏这一比例为 77%，广东为 55%。四地硕士及以上中外合作办学项目合作方中，英语国家/地区的占比均有所下降，北京占比降为 66%，上海占比降至 45%，江苏占比降至 42%，广东占比降至 44%。在硕士及以上层次项目中，合作对象比本科层次要稍微均衡一些，没有那么集中在美、英、澳三个国家了，合作对象中亚洲国家（地区）的比重有所增加（江苏除外）。其中，上海与亚洲国家/地区合作的项目占比 27%（本科为 5%）；广东这一比例为 33%（本科为 9%）；北京这一比例为 8%（本科为 6%），江苏为 0（本科为 1%）。但值得说明的是，英语国家/地区占比下降并不意味着用英语授课的项目占比下降，硕士及以上中外合作办学项目合作方中的新加坡和中国香港地区虽不算是英语国家/地区，但项目均以英文授课，也不排除其他非英语国家使用英语开展项目教学的可能。

四地中外合作办学项目均有不同的偏爱合作对象。在本科层次，北京的项目合作方中，美国、英国和澳大利亚位列前三；上海的合作方中，美国、德国和英国位列前三；江苏的合作方中，英国、美国和澳大利亚位列前三；广东的合作方中，美国、德国和英国位列前三。总体而言，四地的热门合作对象排名如下：美国、英国、澳大利亚/德国（并列）、加拿大、爱尔兰、俄罗斯。

但在硕士及以上中外合作办学项目中，四地热门的合作对象有所变化。北京的热门合作方变成了美国、法国和英国；上海的热门合作方变成了美国、法国/新加坡（并列）；江苏的热门合作方变成了美国/俄罗斯（并列）、英国/加拿大（并列）；广东的热门合作方变成了美国/英国/新加坡（并列）。四地硕士及以上项目热门合作方的排名变成了美国、法国、英国、新加坡、加拿大/中国香港（并列）、澳大利亚/俄罗斯（并列）。

四地在硕士及以上项目中与法国、新加坡、中国香港地区的合作有所加强，与德国、澳大利亚和爱尔兰的合作有所减弱。值得一提的是，四地与亚洲国家/地区的合作对象由本科的以日本、韩国为主变成了硕士及以上的以新加坡和中国香港地区为主。

概括而言，上海的合作方分布最广，在本科层次，与北京和江苏相比，上海更偏爱与德国的合作；在硕士及以上层次，上海更喜欢与法国和新加坡进行合作。

北京与英语国家的合作最多，北京偏爱与美国和英国的合作，在硕士及以上层次，北京还喜欢与法国进行合作。

江苏第二喜欢与英语国家进行合作，在本科阶段，江苏偏爱与英国、美国和澳大利亚进行合作；在硕士及以上阶段，江苏还喜欢将俄罗斯和加拿大作为合作方。

广东的合作项目较少，就目前的项目来看，广东有点类似上海，在本科阶段也偏向与德国进行合作，硕士阶段更偏好与新加坡进行合作。但广东与法国的合作意向并不突出。

（三）项目开设专业画像

在本科项目中，上海开设的专业分布最广，分布在9个门类，北京分布在8个门类，江苏分布在8个门类，广东分布在5个门类。四地专业设置均以工学为显要，尤其是江苏，其工学门类专业占比达62%，北京也超过了一半（52%），上海的占比为40%，广东的占比为27%。除工学门类外，管理学和经济学门类的占比也较为突出。北京本科中外合作办学项目所设专业

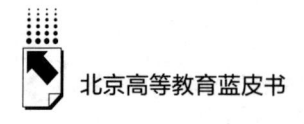

中，24%的专业属于经济学和管理学；上海这一比例更高（31%），广东这一比例达到了45%。江苏的比例稍低，但也达到了20%。

在本科项目中，北京所设专业无艺术学门类，上海所设专业中属于艺术学门类的专业占比为9%，江苏为5%，广东的更高，比例为18%。北京所设专业也无教育学门类。与上海相比，北京文科门类占比稍低，上海文科门类占比9%，北京这一比例为6%。北京理学门类占比为四地中最高，比例为6%，江苏这一比例为5%，上海这一比例为2%，广东无此门类。

与上海相比，北京本科中外合作办学项目所设专业更为集中，52%集中在工学门类（上海这一比例为40%）；经济学门类占比排名第二（15%），这一比例与上海大致相同。与上海相比，北京的管理学门类占比稍低，上海的占比为16%，与其经济学门类的占比齐平，而北京的占比为9%。广东的管理学门类专业占比达27%，江苏的占比为18%。

本科中外合作办学项目中，北京最多的专业是"国际经济与贸易"；上海最多的专业是"机械设计制造及其自动化"；江苏最多的专业是"电气工程及其自动化"；广东"金融学"专业最多。

硕士及以上中外合作办学项目中，北京、上海和广东三地管理学学科的合作项目均列第一。其中，上海管理学学科在所有合作项目中的占比达68%，北京这一比例为58%，广东这一比例为33%。江苏合作项目中工学学科的比例最高，为33%，管理学学科占比为17%。若合计考虑管理学和经济学，则上海的比例达到77%，北京这一比例为68%，广东为56%。北京、上海和广东三地经管类学科占比较大，尤其是上海和北京，这一比例已超过2/3。

四地硕士及以上中外合作办学项目中，"工商管理硕士"和"高级管理人员工商管理硕士"专业数量最多，占比达30%；项目中含"管理"二字的专业占比达44%。其中，上海"工商管理硕士"和"高级管理人员工商管理硕士"两个专业总占比达到50%，北京这一比例为21%。

概括而言，本科中外合作办学项目中，四地均以工学为显要，尤其是江苏和北京，工学门类占比超过一半；管理学和经济学门类则排名第二，尤以广东为甚，上海次之。

北京本科项目专业设置较为集中，以工学为主，经济学次之，无艺术学门类和教育学门类专业，理学门类专业较文学门类专业多。北京是四地中唯一的硕士及以上层次项目比本科层次项目多的地区，专业分布也最广，在这个层次的专业设置包含了艺术学门类和教育学门类。北京开设最多的专业前三名是：工商管理硕士（5个）、国际经济与贸易（4个）、高级管理人员工商管理硕士（3个）。

上海本科项目专业设置分布最广、硕士及以上项目专业设置最少。在本科层次工学、管理学、经济学门类占比突出，文学门类专业多于理学门类专业。在硕士及以上层次，上海开设管理学学科的项目占比最高。上海开设最多的专业前三名是：工商管理硕士（6个）、机械设计制造及其自动化（5个）、电气工程及其自动化（4个）/高级管理人员工商管理硕士（4个）。

江苏项目专业以本科专业为主，工学门类占比最高，是明显以理工类为主的专业设置，四地中江苏管理学和经济学门类专业的占比最低，甚至在硕士及以上阶段，江苏的工学学科占比也超过了经管类学科位列第一。江苏开设最多的专业前三名是：电器工程及其自动化（7个）、土木工程（4个）、软件工程（4个）。

广东以机构为主，尤其是独立法人机构，项目较少，项目门类的分布较窄。在目前开设的项目中，以经管类项目为显要。广东开设最多的专业前三名是：金融学（2个）、英语教育教学（2个）、工商管理与高级管理人员工商管理（4个）。

五 四地中外合作办学与城市发展战略定位的匹配情况

《中外合作办学条例》提出，中外合作办学应当符合中国教育事业发展的需要，致力于培养中国社会主义建设事业的各类人才。① 2018年以来，服务国家战略成为我国政府各类高等教育政策文件制定的主要依据和基本原则。② 2023年，习近平总书记在中共中央政治局就建设教育强国进行第五次集体学习时提出③，我们要建设的教育强国，以服务中华民族伟大复兴为重要使命；要系统分析我国各方面人才发展趋势及缺口状况，根据科学技术发展态势，聚焦国家重大战略需求，动态调整优化高等教育学科设置，有的放矢培养国家战略人才和急需紧缺人才，提升教育对高质量发展的支撑力、贡献力。中外合作办学作为我国高等教育的重要组成部分，亦需聚焦国家重大战略需求，有的放矢培养国家战略人才和急需紧缺人才。各地中外合作办学的学科专业设置也应符合国家重大战略需求和地区经济社会发展的需要。这部分内容重点分析了四地高等教育中外合作办学专业设置与区域经济社会发展需求的匹配情况。

（一）北京

"五子"联动是首都构建新发展格局的重要举措。所谓"五子"分别是指，第一"子"，建设国际科技创新中心。第二"子"，"两区"建设，即国家服务业扩大开放综合示范区建设和中国（北京）自由贸易试验区建设。第三"子"，数字经济。第四"子"，以供给侧结构性改革引领和创造新需求。第五"子"，深入推动以疏解北京非首都功能为"牛鼻子"的京津冀协同发展。其中，国际科技创新中心建设是"五子"之首。④《北京"十四五"时期国际科技创新中心建设规划》提出推进新一代信息技术和医药健

---

① 中华人民共和国教育部：《中华人民共和国中外合作办学条例》，http://www.moe.gov.cn/jyb_sjzl/sjzl_zcfg/zcfg_jyxzfg/202204/t20220422_620494.html。
② 陈婕：《新时代我国大学发展要服务国家战略》，《中国高等教育》2022年第2期。
③ 中华人民共和国教育部：《习近平在中共中央政治局第五次集体学习时强调　加快建设教育强国　为中华民族伟大复兴提供有力支撑》，http://www.moe.gov.cn/jyb_xwfb/s6052/moe_838/202305/t20230529_1061907.html。
④ 北京市人民政府：《北京"五子"》，https://www.beijing.gov.cn/zhengce/zwmc/202109/t20210928_2503806.html。

康产业"双发动机"领先发展，推进新能源智能网联汽车、智能制造、航空航天、绿色能源与节能环保等四个领域"先进智造"产业创新发展，同时前瞻布局类脑智能、量子计算、6G、未来网络、无人技术、超材料和二维材料、基因与干细胞等未来产业。①

另外，2010年教育部公布的北京市部分高校探索高水平中外合作办学模式改革试点实施方案提出围绕首都现阶段重点发展的产业领域，即高新技术和现代制造业、文化创意产业、金融产业和现代农业，确定合作办学的专业领域，并围绕教育部批准北京市11所高校开设的10个战略性新兴产业本科新专业，即纳米材料与技术、物联网工程、能源化学工程、能源经济、新媒体与信息网络、新能源材料与器件、新能源科学与工程、智能电网信息工程、资源环境科学与工程、数字电影技术等，开展高水平中外合作办学。②

研究表明，研究生教育对专利授权与转换规模的贡献更大。③ 因此，北京重点发展研究生阶段的中外合作办学与北京国际科技创新中心的战略定位是相匹配的。但从中外合作办学项目所设专业来看，北京硕士及以上中外合作办学项目所设专业以管理学为主，管理学学科在所有合作项目中的占比达58%，其中，"工商管理硕士"专业数量最多，"高级管理人员工商管理硕士"专业其次，两者占比达21%；专业中含"管理"二字的占比达50%。从北京城市功能战略定位出发，北京中外合作办学项目所设专业应再向"研发"方向靠拢，突出北京战略性新兴产业所涉专业。

---

① 北京市人民政府：《中共北京市委 北京市人民政府关于印发〈北京市"十四五"时期国际科技创新中心建设规划〉的通知》，https://www.beijing.gov.cn/zhengce/zhengcefagui/202111/t20211124_2543346.html。
② 中华人民共和国教育部：《国务院办公厅关于开展国家教育体制改革试点的通知》，http://www.moe.gov.cn/jyb_xxgk/moe_1777/moe_1778/201101/t20110113_114499.html；《北京部分高校将实施中外合作办学模式改革试点 培养复合型、创新型、国际化人才》，https://news.sciencenet.cn/htmlnews/2010/12/241752.shtm。
③ 赵婉：《中国研究生培养规模对专利授权量的影响分析——基于中国23个省份的面板数据研究》，《智库时代》2020年第6期。

（二）上海

上海中外合作办学的数量在相当长一段时间里都处于全国首位，上海是全国中外合作办学重镇。《上海教育现代化2035》[1] 将上海战略定位为教育改革示范区、教育开放引领区、区域教育发展先行区、教育支撑创新发展新高地；提出全方位拓展开放的广度和深度；对标上海建成具有全球影响力的科技创新中心等战略任务，"围绕集成电路、人工智能、生物医药等关键领域，培养高水平创新人才"。

《上海市城市总体规划（2015~2040）纲要概要》提出[2]，到2040年将上海建设成为综合性的全球城市，国际经济、金融、贸易、航运、科技创新中心和国际文化大都市。《上海市教育发展"十四五"规划》[3] 提出坚持服务经济社会发展大局，强化教育服务上海"五个中心"建设的支撑作用，更好地服务长三角一体化发展、长江经济带发展等国家战略，并提出加强基础学科、冷门"绝学"学科，以及集成电路、生物医药、人工智能等关键急需领域的学科专业布局，加快培育紧缺人才。加强城市公共安全相关学科布局和人才培养，为破解超大城市公共安全和管理难题提供智力支撑和人才保障。

从四地的比较中可以看出，上海高等教育中外合作办学规模最大、项目合作方分布最广、合作专业分布较广，这与上海"教育开放引领区"的定位相匹配。另外，上海中外合作办学项目所设专业以工学、管理学和经济学为主，这与上海建设国际经济、金融和贸易中心的定位是基本匹配的，但目前中外合作办学布点专业对上海建设国际科技创新中心的支撑度尚有待进一步加强。

---

[1] 《上海教育现代化2035》，https://www.sou.edu.cn/2020/0623/c3835a67408/page.htm。

[2] 《上海市城市总体规划（2015~2040）纲要概要｜国家对上海的定位不会动摇！》，https://www.sohu.com/a/149877752_739030。

[3] 上海市人民政府：《上海市人民政府关于印发〈上海市教育发展"十四五"规划〉的通知》，https://www.shanghai.gov.cn/202120zfwj/20211022/5c25efb3b4014436900b88d5a5f45dc9.html。

（三）江苏

作为制造业大省，江苏省"十四五"规划指出①，深化建设具有全球影响力的产业科技创新中心；全力打造具有国际竞争力的先进制造业基地；积极构建具有世界聚合力的双向开放枢纽。江苏省在产业发展中重视国际化战略，在产业人才培养中，重视中外合作办学的作用。江苏开展中外合作办学比较早、开展合作办学项目与机构比较多、发展比较迅速。早在2008年，江苏省教育厅《关于扎实推进中外合作办学工作的意见》（苏教外〔2008〕13号）指出②，"将中外合作办学作为国际合作教育的重点，扎实加以推进"，并提出中外合作办学"是江苏现代化的内在要求"，将中外合作办学作为实施科教兴省、人才强省战略和推进江苏省经济建设、社会发展的重要途径，强调要从"以国际化推进现代化"和"全面达小康、建设新江苏"的高度，提高对中外合作办学的认识。2011年，江苏省教育厅关于推进中外合作办学高水平建设的意见（苏教外〔2011〕74号）进一步指出③，"把中外合作办学纳入整个区域发展规划统筹谋划，满足经济社会发展特别是战略性新兴产业和高新产业发展对人才的需求"；"鼓励本科院校与同层次国外优质教育机构合作，举办创新性科技应用类型的合作办学项目，推进与战略性新兴产业紧密结合的学科专业建设"；"到2015年，每所本科院校至少建设一个全外语教学的中外合作办学项目"。江苏省将推进高等教育对外合作与交流状况列入高校领导班子任期目标考核体系，以此督促各地各校将中外合作办学作为教育对外合作与交流工作的重中之重加以推进。

目前，江苏高等教育中外合作办学以本科层次为主，工学门类专业占比

---

① 江苏省人民政府：《省政府关于印发江苏省国民经济和社会发展第十四个五年规划和二〇三五年远景目标纲要的通知》，http://www.jiangsu.gov.cn/art/2021/4/13/art_64797_9751192.html。
② 《苏教外〔2008〕13号江苏省教育厅关于扎实推进中外合作办学工作的意见》，http://kwxy.jsnu.edu.cn/_t372/3b/96/c7148a146326/page.htm。
③ 《江苏省教育厅关于推进中外合作办学高水平建设的意见》，http://www.cfce.cn/a/jianguan/ssjg/2013/0413/1548.html。

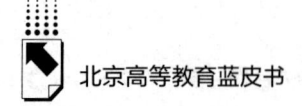

为四地中最高，这与江苏省的产业发展战略和产业人才培养定位（创新性科技应用类型）基本匹配。但江苏高等教育中外合作办学也存在合作对象层次需进一步提升、合作专业需持续更新等亟待解决的问题。

（四）广东

广东实施"教育强省""科教兴粤""人才强省"建设战略，将中外合作办学机构作为扩大高等教育规模、提升高校综合实力、培养适合广东省经济社会发展需要的国际化复合型人才的重要途径。《关于引进世界知名大学来粤合作举办独立设置高等学校的意见》（粤府办〔2013〕23号）提出"大力引进世界综合排名150名以内的国外及港澳台地区高水平大学来粤合作举办独立设置高等学校"，"积极引进世界知名大学在高新技术产业、先进制造业、现代服务业、现代农业等领域的优质高等教育资源，鼓励和支持省内外高等学校与世界知名大学在我省开展合作研究，加快培养我省现代产业发展紧缺急需人才"。该意见提出，省财政安排专项资金，对引进世界知名大学来粤合作举办独立设置高等学校给予扶持，并在学校收费、教学设施设备进口、接受社会资助等方面予以支持。[1] 2019年印发的《粤港澳大湾区发展规划纲要》将粤港澳大湾区战略定位为"具有全球影响力的国际科技创新中心"，并指出"打造教育和人才高地"，鼓励粤港澳高校合作办学；支持大湾区建设国际教育示范区，引进世界知名大学和特色学院。[2]

可见，广东将扩大开放、引进外部优质教育资源、合作举办高等教育机构作为其实现战略目标的重要举措。与广东中外合作办学画像比对可以清晰地发现，广东中外合作办学以机构为主，项目为次，这与广东的发展战略相吻合；广东的中外合作办学项目中以工学、管理学和经济学门类最为突出，

---

[1] 《广东省人民政府办公厅转发省教育厅关于引进世界知名大学来粤合作举办独立设置高等学校意见的通知（粤府办〔2013〕23号）》，http：//sft.gd.gov.cn/sfw/zwgk/gdsrmzfgfxwj/yfb/content/post_3574435.html。

[2] 《中共中央 国务院印发〈粤港澳大湾区发展规划纲要〉》，https：//www.gov.cn/zhengce/2019-02/18/content_5366593.htm#1。

这与广东大力发展先进制造业、现代服务业的战略定位也较吻合。但从广东建设粤港澳大湾区国际高等教育示范区的战略定位来看，广东省目前的中外合作办学规模仍有进一步扩大的空间，尤其是中外合作办学项目偏少；中外合作办学的学科专业设置也应进一步丰富、优化，加强高水平学科专业群建设，对接新一代信息技术、高端装备制造、新材料、新能源、生命科学和生物技术等湾区重点产业领域需求，着力服务大湾区经济社会发展。

六 结论与建议

研究发现，四地中北京本科高校校均中外合作办学机构和项目数（本科层次）、每万人本科生中外合作办学机构与项目数（本科层次）、每万人研究生中外合作办学机构数（研究生层次）均偏低，这一方面与北京公办高等教育和优质高等教育资源相对丰富有关，北京可能并不像其余三地——尤其是广东——需要利用大量外部优质高等教育资源快速提升本区域的高等教育水平（中外合作办学恰恰是比较合适的形式）；另一方面，这与北京城市战略定位有一定关系——北京教育对外开放的重点放在了吸引来华留学生方面。但值得注意的是，中外合作办学培养的国际化人才也是北京全球人才高地建设的重要战略资源；中外合作办学引进的外部优质科研资源也能对北京建设科技创新中心形成一定的支撑。此外，随着人民群众对优质高等教育资源的需求不断增加，北京或可考虑在一定范围内适度增加中外合作办学的规模（尤其是本科层次）。

与上海、江苏相比，北京高等教育中外合作办学项目合作对象的多样性仍有进一步增加的空间，当前北京高等教育中外合作办学的合作方过度集中于英语国家，尤其是美国、英国和澳大利亚三国。这并不利于动荡变革时期教育国际交流与合作的安全、平稳开展。

再者，北京中外合作办学项目所设专业仍有进一步丰富、优化的空间。北京本科中外合作办学项目所设专业中"国际经济与贸易"专业最多，经济学和管理学门类的占比近1/4。硕士及以上层次的中外合作办学项目中管

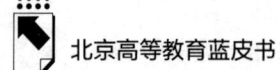

理学学科占比近六成；若合计考虑管理学和经济学，则这一比例达到近七成。总体上，工学、管理学和经济学合作项目偏多，一些理科专业及农学、医学和新兴、前沿学科专业的项目偏少，国家和北京社会经济发展急需的专业比例偏低。

因此，北京应紧密结合当前国际政治经济大环境的新变化、新特点，加强中外合作办学的战略规划研究和宏观统筹协调，明确合作重点，对北京高校开展中外合作办学的层次、学科、专业以及规模等给予政策指导和支持。针对北京高校的层次结构及人才培养目标的特点，加强对高校选择中外合作办学伙伴学校或机构的指导，发挥社会团体组织等中介机构的作用，搭建合作交流平台，拓展合作渠道，建立与北京高校办学定位相匹配的国外大学或教育机构的稳定合作关系，在合作过程中提高教育质量和人才培养水平。另外，为服务"教育强国"建设，促进中外合作办学高质量发展，北京应在未来中外合作办学审批、评估认证和监管过程中对中外合作办学所设专业加强调控，不断优化北京高等教育中外合作办学的学科专业结构布局，以适应国家和北京经济社会发展的需要。建议北京教育主管部门制定北京高等教育中外合作办学学科专业的"引导性清单"，引导高校结合"一带一路"建设、"双一流"建设以及北京经济社会发展急需开展中外合作办学，逐步缩减一般性的管理类和低水平工程类专业的布点和规模。

对于高校自身而言，从最大限度规避国际政治风险的角度考虑，北京高校新增中外合作办学机构与项目应优先考虑除美国、英国和澳大利亚等国家之外的其他国家。另外，北京高校新增中外合作办学机构与项目应向本科层次倾斜，满足后疫情时代更多的中外合作办学就读需求。北京高校亦可联合国内企业、行业或其他办学机构的力量与境外高校开展合作办学，拓展合作办学空间，探索合作办学新模式。此外，北京高校新增中外合作办学机构与项目所设专业应符合国家政策引导，以获得更大的发展空间，更好地服务经济社会发展的需要。

B.8
北京高校留学生教育发展策略研究*

王 俊 阮京洁**

摘 要： 在"一带一路"倡议下，北京高校留学生教育在近十年发展中取得新成就。在新发展格局下，应立足国家发展战略，从多个层面重新审视北京高校留学生教育的作用。目前，北京高校留学生教育在承受外部压力的同时也呈现新的发展态势，在整体规模阶段性下降的同时学历教育成为主要需求，在学生学历结构持续优化的同时，博士生教育创历史新高，在生源地结构呈现差异特征的同时，地缘冲突影响逐渐缓和。但仍然面临来自国际政治经济冲突、留学生质量矛盾以及高等教育国际竞争带来的挑战，应在区域国别研究、高等教育合作、全球教育治理和质量保障体系等方面着力构建新的发展策略。

关键词： 留学生教育 全球教育治理 北京高校

2023年是"一带一路"倡议提出十周年，也是新冠疫情后中国经济社会全面恢复常态化运行的第一年。2013年，习近平主席在出访中亚和东南亚国家期间，先后提出共建"丝绸之路经济带"和"21世纪海上丝绸之路"的重大倡议。多年来，"一带一路"倡议在沿线国家及地区的基础设施

---

* 本文系北京外国语大学"双一流"建设重大（点）标志性项目"'后疫情时代'国际组织在全球教育治理中的作用研究"（项目编号：2022SYLZD037）的研究成果。
** 王俊，管理学博士，北京外国语大学国际教育学院教授，主要研究方向为教育法律与政策比较；阮京洁，北京外国语大学国际教育学院硕士研究生，主要研究方向为教育政策与大学治理。

建设、经济贸易往来、人文交流合作等领域取得重要成果。面对世纪疫情冲击和内外部压力，我国在统筹疫情防控的同时擘画经济社会发展蓝图。2022年10月，党的二十大报告指出，坚持高水平对外开放，加快构建以国内大循环为主体、国内国际双循环相互促进的新发展格局。北京市在"十四五"规划中提出，探索融入新发展格局的有效路径，将自身打造为畅通国内大循环的核心支点和国内国际双循环的核心枢纽。北京作为全球资本、人才、技术等要素的重要节点，该战略目标对推进高水平对外开放提出更高要求，明确了新发展格局下北京高等教育对外开放的基本面向。2023年是全面贯彻落实党的二十大精神的开局之年，是实施"十四五"规划承上启下的关键一年。面对复杂的现实图景，有必要在新发展格局下审视北京高校留学生教育的功能定位，在反思发展成果和分析挑战困境的基础上，积极谋划未来发展策略。

一 北京高校留学生教育的功能审视

进入21世纪以来，全球高等教育适龄学生跨境流动快速增长。高等教育的全球格局呈现非均衡和分层化特征，留学生选择学习的目的地与全球政治经济网络的重要节点具有明显的结构相似性。[①] 国家及其节点城市的国际形象、全球声誉和经济地位等因素，会转变为政治、文化以及教育上的影响力。在新发展格局下，应以多视角全面审视北京高校留学生教育的功能。

（一）重塑教育格局，助力国家发展战略

"一带一路"倡议是中国扩大对外开放，共建人类命运共同体的重要举措，也是新时期国家发展战略的重要依托。截至2023年8月，中国已经同152个国家和32个国际组织签署200余份共建"一带一路"合作文件。其

---

① Yang P., "China in the Global Field of International Student Mobility: An Analysis of Economic, Human and Symbolic Capitals", *Compare: A Journal of Comparative and International Education*, 2022, 52 (2): 308-326.

中包括52个非洲国家、41个亚洲国家，共计占沿线共建国家的60.93%。①中国各级部门在多个经济领域推进合作，沿线国家及地区成为来华留学的重要生源地。例如，2022年，上海高校中接受学历教育的留学生有68%来自共建"一带一路"国家。②在全球化时代，具备更高能力的国家可以通过制度机器的运作使其权威直达远离政治中心的地区，国家的积极作为可以超越明确的"边界"，在模糊的"边疆"中展开行动，施加影响。③2023年5月29日，习近平总书记在中共中央政治局第五次集体学习时指出，"要完善教育对外开放战略策略，统筹做好'引进来'和'走出去'两篇大文章"，同时"要积极参与全球教育治理，大力推进'留学中国'品牌建设"。④作为来华留学的主要目的地城市，北京高校留学生教育应以服务国家战略为发展导向，充分利用优质高等教育资源优势，在高等教育全球格局中打造学生跨境流动重要节点。特别是将留学生教育作为重塑全球教育格局的基本手段，推动共建"一带一路"，尤其是携手促进亚洲和非洲国家经济社会发展。

（二）集聚资源要素，服务城市功能定位

将北京打造成内外循环的枢纽，要充分利用区位优势聚集资源要素，以留学生教育促进民心相通，打破流动壁垒。我国参与全球产业分工的链条较长且范围广泛，在全球产业链供应链中居于重要位势，但许多产业的资源和市场在国外，必须内外循环畅通才能确保整个产业有效运转。在新发展格局下，外循环赋能将成为重要的时代特征。⑤北京市"十四五"规划提出，充分发挥国际交往中心功能作用，深度参与国际分工与合作，吸引全球高端资

---

① 数据来源：中国一带一路网。
② 王平：《上海：教育服务力、贡献力和国际影响力显著提升》，《神州学人》2022年第10期。
③ 安东尼·吉登斯：《第三条道路：社会民主主义的复兴》，北京大学出版社，2000，第134页。
④ 《加快建设教育强国 为中华民族伟大复兴提供有力支撑》，《人民日报》2023年5月30日。
⑤ 江小涓、孟丽君：《内循环为主、外循环赋能与更高水平双循环——国际经验与中国实践》，《管理世界》2021年第1期。

源要素集聚，以更宽领域、更深层次、更高水平开放，促进国际国内双循环有效链接，形成核心对接枢纽。北京市境外直接投资存量从2012年的75.78亿美元增长至2021年的958.83亿美元，年均增长32.58%。[1] 截至2022年，北京市境外直接投资存量突破1000亿美元。[2] 一方面，北京地区有实力的龙头企业扩大海外直接投资，推动我国技术、标准和服务"走出去"，深度融入全球价值链，将培育出一批以北京为总部的跨国企业。[3] 另一方面，北京是全国高等教育中心，"985工程""211工程"大学林立，学校学科类型齐全、教学科研资源丰富，在亚洲地区甚至全球范围内具备较强的竞争力和影响力。国际教育交流有利于中国企业海外并购，[4] 在新发展格局下应重视留学生教育对北京成为双循环核心对接枢纽的重要作用。

（三）促进文明互鉴，打造国际交往中心

充分发挥北京在留学生国际流动中的关键性节点功能以及高等教育作为枢纽性平台的作用，以人类命运共同体理念为指导，为全球不同文明和平共处、和合共生提供积极的城市氛围和条件保障，以此深化人文交流，增进民心相通。全球首个国际交往中心城市指数报告显示，北京综合得分排全球城市第7位，是唯一跻身前十的中国大陆城市。其中，在二级指标维度上，北京的文化教育排第3位，正是受益于区域内丰富优质的高等教育资源。[5] 近些年留学生教育取得积极成效，对北京提升城市吸引力和联通力都发挥了重要作用，无论是短期的交流访学还是长期的攻读学位，无论是非正式的校园生活还是正式的课堂教学，留学生教育在不同情境和环节都承载着讲好北京

---

[1] 根据《北京统计年鉴》（2013~2022）相关数据计算得出。
[2] 国务院新闻办公室：《截至2022年北京境外直接投资存量突破1000亿美元》，http://www.scio.gov.cn/31773/35507/35513/35521/Document/1738566/1738566.htm。
[3] 王孝松：《"两个大局"下的更高水平对外开放》，《人民论坛》2021年第2期。
[4] 韩永辉、王贤彬、韦东明等：《国际教育交流与中国企业海外并购——基于来华留学生的理论分析和实证检验》，《外国经济与管理》2022年第9期；陈武元、徐振锋、蔡庆丰：《教育国际交流对中国"一带一路"海外并购的影响——基于孔子学院和来华留学教育的实证研究》，《教育发展研究》2020年第21期。
[5] 范俊生：《北京位列国际交往中心城市全球第七》，《北京日报》2023年2月9日。

故事、传递中国声音的功能。《首都教育现代化2035》指出，首都教育贯穿于首都城市战略定位之中，是国际交往中心功能建设的重要窗口。北京具备举办大型国际会议展览、体育赛事等重要活动的承载能力，特别是北京高校为各个领域培养了大量的专业人才。作为受益者，留学生同样可以为国际交流提供专业支持和服务，他们自身所体现的不同文化和传统，本身就是国际交流良好氛围的表征。因此，北京高校应调动教育资源构建集群体系，战略性地参与跨境教育、培训、知识生产和创新活动，提高北京在全球城市网络中的影响力和竞争力。[1] 打造"留学北京"教育品牌，发挥北京高校留学生在展现社会主义大国首都国际形象中的优势作用，彰显北京在国际交往中的话语权。

（四）吸引优秀人才，提升高等教育质量

中国已经成为继美国和英国之后的世界第三大留学生接受国，北京更是各国学生来华留学的首选目的地。有研究指出，全球高等教育学术体系存在中心、半边缘和边缘之间的层次差异，声誉等级表现为符号资本在不同国家和大学之间的分布。[2] 在中国走向世界舞台中央的过程中，高等教育从边缘走向中心，对发达国家留学生的吸引力被视为衡量北京高校留学生质量的重要目标，也是作为生源结构改善的主要目标。[3] 从疫情前后的数据来看，亚洲和非洲是北京高校留学生教育的主要生源地，而来自欧洲和北美洲等发达国家的留学生规模在疫情后出现了明显下降，2022年仅占12.35%。在全球高等教育枢纽多极化发展的背景下，特别是结合地理位置、国家战略、国际政治等复杂因素，"一带一路"倡议共建中的友好、重点合作区域，比如周边国家、东南亚、中亚和非洲仍将是北京高校留学生的主要生源地。《北京

---

[1] 吴伟、樊晓杰、郑心怡等：《打造国际交往中心：大学国际化发展的高阶阶段》，《北京教育（高教）》2021年第10期。

[2] Gerhards J., Hans S., Drewski D., "Global Inequality in the Academic System: Effects of National and University Symbolic Capital on International Academic Mobility", *Higher Education*, 2018, 76 (4): 669-685.

[3] 王俊、郭伟：《北京高校留学生教育现状与未来发展》，《世界教育信息》2015年第19期。

市推进"一带一路"高质量发展行动计划（2021~2025年）》提出深化教育人才交流合作，将其作为强化"一带一路"国际交往功能的重点任务之一，主要举措包括吸引优秀学生来京学习。随着"一带一路"倡议推进沿线基础设施建设，其将以互联互通为基础围绕共同关切的议题拓展新的合作共建领域。在全球高等教育学术体系中，北京作为优质高等教育聚集之地，同样应发挥枢纽作用，吸引来自不同国家尤其是共建"一带一路"国家的优秀人才，在国际减贫、绿色发展、数字信息、人工智能等领域探索学术研究及应用实践的创新点，提高高等教育质量。

二 北京高校留学生教育的发展状况

作为覆盖世界大部分地区的合作方案，"一带一路"倡议串联起资源禀赋、地理区位、发展水平各异的国家，为北京高校留学生教育发展注入了动力，规模持续扩大，结构不断优化。新冠疫情成为学生跨国流动的客观壁垒，北京高校留学生教育在承受外部压力时也呈现新的发展态势。应重点关注留学生教育中的韧性因素，在跨国流动逐渐恢复常态化的趋势下继续发掘北京高校留学生教育发展的增长点。

（一）整体规模处于阶段性下降，学历教育成为主要需求

持续近三年的新冠疫情打破了北京高校留学生教育既定的发展态势，2021年成为近十年来留学生规模发展的压力点。从2012年至2019年，北京高校留学生在校生数从40549人增加至50760人，其间共计增长25.18%，年均增长3.26%，留学生教育保持了良好的规模发展趋势。但受新冠疫情冲击，2020年留学生在校生数同比下降22.59%，2021年同比下降20.47%至近十年最低点。其中，受负面影响最大的是接受非学历教育的留学生。从2012年到2022年，接受非学历教育的留学生在校生数整体下降了65.95%，年均降幅达到10.21%，2020年和2021年的同比降幅分别高达52.32%和58.43%。从2012年到2022年，接受学历教育的留学生在校生数总体增加

31.02%，这部分留学生的规模在2020年和2021年的同比降幅分别为2.06%和7.70%。面对新冠疫情的影响，研究生学历教育充分展现出韧性潜力。另外，接受学历教育或非学历教育的留学生比例也发生了明显变化。在疫情发生之前，北京高校留学生教育的整体发展趋势是接受学历教育的学生比例先升后降，2019年达到59.14%。由于疫情对短期交流访学的影响，这一比例在2020年快速上升至74.83%，并且在2021年达到最高点86.84%，后在2022年回落至80.68%。随着跨境流动逐渐恢复，短期赴京接受非学历教育的留学生规模和比例将回升，但同时接受学历教育的留学生规模仍将保持扩大趋势（见图1）。

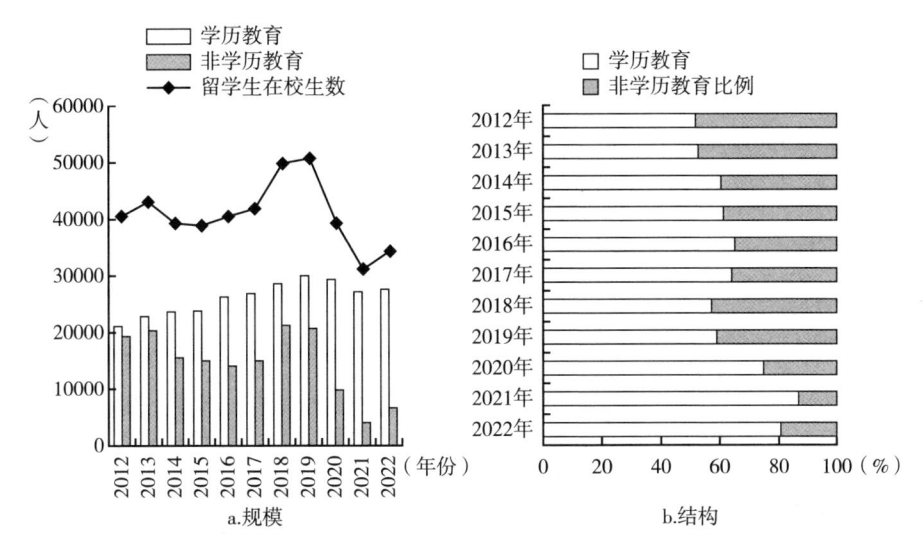

图1 北京高校在校留学生规模与结构变化（2012~2022年）

资料来源：《北京统计年鉴》（2013~2022）；北京市教育委员会教育事业发展统计概况（2023）。

（二）学生学历结构持续优化，博士生教育创历史新高

作为衡量留学生教育质量的重要指标之一，研究生教育在新冠疫情冲击下仍然保持了较好的发展态势，留学生学历教育结构进一步优化。从学历教育的规模来看，攻读学士学位的留学生人数在2012年至2022年下降了

4.63%，占比下降至49.63%。而攻读硕士学位的留学生人数增加83.94%，攻读博士学位的留学生人数增长近1.5倍，为147.89%。在此期间，硕士研究生的年均增幅为6.28%，博士研究生的年均增幅为9.50%。就比例而言，从2012年到2022年，攻读学士学位的留学生比例从68.18%下降至49.63%。同期，攻读硕士学位的留学生比例从21.59%上升至30.31%，攻读博士学位的留学生比例从9.42%上升至17.82%。值得注意的是，2022年攻读博士学位的留学生人数和比例都创下历史新高。同时，接受研究生教育的留学生比例从31.01%上升至48.13%，达到近十年最高水平。尽管新冠疫情对留学生教育的整体规模造成明显冲击，但总体上并没有改变留学生学历教育结构优化调整的既定趋势，研究生教育尤其是博士研究生的培养将进一步成为北京高校留学生教育的重点。2020年和2021年，攻读硕士学位的留学生数量同比分别下降5.45%和9.51%，但同期攻读博士学位的留学生数量同比降幅仅为0.27%和0.70%，后者在2022年甚至创下历史最高水平，比2019年增长3.62%，这在一定程度上展现了研究生教育承压外部冲击的韧性（见图2）。

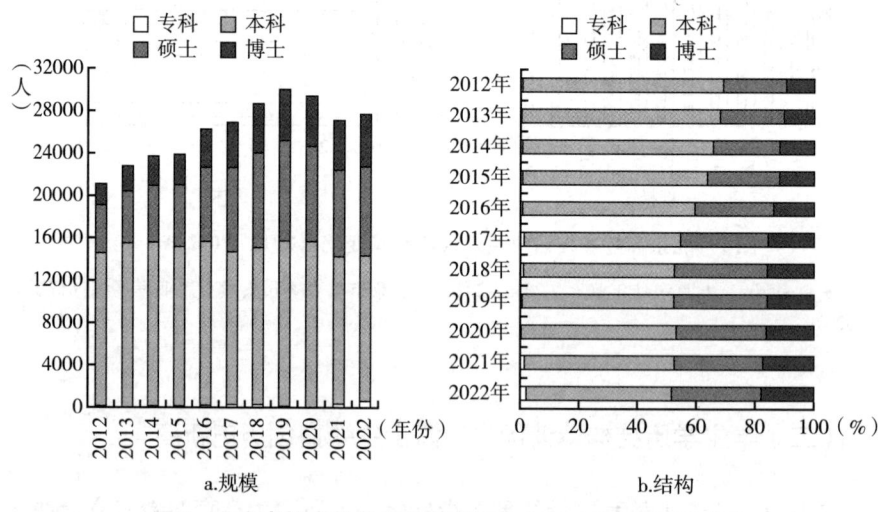

图2　北京高校在校留学生学历层次分布（2012~2022年）

资料来源：《北京统计年鉴》（2013~2022）；北京市教育委员会教育事业发展统计概况（2023）。

（三）生源地结构呈差异特征，地缘冲突影响有待缓和

从留学生的生源地分布来看，整体发展趋势以新冠疫情为拐点呈现差异化特征，后续发展仍将面对当前国际政治摩擦及反全球化浪潮带来的消极影响。从2012年到2019年，来自不同生源地的留学生数量均有不同程度的增加，其中增幅最高的是来自非洲的留学生，达到161.39%，增幅最低的是来自亚洲的留学生，为8.85%。来自欧洲（40.51%）、北美洲（26.79%）和大洋洲（12.99%）区域发达国家的留学生数量也有一定程度的增加。但是，新冠疫情打破了既定发展趋势，导致统计数据增长态势出现拐点，甚至陷入近十年最低水平。数据显示，从2012年到2022年，除来自非洲和南美洲的留学生人数整体实现增长外，来自其他生源地的留学生人数均出现了较大幅度的下降，特别是欧洲（下降62.22%）、北美洲（下降51.34%）和大洋洲（下降43.73%），即使是来自生源地占比最高的亚洲留学生，整体规模也下降了34.54%。特别是从2019年到2022年，降幅最高的是来自欧洲

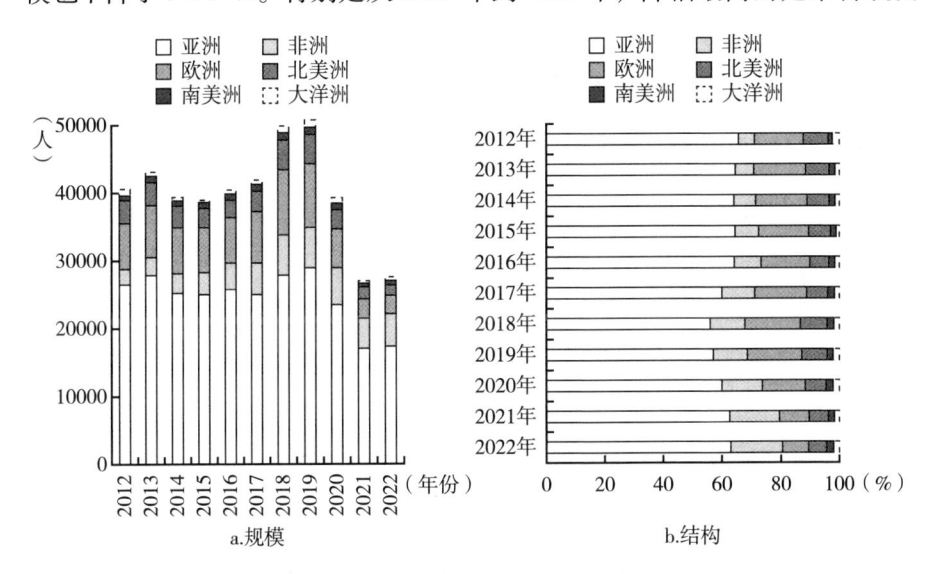

图3　北京高校在校留学生来源地分布（2012~2022年）

资料来源：《北京统计年鉴》（2013~2022）；北京市教育委员会教育事业发展统计概况（2023）。

的留学生（下降73.11%），降幅最低的是来自非洲的留学生（下降18.02%）。即使在新冠疫情逐渐消退的情况下，受其影响而甚嚣尘上的地缘冲突及意识形态对峙仍将在相当时期内对留学生教育发展产生负面作用。留学生规模整体上在2021年降低至近十年最低点，尽管在2022年开始缓慢复苏，但来自欧洲和北美洲的留学生数量仍然同比下降7.46%和5.08%。

三 北京高校留学生教育面临的挑战

在新发展格局下，北京高校留学生教育要积极响应国家发展战略面向，也要主动服务北京地区经济社会发展目标。中国经济社会发展水平稳步提升，是留学生教育持续发展的根本前提。但从外部环境来看，国际政治经济不确定因素增多，"一带一路"沿线地区生源质量有待提高，高等教育国际竞争进一步加剧，是新时期北京高校留学生教育发展面临的主要挑战。

（一）国际政治经济冲突明显

当前，全球经济深度调整，国际贸易形势严峻，区域发展不确定性因素增多，给学生跨国接受高等教育带来新的障碍。托马斯·弗里德曼（Thomas Friedman）曾经在《世界是平的》（The World is Flat）一书中描述21世纪初全球化进程给世界带来的重大变化，当他面对新冠疫情对人类社会发展进程产生的冲击时，用"公元前"（B.C.）和"公元后"（A.C.）的英文缩写一语双关地指出，世界的历史进程也被分割成了"新冠病毒前"（before Corona）和"新冠病毒后"（after Corona）两个阶段。① 新冠疫情加速了全球治理权力格局从垂直型向扁平型转变的趋势，以中国为首的发展中国家在世界政治经济版图中快速崛起，打破了霸权主义的垄断地位。但同时，中国

---

① Friedman T., "Out New Historical Divide: B.C. and A.C. – the World before Corona and the World after", https://www.nytimes.com/2020/03/17/opinion/coronavirus-trends.html.

也遭遇了西方国家展开的一系列经济封锁和政治孤立，一些国家以安全名义在经济政治领域构筑排他性小圈子，导致制造业回流、价值链缩短的趋势。① 即使疫情阴霾逐渐散去，产业链供应链价值链断裂的隐患仍在，核心技术"卡脖子"难题亟待解决。反全球化思潮不会改变全球化的既定趋势，但在一定程度上会改变全球产业链布局，产业链将日益呈现多元化特征。作为全球第二大经济体，中国拥有全球最大、最长且相对完整的产业链，但后疫情时代全球产业链重组将以区域化为特征，断供风险会促使更多国家尽可能将产业链布局在近距离区间，不同的区域会逐渐形成相对完整的生产供应体系。在一定时期内，这将对北京高校留学生教育的规模和结构带来影响。

（二）生源质量矛盾有待解决

从规模、质量、结构和效益的不同维度来看，实现留学生教育提质增效的长期发展目标任重道远，生源质量是当前阶段的主要矛盾。"一带一路"倡议对来华留学特别是吸引学历教育留学生具有明显促进效应，② 但沿线国家在全球高等教育学术体系中处于次边缘甚至边缘位置，教育水平偏低，人才储备不足，教育发展形势总体上依然严峻。数据显示，2021 年，撒哈拉以南非洲初中和高中的失学率分别高达 33.2% 和 47.8%，北非和西亚、中亚和南亚的高中失学率分别为 23.4% 和 38.9%，在大洋洲、拉丁美洲及加勒比海地区，1/5 适龄人口无法接受高中教育。③ 这些国家的优秀生源以发达国家的高等教育资源聚集城市作为主要留学目的地。④ 比较而言，来华留学入学门槛相对较低，对汉语语言基础要求不高，没有统一标准的考试，主

---

① 李晓华：《制造业全球产业格局演变趋势与中国应对策略》，《财经问题研究》2021 年第 1 期。
② 程立浩、刘志民：《"一带一路"倡议对来华留学的影响效应评估——兼论来华留学生教育高质量发展》，《高校教育管理》2022 年第 2 期。
③ UNESCO, "New Estimation Confirms Out-of-school Population is Growing in Sub-Saharan Africa", https://unesdoc.unesco.org/ark:/48223/pf0000382577.
④ Kritz M. M., "International Student Mobility and Tertiary Education Capacity in Africa", *International Migration*, 2015, 53 (1): 29-49.

要依靠高校通过材料审核制招生，缺少对学业能力和学术潜力的客观评价和考察审核，生源入口质量控制较弱，遴选机制有待完善。① 客观上，这是我国留学生教育在发展过程中不可避免的阶段性矛盾，也体现了作为我国扩大对外开放的重大战略，"一带一路"倡议对沿线国家人才发展策略的支撑作用。研究发现，留学生教育能够促进沿线国家人力资本积累，缓解生源地人口贫困问题，对中低收入国家的减贫效应尤其显著。② 但要看到，质量是留学生教育长期发展的根本保障，北京高校应健全相应质量保障制度，在培养过程中重视留学生教育质量。

（三）高等教育国际竞争加剧

主要国家加强对高等教育的投入和规划，对知识、技术和人才的竞争愈益激烈，高等教育多极化与区域化发展态势日渐显著，对北京高校吸引留学生提出了更高的要求。进入21世纪以来，高等教育阶段跨国流动学生规模持续扩大，北美洲和欧洲国家主导的流动模式发生明显转向，新兴教育枢纽逐渐发展为新的流动节点，这促使学生流动的网络更加密集。新兴国家及地区在网络中的连接数量和强度不断增加，这些国家在整个网络中的影响力也随着国家实力提升和跨国学生增加而不断扩大，影响力在网络中的分布更加广泛和均衡，学生跨国流动网络朝着多极化（Multipolarity）方向发展。③ 与此同时，在高等教育国际化进程中，政府干预日趋凸显，政治论色彩加深，吸引留学生被视为优先行动目标，世界一流大学建设已经成为攸关国家整体

---

① 蔡宗模、杨慷慨、张海生等：《来华留学教育质量到底如何——基于C大学"一带一路"来华留学教育的深描》，《清华大学教育研究》2019年第4期；周艳梅、周发强：《"一带一路"建设背景下印度来华留学教育发展与路径选择》，《南亚研究季刊》2021年第1期；胡瑞、尹河、朱伟静：《"一带一路"沿线国家来华留学生教育：现状、困境与策略》，《现代教育管理》2020年第5期。

② 谷媛媛、邱斌：《中国留学教育能否减少生源国人口贫困——基于"一带一路"沿线国家的实证研究》，《教育研究》2019年第11期。

③ Glass C. R., Cruz N. I., "Moving towards Multipolarity: Shifts in the Core-periphery Structure of International Student Mobility and World Rankings（2000-2019）", *Higher Education*, 2023, 85（2）: 415-435.

发展战略的重大事项。① 例如，东盟是中国最大的贸易伙伴，也是中国最大的对外投资地区，东南亚地区已经成为全球高等教育的新兴发展区域，以优质高等教育融入全球发展进程的理念和策略愈益清晰，高等教育区域一体化成为共识。《东盟2025社会文化共同体蓝图》指出，"以东盟高等教育的创新方法，促进东盟内外人员更多互动和交流，推动思想、知识、专业和技能的自由流动，为该区域注入活力"，同时"加强区域及全球合作，提升高等学校的质量和竞争力"。② 在多极化和区域化的发展趋势下，北京高校需要以更具竞争力和影响力的高等教育吸引留学生。

四 北京高校留学生教育的发展策略

新发展格局下，北京高校留学生教育提质增效应以促进国际循环、赋能国内循环作为服务面向。在政府主导、学校自主原则下，高校需要深度融入"一带一路"倡议，加强对沿线国家历史、国情和社会文化的研究，加强与沿线国家主要高校的合作，以留学生教育为抓手提高自身参与全球教育治理的能力，持续完善留学生教育质量保障及支持体系。

（一）推动"一带一路"沿线区域国别研究

随着中国走进世界舞台的中央，将有更多来自不同国家及地区的留学生来到北京高校学习，全面真实地了解"一带一路"沿线国家的历史、国情和社会文化，已经是当务之急。改革开放以来，外国问题研究对象主要集中在发达国家及周边国家，尚未充分覆盖世界多数国家和地区，尤其是对"一带一路"沿线国家的认识还不充分。在对外交流合作实践中，经常碰到

---

① 文雯、王嵩迪、常伶颖：《作为国家战略的高等教育国际化：一项多国比较研究》，《复旦教育论坛》2023年第1期。
② ASEAN Secretariat, "ASEAN Social-Cultural Community Blueprint 2025", https://www.asean.org/wp-content/uploads/2012/05/8.-March-2016-ASCC-Blueprint-2025.pdf.

的不是技术问题,而是认识问题,是认知隔阂,也就是相互不了解。① 与之相类似,无论是高校制定留学生教育培养方案,设置人才培养目标和课程内容体系,还是高校在趋同化管理中兼顾不同国家及地区留学生在宗教、文化、习俗等方面特殊的合理需求,提升留学生质量需要以对相应国家及地区做全面完整的研究作为基础。中国人民大学国家发展与战略研究院"一带一路"研究中心合作出版了一批"一带一路"区域国别丛书,从文化、安全和金融三个角度对沿线64个关键合作对象国进行了分类研究。② 北京外国语大学组织撰写并出版"一带一路"国家文化教育大系,介绍沿线国家的国情历史、文化传统、教育体系以及与我国的教育交流情况,不仅填补了国内相关研究领域的学术空白,还为理解"一带一路"沿线国家的历史传统和社会文化提供了窗口和视角。③ 在对"一带一路"沿线国家历史文化和现实国情的研究中,北京高校不仅要充分利用专业人员在语言、外交、政治、文化等跨学科领域的优势,而且要充分发挥留学生群体的积极作用,开展实证研究,将实地生活体验和历史文化传统充分结合。

(二)加强"一带一路"沿线高等教育合作

北京高校进一步加强与"一带一路"沿线高校在科研教学方面的合作,打造高等教育共同体,为沿线国家提供优质高等教育资源。自"一带一路"倡议提出以来,国内高校根据自身在学科基础、国际交流方面的优势,结合自身发展定位和国家战略方针,成立了一批"一带一路"高校联盟。目前,有五个高校联盟的发起方位于北京,其中有北京市属高校发起的高校联盟,如北京工业大学2017年牵头成立的"一带一路"中波大学联盟、北京建筑大学2017年牵头成立的"一带一路"建筑类大学国际联盟,也有中央部属高校发起的高校联盟,如北京大学2017年发起成立的中俄综合性大学联盟、

---

① 钱乘旦:《关于区域国别研究的几个问题》,《学海》2023年第1期。
② 《"一带一路"国别智库丛书促进交流互鉴　搭建互联互通桥梁》,http://nads.ruc.edu.cn/yjdt/4556d821b4664f7c9b30dcf69194e7e5.htm。
③ 刘捷:《"一带一路"国家文化教育大系评说》,《中华读书报》2021年8月4日。

中国农业大学 2018 年发起成立的"一带一路"南南合作农业教育科技创新联盟，还有高等教育学术性社会组织发起的高校联盟，如中国高等教育学会 2017 年发起成立的中巴经济走廊大学联盟。此外，北京高校在不同发展方向、学科背景的联盟中积极发挥交流作用，如中央民族大学、北京语言大学、北京第二外国语学院作为成员的丝绸之路大学联盟，首都医科大学加入的"一带一路"国际医学教育联盟等。研究发现，"一带一路"倡议所营造的积极政策环境和双边关系，是影响高校联盟合作最主要的因素。[①] 应以沿线国家及地区为重点，充分利用北京市友好城市网络资源，支持北京地区高校尤其是市属高校拓展合作领域，通过高校联盟展示北京高等教育教学及科研成果，以扎实的学术条件拓展教学科研共享空间，形成留学生教育的资源互通与利益互补机制。

（三）推进高校参与全球教育治理能力建设

积极参与全球教育治理，增强我国高等教育的国际影响力和话语权，必须以高校在教学、科研及社会服务等诸多方面的综合能力为基础。当前，教育对外开放正在经历从"参与"到"给予"的转型发展，当务之急是提高学校能力建设。[②] "一带一路"倡议及共建成果将为全球发展提供新动能，北京高等教育应在高水平对外开放中发挥纽带作用，一方面，加大与发达国家一流大学、科研机构的合作，借鉴先进办学理念和教学方法。另一方面，增强"一带一路"沿线高校及科研机构的交流，传播人才培养模式和经验。在新发展格局下，北京高校应以自身主干优势学科专业为基础，将传统学科专业的改造和新兴学科专业的打造与留学生教育提质增效紧密结合，构建具有北京特色的国际化教学资源体系。[③] 与此同时，随着"一带一路"沿线的

[①] 胡顺顺、姚威：《"一带一路"高校联盟合作影响因素研究——基于中国与沿线 68 个国家双边数据的分析》，《复旦教育论坛》2023 年第 2 期。
[②] 徐小洲、阚阅、冯建超：《面向 2035：我国教育对外开放的战略构想》，《中国高教研究》2020 年第 2 期。
[③] 刘霄：《服务国家战略 助力首都发展 提升北京高校人才培养水平》，《北京教育（高教）》2023 年第 1 期。

投资重点逐步从基础设施建设转向产业运营升级，处于产业链供应链不同位势的国家在人才需求方面呈现差异化特征，北京高校留学生教育应重视和加强"一带一路"专门人才培养。围绕"一带一路"倡议的核心问题开设投资咨询、工程建设、争议仲裁等方面的专业课程，建立起与在投、预投项目产业相关的学科知识框架，在通识课程中增加有助于沿线国家及地区积极参与共建的能力培养体系。以沿线国家重大议题为依托，开发高端人才培养项目，为留学生提供更多实习实践机会。提升高校内部治理能力，创建开放包容的留学生教育环境，克服宗教、文化、传统等方面差异带来的管理难题，满足不同留学生的学习需求。

（四）完善留学生教育质量保障及支持体系

留学生教育目前存在的质量矛盾以及随之而来的管理难点，是我国高等教育对外开放战略不断推进过程中难以避免的阶段性问题，提高留学生教育质量，打造"留学北京"品牌是一项长期任务。作为高等教育对外开放前沿阵地，北京高校在留学生教育方面积累了丰富经验，在教师外语水平、课程内容体系、教学方法手段等方面都进行了富有成效的探索。在新发展格局下，北京高校需系统构建并完善留学生教育质量保障体系，逐步提升入学门槛，加强过程考核，严把评价标准。在课堂教学、课业标准、学业考核等教育过程的重要环节落实趋同化管理原则，明确对"一带一路"沿线留学生的学业要求。学校应根据本校留学生的主要特点和需求，有针对性地丰富和完善质量保障体系的要素环节，持续改进留学生教育质量。与此同时，北京高校应加强对学业发展困难留学生的支持。作为学业共同体，高校应致力于提高每一名学生的自我效能和归属感，这对于提升学生的动机水平和学习结果具有积极作用。[①] 作为高等教育优质资源聚集之地，北京高校应凭借资源供给的整合性优势，加强对留学生学业发展过程的数据监测，以此为出发点

---

① Tinto V., "Exploring the Character of Student Persistence in Higher Education: the Impact of Perception, Motivation, and Engagement", in Reschly A. L., Christenson S. L., eds., *Handbook of Research on Student Engagement* (Cham: Springer, 2022), pp. 357-379.

制定和完善学业支持及干预模式，鼓励本地教师和学生发挥协作功能，提高学业发展困难留学生的学习动机和学业技能。这将有利于提高留学生教育质量，推进"留学北京"品牌建设，并且在教育策略机制方面发挥北京高校的示范和带动作用。

热 点 篇
Hot Topics Reports

B.9
北京高校教师满意度调查报告[*]

王 铭 王名扬[**]

摘 要： 2021年开展的北京高校教师满意度调查对象为9所本科高校和3所高职院校的290名研究生导师、369名本科生教师、134名高职教师。结果显示：高职教师的总体满意度＞本科生教师＞研究生导师；三类教师最满意的均是"校园安全"，最大压力均来自"科研"和"事务性工作"；教师均认为学生的"团队合作能力"、"自主学习能力"、"社会适应能力"和"责任心"、"主动性"得到提升；"教师评价""绩效考核""职业发展"等制度亟待完善；研究生导师和本科生教师更喜欢"线下教学"，高职教师喜欢"线上线下混合教学"；学校薪酬体系不能充分体现教师实际

---

[*] 基金项目：北京市教育科学"十四五"规划2023年度优先关注课题"市属高校分类发展动力机制研究"（项目编号：BCEA23003）、北京市教育科学"十三五"规划2020年度优先关注课题"基于大数据的市属高校学生发展质量监测研究"（项目编号：BEEA2020019）。

[**] 王铭，管理学博士，北京教育科学研究院高等教育科学研究所副研究员，主要研究方向为高等教育评估监测与改革发展；王名扬，管理学博士，北京外国语大学国际教育学院副院长、副教授，主要研究方向为高等教育质量保障。

工作付出，不太能接受"非升即走"的教师聘用制度；学校"后勤管理""课程设置"有待提升，研究生导师还对"教学设备""校区面积"，本科和高职教师对"科技创新"难以认可。

关键词： 满意度调查　北京高校教师　教师评价

2022 年，习近平总书记考察调研中国人民大学时指出，中国的大学要屹立于世界一流大学之林，必须把根基深深扎进中华文明沃土之中，要扎根中国大地，走出一条建设中国特色、世界一流大学的新路。建设世界一流的中国特色社会主义大学，培养社会主义建设者和接班人，必须有世界一流的大师，广大中青年教师应向老教授老专家学习，立志成为大先生，在教书育人和科研创新上不断创造新业绩。从"四有好老师"到"四个引路人"再到"大先生"，习近平总书记一直以来对广大高校教师饱含殷切期望，高等教育的五大职能必须由教师来教导和引领学生共同完成，广大教师在建设高质量高等教育体系中肩负重任，教师是决定世界一流大学和高质量高等教育体系建设的关键。

2021 年，北京教科院高教所作为"全国高校满意度调查"北京地区高校联络人开展相关工作。调查内容包括学生满意度和教师满意度两部分，学生满意度调查报告已于《北京高等教育发展研究报告（2022~2023）》中刊出。"教师满意度"在线调查对象包括研究生导师、本科生教师、高职院校教师，题目涉及教师在校的各方面体验和教师对学生的学习结果的看法等，通过对数据进行分析，能够从一个侧面反映出北京高等教育发展和质量状况。

一　调查方法

此次调查采取分层抽样，北京地区随机抽取 12 所高校，包括 9 所本科和 3 所高职院校，各校再根据教师名单进行随机抽样和问卷催答，保证抽样的有效性和填答回收率，具体抽样情况如表1所示。调查使用3套问卷，分别用于面向研究生导师、本科生教师和高职院校教师，由中国教育科学研究院统一设计。问卷采用在线填答方式，有关满意度的题目，均使用李克特7分法设计，7分为非常高，1分为非常低。以下数据统计及论述，皆通过样本推断得出。

表1 抽样情况

省份	学校	高职		本科		研究生	
		学生	教师	学生	教师	学生	导师
北京市12所	北京航空航天大学			140	50	80	40
	北京化工大学			140	50	80	40
	北京理工大学			140	50	80	40
	北京师范大学			140	50	80	40
	北京外国语大学			140	50	80	40
	华北电力大学			140	50	80	40
	中国人民公安大学			140	50	80	40
	北京城市学院			140	50	80	40
	中国石油大学（北京）			140	50	80	40
	北京电子科技职业学院	140	50				
	北京工业职业技术学院	140	50				
	北京信息职业技术学院	140	50				

二 研究生导师满意度

290份研究生导师问卷显示，导师群体总体满意度稍高于"一般"，感觉到"校园非常安全""研究生教育提升了学生的学术素养"；73.7%的导师支持本科生读研，广大研究生的"自主学习能力""逻辑思维能力""写作能力"得到了提高，"责任心""主动性"等品质得到提升；导师特别认可学校的"本科教育""教师水平"，学校迫切需要完善教师"评价""绩效考核""职业发展"等制度，研究生教育扩招后需要加强"经费投入""导师队伍建设"，"五唯"中最难破的是唯"帽子"；导师最在意自身的

"教学质量""研究能力";最大压力来自"科研",青年教师发展的有效路径是"课题/项目研究";最喜欢"线下教学"。

(一)背景信息

研究生导师有效问卷共有来自9所高校的290份,男性占57.2%,年龄在36~50岁区间居多,学历以博士研究生为主,技术职务中高级职称占比达82.1%,大部分工作10年及以上,42.4%拥有行政管理经历,34.5%为博导(见表2)。导师学科分布见表3,工学最多,占31.7%,其次是理学、文学、法学共占41%。

表2 被调查研究生导师背景信息

单位:%

项目	内容	频数	占比
性别	男	166	57.2
	女	124	42.8
年龄	35岁及以下	46	15.9
	36~50岁	168	57.9
	50岁以上	76	26.2
学历	大专	1	0.3
	大本	3	1.0
	硕士研究生	28	9.7
	博士研究生	258	89.0
技术职务	助教	4	1.4
	讲师/助理研究员	48	16.6
	副教授/副研究员	127	43.8
	教授/研究员	111	38.3
工作年限	3年以下	30	10.3
	3(含)~5年	43	14.8
	5(含)~10年	51	17.6
	10年及以上	166	57.2
行政管理经历	有	123	42.4
	没有	167	57.6
硕博导	博导	100	34.5
	硕导	190	65.6

表 3 导师学科分布

单位：%

学科	频数	占比	学科	频数	占比
法学	31	10.7	历史学	6	2.1
工学	92	31.7	文学	43	14.8
管理学	17	5.9	医学	4	1.4
教育学	15	5.2	艺术学	16	5.5
经济学	10	3.4	哲学	10	3.4
理学	45	15.5			

（二）总体满意度

"总体来说，您对我国高等教育满意吗？"，选择"非常满意"的较少，大部分的满意度处于4、5、6的区间，平均值为4.77（见表4）。

表 4 导师总体满意度

单位：%

满意度	频数	占比
1	7	2.4
2	10	3.5
3	26	9.0
4	54	18.7
5	109	37.7
6	68	23.5
7	15	5.2

具体方面从表5中可以发现，导师认为"校园安全工作"做得好，"研究生教育提升了学生的学术素养""课堂讨论对学生帮助"很大。同时，也认为学校薪酬体系不能充分体现教师实际工作付出，不太能接受"非升即走"的教师聘用制度，不太能感受到"双一流"建设的益处。

表 5 问卷调查各题目满意度情况排序

单位：%

序号	题目	满意度
1	学校的校园安全工作做得怎么样？	89.43
2	研究生教育是否提升了学生的学术素养？	85.57
3	研究生的课堂讨论对学生帮助大吗？	84.57
4	您愿意推荐亲友报考你们学校吗？	84.29
5	学校的思政教育效果如何？	84.14
6	学校里尽职尽责的导师多吗？	83.57
7	学校教师的教学水平如何？	81.43
8	研究生教育是否增强了学生服务国家发展的信念？	80.43
9	学校支持教育教学的信息化建设效果怎么样？	78.86
10	您觉得学校的就业指导工作做得好吗？	78.71
11	研究生课程内容学术前沿性强吗？	76.86
12	学校重视培养学生不断挑战自我的意识吗？	76.00
13	学生读研期间的实验/实践任务多吗？	75.00
14	学校为学生提供参与国际交流与合作的机会多吗？	74.86
15	学校里努力学习的学生多吗？	73.71
16	研究生专业教育中交叉学科/跨学科的学习或研究多吗？	72.00
17	研究生教育内容涉及国家重大需求多吗？	71.29
18	职称评审下放到学校后，职称的"含金量"会如何？	69.71
19	学校毕业规定中关于论文发表的要求高吗？	67.43
20	您能切实感受到"双一流"建设带来的益处吗？	61.00
21	您能接受"非升即走"的教师聘用制吗？	51.57
22	学校的教师薪酬体系能够充分体现教师的实际工作付出吗？	50.71
23	限制东部"挖人"能有效阻止中西部高校人才流失吗？	44.14

注：各题目的满意度计算方法为选项的平均值转化为百分数，下同。

（三）研究生能力与品质提升

"您更愿意支持大学生毕业后读研还是直接就业？"，73.7%的导师支持学生读研，26.3%的导师支持学生直接就业。"学生选研究生专业时，您认为最需要考虑的是？"，首选是学生兴趣，其后是国家需求、就业前景、学校的优势专业（见表6）。

表6 选专业最需要考虑的因素

单位：%

项目	勾选数	勾选占比	项目	勾选数	勾选占比
学生兴趣	233	80.34	已学专业背景	70	24.14
国家需求	164	56.55	学校排名	28	9.66
就业前景	140	48.28	家长资源	4	1.38
学校的优势专业	140	48.28	学习不费力	2	0.69
科技发展需要	86	29.66	他人建议	0	0.00

"您觉得经过研究生阶段的学习，学生哪些能力得到了很大提高？"，选择最多的是"自主学习能力"，占77.24%，其次是"逻辑思维能力""写作能力"，选择比较少的是"组织管理能力""外语能力""专注力""信息技术能力"（见表7）。

表7 研究生能力习得情况排序

单位：%

项目	勾选数	勾选占比	项目	勾选数	勾选占比
自主学习能力	224	77.24	社会适应能力	45	15.52
逻辑思维能力	114	39.31	口头表达能力	29	10.00
写作能力	101	34.83	信息技术能力	26	8.97
实践能力	95	32.76	专注力	20	6.90
批判创新能力	93	32.07	外语能力	16	5.52
团队合作能力	89	30.69	组织管理能力	13	4.48

"您觉得经过研究生阶段的学习，学生哪些品质得到了很大提升？"，选择最多的是"责任心"，说明经过研究生阶段的学习和训练，学生的"责任心""主动性""规则意识""坚韧""自信心"等得到普遍提升。同时，"勤俭""乐观""包容""好奇心"等有待提升（见表8）。

表8　研究生品质习得情况排序

单位：%

项目	勾选数	勾选占比	项目	勾选数	勾选占比
责任心	181	62.41	诚信度	42	14.48
主动性	180	62.07	尊重	31	10.69
规则意识	110	37.93	好奇心	26	8.97
坚韧	102	35.17	包容	22	7.59
自信心	90	31.03	乐观	10	3.45
集体意识	63	21.72	勤俭	6	2.07

（四）对学校的认可度

"您特别认可学校的方面是？"，选择较多的是"本科教学""教师水平""科研工作"；勾选占比较低的是"后勤管理""教学设备""课程设置""校区面积"等，说明高校需要加强后勤管理、教学设备等方面的工作（见表9）。

表9　认可学校方面排序

单位：%

项目	勾选数	勾选占比	项目	勾选数	勾选占比
本科教学	116	40.00	校园文化	37	12.76
教师水平	95	32.76	科技创新	36	12.41
科研工作	93	32.07	学生服务	36	12.41
学风	52	17.93	基础设施	35	12.07
专业质量	47	16.21	校友资源	33	11.38
校企合作	44	15.17	校区面积	28	9.66
学术氛围	42	14.48	课程设置	24	8.28
国际交流	40	13.79	教学设备	20	6.90
学校管理	37	12.76	后勤管理	8	2.76
研究生教育	37	12.76			

"与教师相关的制度方面，学校迫切需要完善的是？"，选择较多的是"教师评价制度""教师绩效考核制度""教师职业发展制度"等（见表10）。

表10 迫切需要学校完善的制度排序

单位：%

项目	勾选数	勾选占比	项目	勾选数	勾选占比
教师评价制度	137	47.24	教师聘用制度	55	18.97
教师绩效考核制度	133	45.86	研究成果转化制度	42	14.48
教师职业发展制度	120	41.38	教师继续教育制度	39	13.45
职称评审制度	109	37.59	教师援助制度	17	5.86
薪酬制度	103	35.52	教研室制度	14	4.83
带薪学术休假制度	87	30.00	教代会制度	11	3.79

"研究生教育规模扩大后，为保障质量最迫切需要加强的是？"，选择较多的是"加大对研究生学习和研究的经费投入""加强导师队伍遴选，加强导师培训""加强学风建设"（见表11）。

表11 扩展后急需加强的方面

单位：%

项目	勾选数	勾选占比
加大对研究生学习和研究的经费投入	204	70.34
加强导师队伍遴选,加强导师培训	200	68.97
加强学风建设	171	58.97
创新课程设计、教学内容和方式	114	39.31
加强论文外审工作	97	33.45
加强基础设施建设	72	24.83

"您觉得你们学校'五唯'中最难破的是？"，选择唯"帽子"的占比最高，其次是唯论文、唯项目（见表12）。

表 12 "五唯"中最难破的内容排序

单位：%

项目	频数	占比
唯学历	11	3.8
唯职称	24	8.3
唯"帽子"	122	42.1
唯论文	73	25.2
唯项目	59	20.3

（五）个人感受

问及"作为老师，您最在意的是？"，选择"教学质量"的最多，占73.45%，其次是"研究能力"，占68.62%，第三是"关心学生"，占48.97%（见表13）。

表 13 导师最在意的方面排序

单位：%

项目	勾选数	勾选占比	项目	勾选数	勾选占比
教学质量	213	73.45	学术影响	84	28.97
研究能力	199	68.62	职称	24	8.28
关心学生	142	48.97	社会资源	15	5.17
思想品质	98	33.79	行政职务	3	1.03
教学态度	87	30.00	学历	2	0.69

"您的最大压力来自？"，选择较多的三项分别是"科研""事务性工作""职称评审"，高校需要将教师从事务性工作中解脱出来（见表14）。

"您认为促进青年教师职业发展的有效路径是？"，选择较多的是"课题/项目研究"，其次是"出国研修/国内高访"，再次是"教研室团队支持"和"教师传帮带"（见表15）。

表 14 导师压力来源排序

单位：%

项目	勾选数	勾选占比	项目	勾选数	勾选占比
科研	186	64.14	照顾家庭	53	18.28
事务性工作	121	41.72	同行认可	31	10.69
职称评审	105	36.21	指导学生毕业论文	25	8.62
经济收入	96	33.10	同辈竞争	19	6.55
绩效考核	84	28.97	师生关系	9	3.10
教学	67	23.10	学历提升	3	1.03
职业发展	63	21.72			

表 15 促进青年教师职业发展的有效路径

单位：%

项目	勾选数	勾选占比	项目	勾选数	勾选占比
课题/项目研究	201	69.31	在职培训	58	20.00
出国研修/国内高访	162	55.86	攻读学位	41	14.14
教研室团队支持	125	43.10	挂职锻炼	36	12.41
教师传帮带	121	41.72	做博士后	29	10.00
参加学术会议	84	28.97	参加比赛	6	2.07

"比较而言，您更喜欢的教学方式是？"，首选是"线下教学"，占54.8%，其次是"线上线下混合教学"，占41.7%，很少人选择"线上教学"（见表16）。

表 16 更喜欢的教学方式

单位：%

项目	频数	占比
线上线下混合教学	121	41.7
线上教学	9	3.1
线下教学	159	54.8

三 本科生教师满意度

369份本科生教师问卷显示,总体满意度高于"一般",教师感受到"校园非常安全","本科教育对提升了学生综合素养帮助大";学生选择专业应该从兴趣出发,经过本科教育,学生的"自主学习能力""团队合作能力""社会适应能力"得到了提高,"规则意识""责任心""主动性""集体意识"等品质得到提升;特别认可学校的"本科教学""教师水平",学校迫切需要完善的是"职称评审""教师评价""绩效考核"等制度,"五唯"中最难破的是"唯论文";最在意自身"教学质量""研究能力",最大压力来自"科研""职称评审",促进青年教师发展的是"课题/项目研究""教师传帮带",更喜欢的教学方式是"线下教学",学校最需要提升的是"教学质量"。

(一)背景信息

共收到来自9所高校的有效问卷369份,女性占51.5%,年龄在36~50岁区间居多,学历以博士研究生为主,技术职务中级占44.7%、高级占52.1%,大部分工作10年及以上,67.2%没有行政管理经历,64%担任过班主任(见表17)。教师学科分布见表18,工学、文学、理学较多。

表17 本科生教师背景信息

单位:%

项目	内容	频数	占比
性别	男	179	48.5
	女	190	51.5
年龄	35岁及以下	115	31.2
	36~50岁	195	52.8
	50岁以上	59	16.0

续表

项目	内容	频数	占比
学历	大专	3	0.8
	大本	10	2.7
	硕士研究生	83	22.5
	博士研究生	273	74.0
技术职务	助教	12	3.3
	讲师/助理研究员	165	44.7
	副教授/副研究员	142	38.5
	教授/研究员	50	13.6
工作年限	3年以下	57	15.4
	3（含）~5年	49	13.3
	5（含）~10年	73	19.8
	10年及以上	190	51.5
行政管理经历	有	121	32.8
	没有	248	67.2
担任班主任	担任过	236	64.0
	没担任过	133	36.0

表18 本科生教师学科分布

单位：%

学科	频数	占比	学科	频数	占比
法学	34	9.2	历史学	8	2.2
工学	117	31.7	文学	63	17.1
管理学	19	5.1	医学	3	0.8
教育学	31	8.4	艺术学	21	5.7
经济学	13	3.5	哲学	11	3.0
理学	47	12.7			

（二）总体满意度

"总体来说，您对我国高等教育满意吗？"，选择"非常满意"的较少，满意度大部分处于4、5、6的区间，平均值为5.0，略高于研究生导师群体（见表19）。

表19 总体满意情况

单位：%

满意度	频数	占比
1	8	2.2
2	8	2.2
3	25	6.8
4	66	17.9
5	116	31.4
6	117	31.7
7	27	7.3

从表20中可以发现，本科生教师认为"校园安全工作"做得好，"本科教育对提升学生综合素养帮助大"，"如果有课题，愿意本科生参与研究"。同时，也认为不太能接受"非升即走"的教师聘用制度，学校薪酬体系不能充分体现教师实际工作付出，不太能感受到"双一流"建设的益处。

表20 问卷调查各题目满意度情况排序

单位：%

序号	题目	满意度
1	学校的校园安全工作做得怎么样？	90.29
2	您认为本科教育对提升学生综合素养帮助大吗？	85.57
3	如果您有课题，愿意本科生参与研究吗？	85.29
4	您愿意推荐亲友报考你们学校吗？	84.43
5	您认为你们学校的思政教育效果如何？	83.57
6	您觉得学校的就业指导工作做得好吗？	83.57
7	您觉得学校教师的教学水平如何？	83.00
8	您觉得学校里尽职尽责的老师多吗？	82.86
9	您认为本科教育增强了学生的家国情怀吗？	81.29
10	学校为学生提供开阔国际视野的机会多吗？	80.29
11	学校里努力学习的学生多吗？	79.00
12	学校支持教育教学的信息化建设效果怎么样？	78.57
13	您认为学校的课程内容能充分体现本专业的新知识/新动态吗？	77.43

续表

序号	题目	满意度
14	您认为学校安排的实验/实践课程足够吗？	77.00
15	您认为学校重视培养学生不断挑战自我的意识吗？	75.43
16	您认为学校的公共选修课能满足学生的需求吗？	75.43
17	教师分为教学型、教学科研型、科研型有助于教师发展吗？	74.86
18	您觉得专业课程的理论部分学生掌握得好吗？	73.71
19	如果学生可以从普通本科院校转入职业本科院校学习，您支持吗？	70.71
20	职称评审下放到学校后，您觉得职称的"含金量"会如何？	70.57
21	您能切实感受到国家/省级"双一流"建设带来的益处吗？	52.57
22	你们学校的教师薪酬体系能够充分体现教师的实际工作付出吗？	50.00
23	您能接受"非升即走"的教师聘用制吗？	47.86
24	限制东部"挖人"能有效阻止中西部高校人才流失吗？	38.43

（三）学生能力与品质提升

"学生选本科专业时，您认为最需要考虑的是？"，首选是学生兴趣，其后是国家需求、学校的优势专业和科技发展需要（见表21）。

表21 选择专业考虑的因素

单位：%

项目	勾选数	勾选占比	项目	勾选数	勾选占比
学生兴趣	325	88.08	学校排名	50	13.55
国家需求	222	60.16	家长资源	15	4.07
学校的优势专业	218	59.08	学习不费力	6	1.63
科技发展需要	156	42.28	高中老师建议	0	0.00
容易找工作	107	29.00			

"经过大学四年学习，您觉得学生哪些能力得到了很大提高？"，选择最多的是"自主学习能力"，占76.15%，其后是"团队合作能力""社会适应能力""实践能力"，选择比较少的是"专注力""写作能力""组织管理能力""外语能力""批判创新能力"（见表22）。

表 22 学生能力习得排序

单位：%

项目	勾选数	勾选占比	项目	勾选数	勾选占比
自主学习能力	281	76.15	口头表达能力	71	19.24
团队合作能力	141	38.21	批判创新能力	66	17.89
社会适应能力	124	33.60	外语能力	48	13.01
实践能力	124	33.60	组织管理能力	36	9.76
逻辑思维能力	109	29.54	写作能力	18	4.88
信息技术能力	72	19.51	专注力	10	2.71

"经过大学四年学习，您觉得学生哪些品质得到了很大提升？"，选择最多的是"规则意识"，其次是"责任心""主动性"等，说明经过本科学习和训练，学生的"规则意识""责任心""主动性""集体意识"等得到普遍提升。同时，"勤俭""乐观""好奇心"等有待提升（见表23）。

表 23 学生品质习得排序

单位：%

项目	勾选数	勾选占比	项目	勾选数	勾选占比
规则意识	193	52.30	坚韧	60	16.26
责任心	179	48.51	诚信度	50	13.55
主动性	177	47.97	尊重	49	13.28
集体意识	166	44.99	好奇心	33	8.94
自信心	108	29.27	乐观	16	4.34
包容	62	16.80	勤俭	5	1.36

（四）对学校的认可度

"您特别认可学校的方面是？"，选择较多的是"本科教学""教师水平""科研工作"；勾选占比较低的是"后勤管理""研究生教育""科技创新""课程设置"等，说明高校需要加强以上方面的工作（见表24）。

表24 认可学校方面排序

单位：%

项目	勾选数	勾选占比	项目	勾选数	勾选占比
本科教学	148	40.11	校友资源	49	13.28
教师水平	108	29.27	学术氛围	44	11.92
科研工作	94	25.47	学校管理	43	11.65
基础设施	68	18.43	教学设备	43	11.65
专业质量	66	17.89	学生服务	41	11.11
学风	66	17.89	课程设置	36	9.76
校园文化	61	16.53	科技创新	30	8.13
国际交流	53	14.36	研究生教育	25	6.78
校企合作	53	14.36	后勤管理	21	5.69
校区面积	49	13.28			

"与教师相关的制度方面，学校迫切需要完善的是？"，选择较多的是"职称评审制度""教师评价制度""教师绩效考核制度""教师职业发展制度"等（见表25）。

表25 迫切需要学校完善的制度排序

单位：%

项目	勾选数	勾选占比	项目	勾选数	勾选占比
职称评审制度	193	52.30	教师聘用制度	59	15.99
教师评价制度	177	47.97	教师继续教育制度	46	12.47
教师绩效考核制度	176	47.70	研究成果转化制度	38	10.30
教师职业发展制度	134	36.31	教研室制度	26	7.05
薪酬制度	123	33.33	教师援助制度	26	7.05
带薪学术休假制度	86	23.31	教代会制度	12	3.25

"您觉得你们学校'五唯'中最难破的是？"，选择"唯论文"的占比最高，其次是唯"帽子"、唯项目（见表26）。

表26 五唯中最难破解的选择

单位：%

项目	频数	占比
唯学历	16	4.3
唯职称	54	14.6
唯"帽子"	107	29.0
唯论文	125	33.9
唯项目	65	17.6

（五）个人感受

问及"作为老师，您最在意的是？"，选择"教学质量"的最多，占83.20%，其次是"研究能力"，占45.26%，第三是"教学态度"，占43.90%（见表27）。

表27 教师最在意的方面排序

单位：%

项目	勾选数	勾选占比	项目	勾选数	勾选占比
教学质量	307	83.20	学术影响	82	22.22
研究能力	167	45.26	职称	58	15.72
教学态度	162	43.90	社会资源	14	3.79
关心学生	159	43.09	行政职务	3	0.81
思想品质	148	40.11	学历	1	0.27

"您的最大压力来自？"，选择较多的三项分别是"科研""职称评审""事务性工作"，说明与本科生教师最相关的科研和职称评审是最大压力来源（见表28）。

"您认为促进青年教师职业发展的有效路径是？"，选择较多的是"课题/项目研究"，其后是"教师传帮带""出国研修/国内高访""教研室团队支持"（见表29）。

表28 导师压力来源排序

单位：%

项目	勾选数	勾选占比	项目	勾选数	勾选占比
科研	224	60.70	照顾家庭	61	16.53
职称评审	189	51.22	科研成果转化	32	8.67
事务性工作	177	47.97	指导学生毕业论文	15	4.07
绩效考核	117	31.71	同行认可	12	3.25
职业发展	92	24.93	学历提升	12	3.25
教学	79	21.41	师生关系	11	2.98
健康状况	73	19.78			

表29 促进青年教师职业发展的有效路径

单位：%

项目	勾选数	勾选占比	项目	勾选数	勾选占比
课题/项目研究	231	62.60	参加学术会议	81	21.95
教师传帮带	185	50.14	挂职锻炼	53	14.36
出国研修/国内高访	183	49.59	攻读学位	45	12.20
教研室团队支持	178	48.24	做博士后	23	6.23
在职培训	99	26.83	参加比赛	18	4.88

"比较而言，您更喜欢的教学方式是？"，首选是"线下教学"，占52.6%，其次是"线上线下混合教学"，占44.7%，很少人选择"线上教学"（见表30）。

表30 喜欢的教学方式

单位：%

项目	频数	占比
线上线下混合教学	164	44.4
线上教学	10	2.7
线下教学	193	52.3

"您认为以下三项中你们学校最需要提升的从高到低排序是？"，排在首位的是"教学质量"，其后是"教师质量""教材质量"。

四　高职院校教师满意度

134份高职教师问卷显示，总体满意度接近"比较满意"，教师感受到"校园非常安全"，"会向有意愿的亲友推荐本校"；学生的"实践能力""团队合作能力""社会适应能力"，得到提高，"责任心""规则意识"等品质得到提升，学生选择专业应该最先考虑"就业前景"，建议未来选择"职业本科教育"；特别认可学校的"教学设备""教师水平"，学校迫切需要完善的是"职业发展""绩效考核""教师评价"等制度，"五唯"中最难破的是"唯论文"，学校的就业指导工作做得"比较好"；最在意自身"教学质量""教学态度"，最大压力来自"科研"，促进青年教师发展首要的是"在职培训""教师传帮带""课题/项目研究"，更喜欢的教学方式是"线上线下混合教学"，学校最需要提升的是"教学质量"。

（一）背景信息

共有来自3所高职高校的134份有效问卷，女性占64.2%，年龄在36~50岁区间居多，学历以硕士研究生为主，技术职务中副高级职称占47.8%，中级职称占43.3%，大部分工作10年及以上，88.1%有担任班主任的经历，84.3%为"双师型"教师（见表31）。教师学科分布见表32，工学最多，占52.2%，其后是教育学（9.0%）、理学（8.2%）、管理学（8.2%）。

表31　被调查教师背景信息

单位：%

项目	内容	频数	占比
性别	男	48	35.8
	女	86	64.2
年龄	35岁及以下	10	7.5
	36~50岁	101	75.4
	50岁以上	23	17.2

续表

项目	内容	频数	占比
学历	大专	2	1.5
	大本	47	35.1
	硕士研究生	69	51.5
	博士研究生	16	11.9
技术职务	助教	4	3.0
	讲师/助理研究员	58	43.3
	副教授/副研究员	64	47.8
	教授/研究员	8	6.0
工作年限	3年以下	9	6.7
	3（含）~5年	5	3.7
	5（含）~10年	18	13.4
	10年及以上	102	76.1
班主任	担任过	118	88.1
	没有担任过	16	11.9
"双师型"教师	是	113	84.3
	不是	21	15.7

表32 教师学科分布

单位：%

学科	频数	占比	学科	频数	占比
法学	5	3.7	农学	1	0.7
工学	70	52.2	历史学	0	0.0
管理学	11	8.2	文学	10	7.5
教育学	12	9.0	医学	2	1.5
经济学	4	3.0	艺术学	4	3.0
理学	11	8.2	哲学	1	0.7

（二）总体满意度

"总体来说，您对我国高等教育满意吗？"，选择"不满意"的较少，满意度大部分处于6、5、7的区间，平均值为5.69，高于本科生教师、研究生导师（见表33）。

表 33 对我国高等教育满意度

单位：%

满意度	频数	占比
1	0	0.0
2	1	0.7
3	1	0.7
4	16	11.9
5	33	24.6
6	53	39.6
7	30	22.4

从表34可以发现，高职教师认为"校园安全工作"做得好，"会推荐有意向就读高职的亲友报考本学校"，"尽职尽责的教师多"。同时，也认为不太能接受"非升即走"的教师聘用制度，学校薪酬体系不能充分体现教师实际工作付出。

表 34 问卷调查各题目满意度情况排序

单位：%

序号	题目	满意度
1	学校的校园安全工作做得怎么样？	93.00
2	您愿意推荐有意向读高职的亲友报考你们学校吗？	90.14
3	您觉得学校里尽职尽责的老师多吗？	89.57
4	高职教育对提升学生的职业素养帮助大吗？	89.14
5	学校支持教育教学的信息化建设效果怎么样？	88.43
6	学校安排的实训/实习等操作课程足够吗？	87.71
7	学校的思政教育效果如何？	87.00
8	学校的课程内容充分反映了行业发展的新知识/技术/工艺/方法吗？	87.00
9	高职教育是否增强了学生成为"能工巧匠"的信念？	85.29
10	您觉得学校的就业指导工作做得好吗？	85.14
11	学校重视培养学生不断挑战自我的意识吗？	84.86
12	参与学校人才培养的企业多吗？	84.29
13	来自行业企业的教师教学水平高吗？	84.14
14	您能切实感受到国家/省级"双高"建设给学校带来的益处吗？	84.14

续表

序号	题目	满意度
15	您觉得你们学校教师的应用技术研发能力怎么样？	77.57
16	学校为学生提供开阔国际视野的机会多吗？	77.43
17	学校安排学生参与企业技改/工艺创新的活动多吗？	76.71
18	您觉得专业课程的理论部分学生掌握得好吗？	76.57
19	学校与普通高校在教育教学方面的合作多吗？	74.86
20	您赞同普通本科和高等职业学校在入学考试招生上进行区分吗？	73.71
21	学校里努力学习的学生多吗？	69.71
22	职称评审下放到学校后，您觉得职称的"含金量"会如何？	69.71
23	你们学校的教师薪酬体系能够充分体现教师的实际工作付出吗？	59.86
24	您能接受"非升即走"的教师聘用制吗？	47.14
25	限制东部"挖人"能有效阻止中西部高校人才流失吗？	42.86

（三）学生能力与品质提升

"您觉得经过高职三年学习，学生哪些能力得到了很大提高？"，选择最多的是"实践能力"，占79.85%，其后是"团队合作能力""社会适应能力"，选择比较少的是"外语能力""专注力""写作能力"（见表35）。

表35 学生能力习得排序

单位：%

项目	勾选数	勾选占比	项目	勾选数	勾选占比
实践能力	107	79.85	口头表达能力	15	11.19
团队合作能力	77	57.46	组织管理能力	11	8.21
社会适应能力	75	55.97	批判创新能力	8	5.97
信息技术能力	49	36.57	外语能力	3	2.24
自主学习能力	37	27.61	专注力	2	1.49
逻辑思维能力	16	11.94	写作能力	2	1.49

"您觉得经过高职三年学习，学生哪些品质得到了很大提高？"，选择最多的是"责任心""规则意识""集体意识"，同时，"勤俭""好奇心""坚韧"等有待提升（见表36）。

表36 学生品质习得排序

单位：%

项目	勾选数	勾选占比	项目	勾选数	勾选占比
责任心	85	63.43	乐观	20	14.93
规则意识	83	61.94	尊重	17	12.69
集体意识	73	54.48	包容	14	10.45
主动性	36	26.87	坚韧	11	8.21
自信心	30	22.39	好奇心	4	2.99
诚信度	28	20.90	勤俭	1	0.75

"如果学生有可能继续接受本科教育，您更支持其接受职业本科教育还是普通本科教育？"，选择"职业本科教育"占82.8%，选择"普通本科教育"的占17.2%，因此，高职教师更加推荐高职学生毕业后继续攻读职业本科（见表37）。

表37 选择职业本科教育还是普通本科教育

单位：%

项目	频数	占比
职业本科教育	111	82.8
普通本科教育	23	17.2

"学生选高职专业时，您认为最需要考虑的是？"，首选是"就业前景"，其后是"学生兴趣""学校的优势专业"，说明高职教师更面向就业实际（见表38）。

表38 选择高职专业需要考虑的因素

单位：%

项目	勾选数	勾选占比	项目	勾选数	勾选占比
就业前景	112	83.58	已学专业背景	17	12.69
学生兴趣	91	67.91	学校排名	10	7.46
学校的优势专业	73	54.48	高中/中职老师建议	8	5.97
国家需求	52	38.81	家长资源	7	5.22
科技发展需要	27	20.15	学习不费力	5	3.73

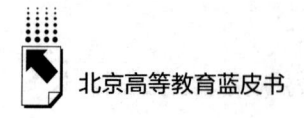

（四）对学校的认可度

"您特别认可学校的方面是？"，选择较多的是"教学设备""教师水平""教学质量"；勾选占比较低的是"学术氛围""科技创新""校友资源"等，说明高职院校需要加强以上方面的工作（见表39）。

表39　认可学校方面排序

单位：%

项目	勾选数	勾选占比	项目	勾选数	勾选占比
教学设备	59	44.03	学生服务	16	11.94
教师水平	57	42.54	国际交流	15	11.19
教学质量	56	41.79	课程设置	12	8.96
基础设施	38	28.36	后勤管理	8	5.97
校企合作	36	26.87	科研工作	7	5.22
专业质量	23	17.16	学风	6	4.48
学校管理	22	16.42	校友资源	3	2.24
校园文化	21	15.67	科技创新	3	2.24
校区面积	19	14.18	学术氛围	1	0.75

"与教师相关的制度方面，学校迫切需要完善的是？"，选择较多的是"教师职业发展制度""教师绩效考核制度""教师评价制度"等（见表40）。

表40　迫切需要学校完善的制度

单位：%

项目	勾选数	勾选占比	项目	勾选数	勾选占比
教师职业发展制度	86	64.18	教师聘用制度	22	16.42
教师绩效考核制度	56	41.79	研究成果转化制度	21	15.67
教师评价制度	53	39.55	带薪学术休假制度	19	14.18
职称评审制度	48	35.82	教研室制度	11	8.21
薪酬制度	40	29.85	教师援助制度	10	7.46
教师继续教育制度	28	20.90	教代会制度	8	5.97

"您觉得你们学校'五唯'中最难破的是?",选择"唯论文"的占比最高,其后是唯职称、唯"帽子"(见表41)。

表41 "五唯"中最难破解的选择

单位:%

项目	频数	占比
唯学历	13	9.7
唯职称	34	25.4
唯"帽子"	19	14.2
唯论文	51	38.1
唯项目	17	12.7

"您觉得学校的就业指导工作做得好吗?",选择"差"的较少,大部分打分分值处于7、6、5的区间,平均值为5.96(见表42)。

表42 就业指导工作打分

单位:%

打分	频数	占比
1	0	0.0
2	1	0.7
3	2	1.5
4	14	10.4
5	21	15.7
6	43	32.1
7	53	39.6

(五)个人感受

问及"作为老师,您最在意的是?",选择"教学质量"的最多,占82.84%,其次是"教学态度",占61.19%,第三是"关心学生",占52.99%(见表43)。

表 43 教师最在意的方面排序

单位：%

项目	勾选数	勾选占比	项目	勾选数	勾选占比
教学质量	111	82.84	职称	20	14.93
教学态度	82	61.19	社会资源	17	12.69
关心学生	71	52.99	学术影响	13	9.70
思想品质	56	41.79	学历	1	0.75
研究能力	31	23.13	行政职务	0	0.00

"您的最大压力来自？"，选择较多的三项分别是"科研"、"事务性工作"和"职业发展"，高校需要将教师从事务性工作中解脱出来，畅通高职教师职业发展路径（见表44）。

表 44 教师压力来源排序

单位：%

项目	勾选数	勾选占比	项目	勾选数	勾选占比
科研	80	59.70	照顾家庭	17	12.69
事务性工作	77	57.46	学历提升	11	8.21
职业发展	62	46.27	师生关系	5	3.73
职称评审	54	40.30	同行认可	5	3.73
经济收入	33	24.63	获取职业资格证	4	2.99
绩效考核	27	20.15	同辈竞争	3	2.24
教学	20	14.93	指导学生毕业论文	2	1.49

"您认为促进青年教师职业发展的有效路径是？"，选择较多的是"在职培训""教师传帮带""课题/项目研究"，因此，高职教师与本科生教师、研究生导师的职业发展路径明显不同（见表45）。

"比较而言，您更喜欢的教学方式是？"，首选是"线上线下混合教学"，占67.9%，其次是"线下教学"，占29.9%，选择"线上教学"较少（见表46）。

表 45 促进青年教师职业发展的有效路径

单位：%

项目	勾选数	勾选占比	项目	勾选数	勾选占比
在职培训	84	62.69	挂职锻炼	40	29.85
教师传帮带	59	44.03	参加学术会议	27	20.15
课题/项目研究	53	39.55	参加比赛	24	17.91
出国研修/国内高访	48	35.82	攻读学位	21	15.67
教研室团队支持	44	32.84	做博士后	2	1.49

表 46 更喜欢的教学方式

单位：%

教学方式	频数	占比
线上线下混合教学	91	67.9
线上教学	3	2.2
线下教学	40	29.9

"您认为以下三项中你们学校最需要提升的从高到低排序是？"，排在首位的是"教学质量"，其后是"教师质量""教材质量"。

五 问题与对策建议

（一）存在的问题

从问卷调查数据分析得出，三个阶段类型的教师存在的共性问题包括以下几方面。

第一，与"教师评价""绩效考核""职业发展""职称评审"相关的满意度较低，学校需要完善"教师评价""绩效考核""职业发展""职称评审"等方面制度。

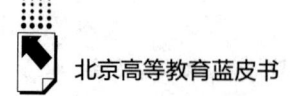

第二，在具体的描述性选项方面，样本教师表示，学校薪酬体系不能充分体现教师实际工作付出；不太能接受"非升即走"的教师聘用制度；研究生导师和本科生教师不太能感受到"双一流"建设的益处。

第三，关于破"五唯"，样本教师认为，"五唯"中最难破的是"论文"和"帽子"；这表明目前破"五唯"工作仍不彻底，唯"论文"和唯"帽子"的情况仍然存在并困扰教师日常工作、精力分配和绩效考核。

第四，教师们的压力主要来自"科研""事务性工作""职称评审""职业发展"，目前普遍认为高校教师压力较大，调查表明压力来源于科研、职评和发展；教师认为学校的"后勤管理""课程设置"亟待提升；本科和高职教师认为学校迫切需要提升的是"教学质量"。

除此之外，不同阶段类型教师遇到的特殊问题如下。

研究生导师不太认可学校的"校区面积""教学设备"。即使经过研究生教育，研究生的"外语能力""专注力""信息技术能力"等能力和"勤俭""乐观""包容""好奇心"等品质均有待提升。

本科生教师不太认可学校的"科技创新"，经过本科教育，本科生的"专注力""写作能力"等能力和"勤俭""乐观""好奇心"等品质仍有待提升。

高职教师不太认可学校的"学术氛围""科技创新""校友资源""学风"等。高职生的"写作能力""专注力""外语能力"等能力和"勤俭""好奇心""坚韧"等品质有待提升。

以上问题，特别是教师评价、职称评审、工作量考核、成效考察等方面涉及教师利益与发展的制度问题，是影响教师整体满意度的主要因素。

（二）对策建议

一是北京地区应自主开展高校教师满意度调查，结合北京高等教育发展特点、特色、热点和重点开发调查工具，进行大规模、常态化测量，在此基础上，了解学生和教师的实时体验、感受、问题和成就，并进行分析研究解决。

二是研究探索如何完善相关制度。教师认为"能够体现实际付出的薪酬体系"、"非升即走"聘用制度、"教师评价"、"绩效考核"、"职业发展"、"职称评审"等制度,需要不断完善和合理化。要运用访谈等研究方法,开展专题深入研究,探索如何破解上述制度难题。

三是不同阶段青年教师需要不同发展路径,研究生教育阶段"课题/项目研究""出国研修/国内高访",本科教育阶段"课题/项目研究""教师传帮带",高职教育阶段"在职培训""教师传帮带"是不同阶段类型青年教师发展路径的重点。另外,要重视"教研室团队支持""教师传帮带"的作用和以制度的形式保障开展效果。

四是根据教师意见通过课程教学改革来提高学生能力。研究生需要提升"外语能力""专注力""信息技术能力"等,本科生需要提升"专注力""写作能力"等,高职生需要提升"写作能力""专注力""外语能力"。一方面,应开设写作类专门课程,提高毕业论文写作、公文写作、研究报告写作能力,为毕业、就业、升学做准备。另一方面,提高课程对于能力培养的针对性,改革教师课程教学方式,着重提高外语等方面的能力训练和指导,提高与职业工作相关的写作能力,增强听读说写的素养和专注力。

五是根据教师意见通过课程教学改革来培养学生的"勤俭""乐观""好奇心""坚韧"等品质。教师培养学生品质,需要教师首先具备相关品质,然后通过课程,类似"课程思政"的方式,进行品质和价值观的传导、培养、灌输。"好奇心"是创新、探索和发现的来源,高校应研究如何保持和提升学生的"好奇心"和创新意识,培养学生的"好奇心"。增强"勤俭节约"方面的教育。培养学生的"乐观""坚韧"精神,遇到挫折能够积极应对并最终克服。

六是对于教师不认可的方面,首先,需要进一步探究"后勤管理""课程设置"中存在的问题和表现,根据问题寻找解决办法,提高后勤管理水平,增强舒适性与人性化程度。其次,"校园面积"是北京高校的老问题,在本科生迁出、老校区开展研究生教育的背景下,研究生导师同研究生一样不能认可"校园面积"是出现的新情况,因此,校园面积是北京高等教育难以绕开的一个题目,需要借鉴其他省市经验,从全市高度对全部高校统一开展中长期规划设计,彻底解决困扰首都高等教育几十年的难题。提升"教学设备"利用的便利程度和维护维修水平。通过产教融合、校企合作等,提升学校的"科技创新"水平。增强高职院校的"学术氛围"和"学风"。

B.10
北京高校大学生灵活就业状况调查报告

韩春光 赵雅平[*]

摘 要： 随着数字经济和平台经济等新业态的发展，以及互联网等现代信息网络技术变革，灵活就业日益成为社会关注的就业形式，高校毕业生从事灵活就业呈现不断增长的态势。本文基于北京高校毕业生灵活就业调查数据，分析灵活就业意愿特征及影响因素。研究发现：近13%的被访者有较强的灵活就业选择意愿，灵活就业在性别、学历、生源地区等不同的群体之间存在一定的差异。国家的灵活就业政策、从事灵活就业的满意程度、家人和朋友的支持力度均对灵活就业意愿产生影响，这对大学生灵活就业政策的宣传、执行和激励机制的完善有一定意义。

关键词： 大学生 灵活就业 就业意愿

一 引言

目前，正规就业占比持续下降。在我国工薪就业群体中只有45%是全

---

[*] 韩春光，天津大学在读博士，北京高校大学生就业创业指导中心副研究员，主要研究方向为高校大学生就业创业；赵雅平，首都经济贸易大学硕士研究生，主要研究方向为高校大学生就业创业。

日制稳定雇员，剩下55%的不是兼职就是临时就业。① 国际劳工组织的报告显示，传统的工作模式正在发生改变，世界平均只有23.3%的青年从事传统的正规就业工作。发达国家与发展中国家的差异显著，发达国家青年正规就业的比例高达80.8%，而发展中国家青年正规就业的比例仅为3.2%。各国生产率的提高快于劳动力收入的增长，且生产率和劳动力收入的离散化趋势增强，这预示着就业的形式将会更加灵活，灵活就业、自由职业、自主创业的比例将不断增加。②《2019年中国灵活用工发展白皮书》显示，91.80%的劳动者愿意从事灵活就业岗位，68.70%的企业在未来会采用灵活用工。2020年，中国灵活就业从业人员规模达2亿左右，成为吸纳就业的蓄水池。其中，2020届、2021届全国高校毕业生的灵活就业率均超过16%。③

从我国就业市场变迁过程看，灵活就业经历了一个从原有体制向外扩张的过程。④ 在改革开放之前，城镇居民就业是以普遍就业和单位保障为特征，属于正规化就业，改革开放后，大量农村转移劳动力进入城镇，加上城镇下岗以及去产能再就业职工，传统的正规渠道无法解决不断增长的就业需求，灵活就业成为就业困难群体就业的新途径。一方面，市场经济为新业态发展提供就业新空间；另一方面，互联网等现代信息网络技术变革，为劳动者自主就业提供灵活性大、自由度高的就业选择。近年来，高校毕业生就业相对保持稳定，随着数字经济和平台经济等新业态的发展，大学生从事灵活就业呈现不断增长的态势。

我国一直鼓励和支持灵活就业，在推动就业、提升就业能力和权益保障等多个方面出台了不少政策措施。2001年，第"十个"五年规划中提出将发展灵活就业作为解决就业问题的手段之一。《就业促进法》（2007年）、第"十三个"五年规划（2016年）都明确指出，加强对灵活就业新就业形

---

① 岳昌君、夏洁、邱文琪：《2019年全国高校毕业生就业状况实证研究》，《华东师范大学学报》（教育科学版）2020年第4期。
② 国际劳动组织：《2015年世界就业与社会展望》，2015。
③ 方伟：《关注灵活就业大学生群体》，《中国青年报》2021年10月18日。
④ 莫荣：《中国就业发展报告（2021）》，社会科学文献出版社，2021。

态的支持。2020年7月，国家发改委、商务部等十三部门联合发布《关于支持新业态新模式健康发展激活消费市场带动扩大就业的意见》，提出支持微商电商、网络直播等多样化的自主就业、分时就业，支持建立灵活就业、"共享用工"服务平台。同时，国务院发布《关于支持多渠道灵活就业的意见》，取消涉及灵活就业的行政事业性收费，把灵活就业岗位供求信息纳入公共就业服务范围，免费发布供求信息，将支持灵活就业作为稳就业和保居民就业的重要举措。2021年，人社部等八部门提出了《关于维护新就业形态劳动者劳动保障权益的指导意见》，组织开展平台灵活就业人员职业伤害保障试点，切实维护新就业形态劳动者劳动保障权益。这些政策制度的规定，为从事灵活就业毕业生提供了就业保障。

二 灵活就业意愿含义及影响因素

灵活就业最早源自国际劳工组织提出的非标准就业，包括临时性就业、非全日制工作、临时介绍所工作和其他多方雇佣关系、隐蔽性雇佣关系和依赖性自雇就业。[①] 我国对"灵活就业"的官方定义为，在劳动关系、工作时间、获取的收入报酬和社会保险、福利等方面，不同于建立在工业化和现代工厂制度基础上的、传统的主流就业方式的各种就业形式的总称，包括与全日制就业不同的非全日制就业、临时就业、兼职就业、远程就业、独立就业、自营就业和家庭就业等。[②] 高校毕业生灵活就业是高校毕业生拓宽就业渠道、增加收入的重要途径。尤其是新型灵活就业，由于技术含量较高、工作具有灵活性，成为许多高素质人才的选择。按照教育部发布的文件标准，在已就业毕业生人群中分为单位就业和灵活就业。其中，单位就业包括签三方合同、签劳动合同/参加入伍/志愿者等；灵活就业包括自由职业和用人单位证明两类。

[①] 国际劳工组织：《世界非标准性就业：理解挑战、塑造未来》，2016。
[②] 人力资源和社会保障部劳动科学研究所课题组：《我国灵活就业问题研究报告》，2002。

意愿，通常指个人对事物所产生的看法或想法，并因此而产生的个人主观性思维。和就业意愿相关的概念是就业期望，"就业期望是指个体在特定的社会背景下，根据自身的实际情况，结合就业市场供求关系的变化，对自己将要从事工作的工资、福利、职业声望、工作环境、发展前景等工作特征预先设定的最低期望目标，反映的是就业对自己物质、精神需求的满足程度"。① 毕业生灵活就业的意愿，是毕业生对从事灵活就业的看法或想法。毕业生从事灵活就业会根据经济社会发展状况、劳动力市场需求状况、个人自身等诸多因素进行综合考量而做出选择。

目前对高校毕业生就业的讨论，大多强调了应届毕业生面对的就业压力，一定程度反映了就业价值取向，却没有更深入地关注到高校毕业生本身面对就业压力做出的积极调整。这种调整既直面就业的现实问题，又包含面对压力采取的不同策略，其中，灵活就业和体制内就业的调整，是就业市场需求收缩、渠道中断、预期转弱的外在体现。面对压力，恰当的应对策略有助于尽快适应新的环境，不失为新发展的起点，国家的政策制度环境，经济社会发展，包括产业升级、中小企业发展等，都为高校毕业生灵活就业提供了机遇和挑战。

围绕上述问题，本文基于2021~2022年北京高校毕业生就业调查数据，调查在16所北京高校（以本科高校为主，涵盖各个学科门类的院校）应届毕业生中进行，通过客观指标和主观指标来反映毕业生灵活就业及其影响。客观指标是应届毕业生的个人和家庭特征，包括学生的院校、性别、学历、生源地、父母最高受教育程度、父母所在单位的性质及其职业类型等；主观指标是通过灵活就业认可度、对毕业生灵活就业影响的主观判断和风险预期等反映应届毕业生对灵活就业影响的主观感知程度。从两个方面考察高校毕业生灵活就业及影响，一是分析毕业生灵活就业选择的变化，比较灵活就业初期与将来毕业生愿意从事灵活就业的状态选择，包括目前或未来从事灵活就业的状态、从事灵活就业类型、选择从事灵活就业的原因、家人或朋友对

---

① 袁志刚：《失业经济学》，上海人民出版社，1997，第97~100页。

选择灵活就业的看法、从事灵活就业时遇到的主要困难；二是通过模型分析灵活就业意愿及影响因素，反映灵活就业对应届毕业生就业意愿的影响。本文根据上述的分析结果，提出精准就业的对策建议。

三 调查分析

（一）数据来源

调查采取网络填答方式，北京地区16所高校毕业生填写问卷，样本量共35788份，其中，专科生、本科生、研究生分别为2520份、22921份、10347份，求职初始从事灵活就业的大学生调查有效问卷1086份，采用SPSS 19.0软件进行统计分析，总计从事灵活就业的毕业生为13%（见表1）。

表1　2021届北京地区毕业生就业调查样本特征

单位：份，%

项目		灵活就业样本分布	
		数量	占比
性别	男	14424	40.5
	女	21197	59.5
生源地	东部	22893	64.3
	中部	6369	17.9
	西部	6359	17.8
学历层次	专科生	2520	7.0
	大学本科	22921	64.0
	研究生	10347	28.9

（二）描述性分析

通过对求职初始和未来从事灵活就业意愿数据进行分析，灵活就业的选

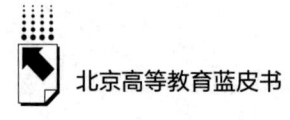

择、类型、原因、周边人的态度情况如表2所示。

1. 灵活就业的选择

72.0%的学生（1086份样本）在求职初始愿意选择灵活就业，而从大学毕业生（34702份样本）未来从事灵活就业的意愿看，占比为78.4%，其中，"在没有工作的情况下愿意从事灵活就业"的占比为59.9%；其次，"不愿意从事灵活就业者"的比例为21.6%；表示愿意从事灵活就业的样本占比最小，为18.5%。可见，目前未从事灵活就业的大学生群体将来选择灵活就业的意愿也相对较低，并且多为被动选择灵活就业。

2. 灵活就业的类型

从灵活就业类型方面来看，毕业初始全职毕业生占到72.4%，其余的则从事兼职。选择自由职业的接近半数，选择用人单位签订就业协议仅提供聘用证明的受访者为32.3%。未从事灵活就业的大学毕业生将来最想从事自由职业的占比最高，比例为62.5%；其次为自主创业，比例为27.6%；而选择用人单位提供用人证明的占比最低，为7.8%。

表2 求职初始和未来从事灵活就业毕业生愿意对比

单位：%

项目	求职初始愿意选择灵活就业	比例	未来从事灵活就业的意愿	比例
样本数	1086份	72.0	34702份	78.4
灵活就业类型	全职	72.4	选择自由职业的占比最高	62.5
灵活就业原因	做自己喜欢的事情,实现自我价值	76.0	崇尚弹性工作时间和空间,能自由支配	76.0
家人或朋友对灵活就业态度	家人或朋友表示支持的受访者占比	44.8	同学周边人有,但是很少愿意从事灵活就业	54.4
非灵活就业的原因	缺乏必要的资金支持	42.9	相关社会保障有待改善	65.4

3. 灵活就业的原因

从毕业生选择从事灵活就业的原因看，选择"做自己喜欢的事情，实现自我价值"的得分最高，其次是选择"崇尚弹性工作时间和空间，能自由支配"。而从毕业生在今后愿意从事灵活就业的原因看，"崇尚弹性工作时间和空间，能自由支配"的平均得分最高；其次为选择"做自己喜欢的事情，实现自我价值"。

4. 周边人的态度

求职初始愿意选择灵活就业的样本中，家人朋友持比较支持态度的被调查者占比最多，为44.8%；其次为持非常支持态度，所占比例为28.1%；再次为持中立态度，所占比例为24.7%。在未来从事灵活就业意愿的调查样本中，同学或周边人从事灵活就业的情况方面，"同学周边人有，但是很少愿意从事灵活就业"的占比最高，为54.4%。

从大学毕业生初始不愿意从事灵活就业的原因来看，"缺乏必要的资金支持"是主要困难，为42.9%；其次为"收入不稳定"，所占比例为38.3%；再次为"缺乏相关社会保障，有一定的从业风险"，所占比例为35.5%；而占比相对较低的困难是"家人的不理解或不支持"，所占比例为10.8%。

从毕业生在今后不愿意从事灵活就业的原因来看，认为"相关社会保障有待改善"成为选择最多的主要原因，占比为65.4%；其次是"收入有待提高"，所占比例为51.7%；再次是"家人对灵活就业的认识尚需提高"，所占比例为36.1%；而占比最低的原因是"不能很好地体现个人价值或专业技能"，比例为11.5%。

目前，从事灵活就业毕业生中未缴纳社会保险的比例为37.7%，其次为个人缴纳，为22.7%。从受访者目前从事灵活就业满意程度看，绝大多数（约95%）受访者对自己的工作表示满意。其中，对自己工作非常满意、满意、比较满意的样本占比分别为40.4%、32.1%、23.2%。

（三）影响因素分析

1. 影响因素分类

根据问卷调查表的问题设计，可能影响毕业生灵活就业的因素分为以下五大类。

第一类是学生的基本情况，选取包括：①性别；②生源地，按高考前户

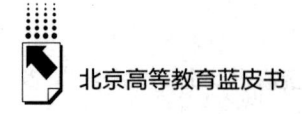

口所在地分为东部、中部和西部；③学历，分为研究生、本科和专科。

第二类是教育培养情况，选取成绩专业排名，分为前10%、11%~30%、31%~50%、51%~70%、71%~90%以及后10%。

第三类是求职过程情况，选取包括：①社保缴纳方式，分为个人缴纳养老、医疗或部分商业保险，个人与公司（平台企业）共同缴纳养老、医疗或部分商业保险，公司（平台企业）缴纳养老、医疗、工伤、失业或部分商业保险，未缴纳任何社保；②从事灵活就业的满意程度，分为非常满意、比较满意、满意、不满意、非常不满意；③家人或朋友对选择灵活就业的看法，分为非常支持、比较支持、一般、不支持、非常不支持。

第四类是对灵活就业了解情况，选取①对灵活就业的了解程度，分为很了解，自己做过；比较了解；只是听说过，不了解；完全没有听说过。②对国家或地方出台的支持大学生灵活就业的政策了解程度，分为很了解、了解一些、比较了解、不了解。

第五类是学生的家庭情况，选取包括：①父亲受教育程度，分为研究生及以上、大学/大专及同等学力以及高中及以下；②母亲受教育程度，分为研究生及以上、大学/大专及同等学力以及高中及以下。

2. 变量统计结果

面向两类灵活就业意愿学生进行统计分析：一是在求职初始阶段愿意选择灵活就业，此类调查样本共计1086人，其中的72.0%学生表示愿意在求职初始阶段选择灵活就业；二是未来从事灵活就业的意愿学生34702人中，表示愿意在未来从事灵活就业的学生有78.4%。调查样本总量35788人，围绕个人特征（性别、受教育程度、学历、生源地、就业地区、成绩排名）、求职过程情况、灵活就业认知了解情况、家庭背景方面的情况，样本统计结果如下。

（1）个人特征

调查样本中，女性占比40%，男性占比60%；大学本科毕业生占比64%，硕博士毕业生占比29%，专科毕业生占比7%；从生源地的分布来看，以东部地区毕业生为主（64.3%），中部地区（17.9%）和西部地区

(17.9%)毕业生样本量相当；成绩专业排名前25%的学生样本不足6%。

（2）求职过程情况

平均来看，受调查对象对从事灵活就业的总体满意度为3.82分（5分为非常满意，1分为非常不满意，下同），样本的家人或朋友对选择灵活就业的支持程度为3.98分。

（3）灵活就业认知了解情况

样本整体对灵活就业以及对国家或地方出台的支持大学生灵活就业的政策了解程度偏低。对于灵活就业的了解程度，36.1%的毕业生表示"不了解，完全没有听说过"，60.4%的毕业生表示"比较了解，只是听说过"；对于国家或地方出台的支持大学生灵活就业的政策，多数受调查毕业生介于"不了解"（39.5%）和"了解一些"（55.4%）之间，"比较了解"的毕业生不足5%，表示"很了解"的毕业生不足1%。

（4）家庭背景

从学历背景来看，调查样本父亲受教育程度和母亲受教育程度比例相近，高中及以下学历比重均超过60%，大学/大专及同等学力比重接近35%，研究生及以上学历不足5%。从单位性质来看，父亲工作单位在机关事业单位的占比最大（26.6%），然后是三资和民营企业（21.8%），第三是国有企业（17.5%）；母亲工作单位同样是在机关事业单位的占比最大（25.8%），三资和民营企业次之（19.1%），第三是国有企业（12.6%），另有5%左右的父（母）亲在农村，7%左右的父（母）亲在其他性质的单位工作。

3. 影响因素结果分析

（1）您将来是否愿意从事灵活就业？

通过回归结果（文中略去）可知，性别、生源地、受教育程度等个人特征对毕业生从事灵活就业意愿的影响在1%的统计水平上显著。具体来看，男性灵活就业的概率低于女性，这可能与女性的生理特征或社会性别分工有关，所以灵活就业的弹性工作时间和地点更符合女性的就业需求；本科生和研究生传统的就业观仍较为强烈，从事灵活就业的意愿明显低于专科毕业生。相较于西部地区生源，中部地区生源的毕业生更愿意在将来尝试灵活的就业形式,东部地区生源从事灵活就业的意愿在1%的水平上显著为负。这在一定程度上体现出灵活就业的区域差异,在东部发达地区,劳动力市场需求大,正规单位就业的吸引力更强。

从成绩专业排名情况来看,排名靠前或靠后对于毕业生的灵活就业意愿并不存在特别显著的倾向。从家庭背景出发,母亲的受教育程度、工作单位性质等家庭因素对毕业生灵活就业意愿无明显影响,父亲学历更高、工作单位更稳定(如国企、事业单位)将显著降低子女的灵活就业意愿。从对灵活就业及相关政策的认知角度来看,毕业生对于灵活就业以及国家或地方出台的相关政策的了解程度对其灵活就业意愿的影响在1%的水平上显著为正,说明毕业生对于灵活就业的接受程度受到信息资源和政策支持的影响较大。换言之,当灵活就业政策越有利于毕业生,宣传效果越好,其选择灵活就业的意愿也就越大。

(2)您是在求职初始就从事灵活就业的吗?

通过回归结果可知,男性在求职初始从事灵活就业的概率与女性没有明显差异;本科生和研究生传统的就业观和成功观仍较为强烈,毕业后更倾向于直接进入正规工作单位工作,而从事灵活就业的意愿明显低于专科毕业生。相较于西部欠发达地区生源,中东部地区生源的毕业生选择在求职初始尝试灵活就业形式的可能性在1%的水平上显著为负。这在一定程度上体现出灵活就业的区域差异,在中东部发达地区,劳动力市场需求大,正规单位就业的吸引力更强。从成绩专业排名情况来看,排名靠前或靠后对于毕业生的灵活就业意愿并不存在特别显著的差异。从家庭背景出发,父母的受教育程度、工作单位性质等家庭因素对毕业生求职初始是否选择灵活就业的意愿均无明显影响。

从求职过程中的一些外部因素来看,从事灵活就业的满意程度、家人和朋友的支持力度均对灵活就业选择具有显著的正向影响,这与实际情况相符,因为毕业生在求职过程中会从个人兴趣、自身发展、价值需要、社会评价等多个角度出发进行权衡和选择,尤其是对于大学毕业生群体,数字时代的特征与独立意识的普及,强化了他们对于自身感受和周边舆论导向的重视。

四 结论和建议

（一）主要结论

第一，有13%的大学生有灵活就业的选择意愿，灵活就业日益成为社会关注的新就业形态。

第二，灵活就业选择在性别、学历、生源地区等不同的群体之间存在一定的差异。

第三，毕业生对于灵活就业以及国家或地方出台的相关政策的了解程度对其灵活就业意愿的影响显著。当灵活就业政策越有利于毕业生，宣传效果越好，其选择灵活就业的意愿也就越大。

第四，毕业生在求职过程中会从个人兴趣、自身发展、价值需要、社会评价等多个角度出发进行权衡和选择，从事灵活就业的满意程度、家人和朋友的支持力度均对灵活就业选择具有显著的正向影响。

（二）主要建议

已有政策支持发展多种灵活性就业创业方式；将灵活就业人员纳入社会保障体系；用多种法律形态规范部分非标准就业关系。[①] 但是仍然存在新就业形态的信息服务还不完善，针对灵活就业人员的专项政策较少，仅有灵活就业社保补贴，而职业指导、技能培训等就业政策不足，因就业群体不固定而产生职业伤害保障难题等，因此建议如下。

第一，补齐政策短板，强化权益保障。灵活就业者劳动报酬、劳动安全、职业培训等权益保障难见诸媒体，应主动破解灵活就业者面临的社保缴纳难、转移接续难等现实问题，劳动者权益保障的制度短板须补齐。[②] 灵活

[①] 莫荣：《中国就业发展报告（2021）》，社会科学文献出版社，2021。
[②] 沙磊：《激活2亿灵活就业者内生动力》，《半月谈》2022年第4期。

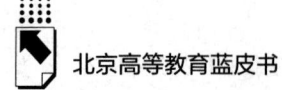

用工者对企业最期待的是能在合同中明确相关细则，规范所能享有的保障权益；能缴纳五险一金、与用工企业（平台）签订正式的劳动合同。① 同时，国家要加大相关政策的宣传力度，营造对选择灵活就业的毕业生较为宽松的环境。

第二，建立灵活就业信息平台。疫情发生以来，常规的招聘应聘渠道受到影响，线上招聘信息渠道效果有限，影响了学生的就业选择。因此，要建立信息公开平台，发布权威实时的灵活就业信息，打通企业和求职者之间的信息壁垒，解决灵活就业人员对接用工需求错位的问题，促进人岗精准匹配。

第三，完善灵活就业等新就业形态信息统计指标。现有灵活就业统计指标包括用人单位证明和自由职业，在实践中，有的高校将实习证明与用人单位证明混淆，错误地将其归入灵活就业，造成了就业统计的混乱。原因在于目前对灵活就业的定义比较宽泛，统计口径和指标体系不规范，应结合实际确定大学生灵活就业统计指标，合理界定灵活就业者身份，鼓励大学生从容地作出职业发展选择。

第四，应理性客观地看待灵活就业。目前大学生就业呈现多元化的趋势，灵活就业对国家、高校、家庭、大学生个人，都是合理的选择，毕业生在求职过程中会从个人兴趣、自身发展、价值需要、社会评价等多个角度出发进行权衡和选择，社会应该给予理解和鼓励。同时，更需要得到家庭的客观理性对待，帮助学生树立正确的就业观、职业观和成才观。尤其是大学毕业生群体，带有数字时代的特征与独立意识的普及，强化了他们对于自身感受和周边舆论导向的重视，对他们的就业选择应该给予尊重和支持。

参考文献

岳昌君、夏洁、邱文琪：《2019年全国高校毕业生就业状况实证研究》，《华东师范

---

① 莫荣：《中国就业发展报告（2021）》，社会科学文献出版社，2021。

大学学报》(教育科学版) 2020 年第 4 期。

国际劳动组织:《2015 年世界就业与社会展望》,2015。

方伟:《关注灵活就业大学生群体》,《中国青年报》2021 年 10 月 18 日。

莫荣:《中国就业发展报告(2021)》,社会科学文献出版社,2021。

国际劳工组织:《世界非标准性就业:理解挑战、塑造未来》,2016。

人力资源和社会保障部劳动科学研究所课题组:《我国灵活就业问题研究报告》,2002。

袁志刚:《失业经济学》,上海人民出版社,1997。

沙磊:《激活 2 亿灵活就业者内生动力》,《半月谈》2022 年第 4 期。

B.11
北京高校大学生心理健康状况调查报告
——以某市属高校为例

王佳玺 张宏宇 陈薇[*]

摘　要： 2022年冬季至2023年春季，课题组对北京某市属高校包括本科、硕士、博士各个年级共11103名大学生进行了心理健康状况调查。本次调查报告了大学生的抑郁和焦虑情绪、自尊、心理资源等心理健康相关状况，也了解了大学生的生源地以及家庭支持与大学生心理健康的关系。结果显示，大学生的总体心理健康状况良好，抑郁、焦虑情绪状态的阳性反应率低于全国水平，对专业的满意度总体良好。专业期待、生源地、家庭支持、人际支持等因素与大学生心理健康有较明显的关系。根据本次调查结果，本报告提出以下对策建议以期维护与促进大学生的心理健康：加强心理健康全覆盖定期筛查以及持续的问题研究，提高大学生心理危机的理解、识别与预警能力；依据多来源的数据分析有针对性地设计各个学段的心理健康教育与干预方案，提升心理健康教育的时效性和危机干预能力；加强生涯发展教育，完善就业升学指导；加强学校与家庭的合作与联盟，引入更多资源共同维护大学生心理健康，建构大学生心理健康教育的多维支持与防护网

---

[*] 王佳玺，理学博士，北京工商大学心理素质教育中心专任教师，讲师，主要研究方向为大学生心理适应与认知灵活性；张宏宇，教育学博士，北京工商大学心理素质教育中心主任，副教授，北京师范大学心理学部MAP临床与咨询方向专硕导师，中国心理学会临床心理学注册系统心理师，主要研究方向为人格心理、心理健康评估与咨询，为本文通讯作者；陈薇，北京工商大学继续教育学院副院长，助理研究员，主要研究方向为应用心理学。

络，助力大学生的成长成才。

关键词： 大学生 心理健康 专业期待

一 引言

大学阶段是个体身心成长与发展、知识能力储备、为未来生涯做准备的关键时期。在个体发展的角度上，从高中初入大学校园，不仅是生活环境甚至是地域文化环境的物理空间的转换，同时也面临着学习方式、人际交往方式和生活方式的变化，独立生活、适应环境、应对和解决问题是大学新生迎面而来的新课题。这一人生发展的关键转变时期，就个体心理发展的阶序而言，是经历着从青春期向成年早期的过渡和转变；就心理发展的任务而言，是分离个体化的一次进阶。而处在毕业前夕时，他们要经历的是从校园生活向成年早期过渡，即将作为真正的社会成员步入新的人生发展阶段。大学阶段的发展任务对他们在高中之前人生阶段中形成的人格发展水平和应对资源提出了挑战。就社会和人才培养角度而言，大学生成长成才是社会发展的动力和活力之源，优质人才的培养为国家发展、社会的进步提供人才储备。北京作为全国政治、文化、国际交往、科技创新中心，大学生人数总量位于全国首位，截至2022年，北京具有全日制高等学校92所，在校大学生人数超过100万人；其中，在校本专科生约60万，在校研究生约40万人。[①] 了解首都大学生的心理健康水平是人才培养不可或缺的一项基础工作。

近年来，高校学生中出现心理健康问题的人数处于持续增长的趋势，以北京某市属高校为例，2018年心理咨询总人次为2017年的2~3倍，此后截

---

① 《北京市2022年国民经济和社会发展统计公报》，https://www.beijing.gov.cn/zhengce/zhengcefagui/202303/t20230321_2941262.html。

至2022年大学生心理健康中心接待个体学生以及危机处理的人次呈逐年增长的态势。① 有研究对我国20.9万名大学生在2010~2020年主要心理健康问题的检出率进行元分析后发现,这11年间我国大学生的抑郁、焦虑风险检出率明显提升,平均焦虑风险检出率为13.7%,抑郁风险检出率为20.8%。② 北京作为全国的政治、文化、国际交往以及科技创新中心,北京高校的大学生在日常生活、学习节奏、人际交往等方面因区域特殊性带来的适应挑战,可能会在心理健康状态中呈现出来。例如,一项搜集了北京地区758个样本的各高校大学生心理健康状况调查发现,来自城市生源的在京学生在抑郁、焦虑分数上明显小于来自农村生源的学生,并且,本科生、硕士生、博士生都表现出了不同的抑郁、焦虑特征。③ 适时了解与分析北京地区大学生心理健康的现状,为高校心理健康教育工作以及教育管理部门提供了参考目标,本文基于2022年冬至2023年春季某市属高校覆盖本、硕、博各个年级大学生心理健康状况调查数据,试图了解当前北京地区大学生心理健康的总体状况及某些相关因素的关系,并针对增强心理健康教育方面的工作提出相应的对策建议。

二 研究方法

(一)调查对象

本次调查涵盖来自某市属高校各个学院的学生;回收有效问卷11103份,其中,本科生7803人(大一:2291人;大二:2053人;大三:1693人,大四:1766人),硕士生3141人(硕一:1215人;硕二:1249人;硕

---

① 张宏宇:《大学生心理危机评估的趋势与新思路》,《北京教育(德育)》2019年第12期。
② 陈雨濛、张亚利、俞国良:《2010~2020中国内地大学生心理健康问题检出率的元分析》,《心理科学进展》2022年第5期。
③ 赵子涵、何锐、盛笑莹、李文秀:《北京高校学生心理健康状况调查》,《教育教学论坛》2023年第1期。

三及以上：677 人），博士生 159 人（博一：66 人；博二：45 人；博三：29 人，博四及以上：19 人）。调查对象中，男生 4001 人，占 36.04%；女生 7102 人，占 63.96%。调查对象的平均年龄为 21.72，标准差为 2.89，年龄中位数为 24。调查对象基本情况见表 1。

表 1 调查对象的基本情况

单位：人，%

分布特征	人数	占比	分布特征	人数	占比
学段			博二	45	0.41
本科生			博三	29	0.26
大一	2291	20.63	博四及以上	19	0.17
大二	2053	18.49	生源地		
大三	1693	15.25	北京	5487	49.42
大四	1766	15.91	外省	5616	50.58
硕士			民族		
硕一	1215	10.94	汉族	10051	90.53
硕二	1249	11.25	其他	1052	9.47
硕三及以上	677	6.10	性别		
博士			男	4001	36.04
博一	66	0.59	女	7102	63.96

资料来源：某市属高校心理与素质教育中心 2022~2023 年度全校心理健康普查数据集。

其中，本科生中，男生 2952 人，占 37.83%；女生 4851 人，占 62.17%。平均年龄 20.41，标准差 1.79，中位数 21。北京本地生源 4581 人，占 58.71%，外地生源 3222 人，占 41.29%。

硕士生中，男生 1004 人，占 31.96%；女生 2137 人，占 68.04%。平均年龄 24.57，标准差 2.28，中位数 25。北京本地生源 866 人，占 27.57%，外地生源 2275 人，占 72.43%。

博士生中，男生 45 人，占 28.30%；女生 114 人，占 71.70%。平均年

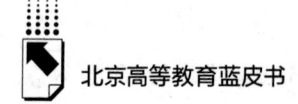

龄29.46，标准差4.59，中位数28。北京本地生源40人，占25.16%，外地生源119人，占74.84%。

（二）调查工具

1. SCL-90症状自评量表

本调查采用SCL-90症状自评量表（Self-reporting Inventory，又名90项症状清单）来综合评估个体在二周内的心理状况。① 该量表共有90个项目，包含有较广泛的精神病症状学内容，从感觉、情感、思维、意识、行为、生活习惯、人际关系、饮食睡眠等方面，综合考察个体的心理健康情况。每个项目采用1~5级评分，从1"无症状"到5"症状严重"依次递增。SCL-90共包含10个因子，即90项分为十大类，每一因子反映个体的一方面心理健康状况，这些因子如下：躯体化（反映主观的身体不适感）、强迫症状、人际关系敏感、抑郁、焦虑、敌对、恐怖（包括恐怖状态或广场恐怖）、偏执、精神病性（包括幻听、思维播散、被洞悉感等精神分裂样症状）、其他（包括睡眠及饮食情况）。根据量表提供的参考标准，因子分<2分的项目，表示个体在该因子上自我感觉没有症状，或症状发生不频繁，2≤因子分≤3，表明个体感觉有症状，其程度为轻到中度，3<因子分≤5，表明个体感觉有症状，且症状的频率和强度为中到严重。在本调查中，该量表的内部一致性系数为0.987。

2. 罗森伯格自尊量表

本调查采用罗森伯格自尊量表（Rosenberg Self-esteem scale，SES），由罗森伯格于1995年编制，用以评定青少年关于自我价值和自我接纳的总体感受，是我国目前心理学界使用最多的大学生自尊测量工具。② 共包括10道题目，1~4点评分（1=很不符合，2=不符合，3=符合，4=非常符合）。本次调查将总分换算为100分满分，分数越高代表自尊感越高。在本调查

---

① 冯正直、张大均：《中国版SCL-90的效度研究》，《第三军医大学学报》2001年第4期。
② 闫艳、谢笑春、盖笑松、陈宣、王宏：《中国大中学生的罗森伯格自尊量表测评结果》，《中国心理卫生杂志》2021年第10期。

中,该量表的内部一致性系数为0.880。

3. 大学生心理发展资源问卷

本调查采用由张宏宇等人编制的大学生心理发展资源问卷（Psychological Development Resource Questionnaire）评估大学生心理健康水平。[①] 问卷包含30个项目,可分为两个维度共6个因子:个体内部心理发展资源,包括自尊、自我效能和求助意识;外部心理发展资源,包括负性事件、家庭支持、人际支持。其中,自尊、自我效能、家庭支持和人际支持共20个项目,每项采用1（完全不符合）~5（非常符合）连续计分,求和后分数越高代表心理发展资源越差;负性事件和求助意识共10个项目,每项采用0/1计数,选择项目总数越多,对应的心理发展资源越差。心理发展资源总分为两部分计分总和。在本调查中,该量表的内部一致性系数为0.879。

（三）实施过程

采用分层随机抽样方法,按照每个学院各个年级本科生、硕士生、博士生的人数比例,从各分层总人数中按人数比例抽取样本数量;随后,按照随机原则从各类型中抽取样本。确定抽样人群后,采用集中施测的方式,在专业教师的指导下,按照各个量表的指导要求测试学生心理健康状况,要求学生独立答卷,当场交卷。

三 调查结果

（一）大学生基本心理健康状况

1. 抑郁状态

本次调查显示,大学生在SCL-90抑郁因子的均分为1.44,标准差

[①] 张宏宇、李鑫、刘立新:《大学生心理发展资源问卷的外部效度检验》,《社区心理学研究》2020年第1期。

0.62，中位数为1.15。在本次所有参与调查的11103名学生中，有9270人（83.49%）自我感觉无抑郁症状，或抑郁症状不频繁（因子分<2分），有1517人（13.66%）自我感觉有抑郁症状，其程度为轻到中度（2.0≤因子分≤3分），有316人（2.85%）自我感觉有明显抑郁症状，且频率和强度为中到严重（3<因子分≤5.0分）（见图1）。其中，在本科生中检出率分别为：无或不频繁（81.26%），轻到中度（15.28%），中到严重（3.46%）；在硕士生中检出率分别为：无或不频繁（88.86%），轻到中度（9.84%），中到严重（1.31%）；在博士生中检出率分别为：无或不频繁（86.79%），轻到中度（10.06%），中到严重（3.14%）（见图2）。

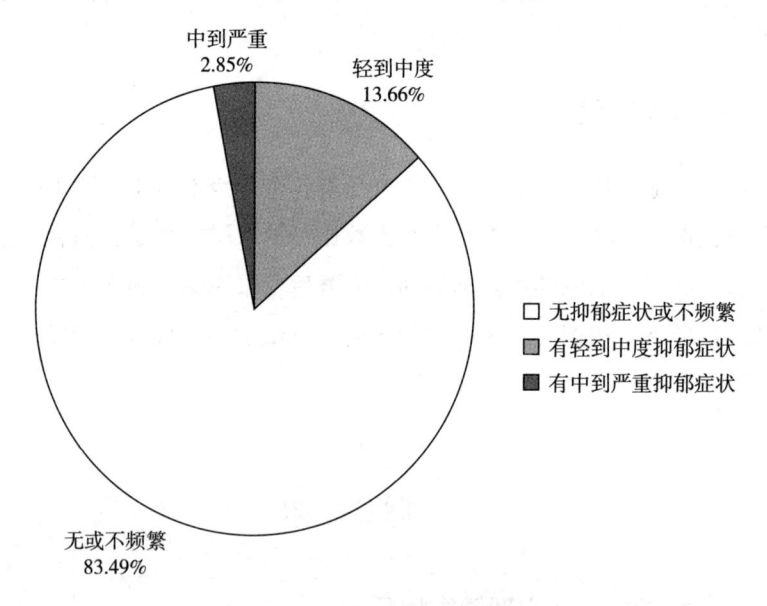

图1　大学生抑郁状态检出率

资料来源：某市属高校心理与素质教育中心2022~2023年度全校心理健康普查数据集。

总体来说，大学生SCL-90抑郁因子得分在不同性别之间无显著差异（男：1.44 ± 0.65，女：1.45 ± 0.60，$t_{2,11101} = -0.36$，$p = 0.716$，Cohen's

```
      ☐ 无或不频繁  ☐ 轻到中度  ■ 中到严重
(%)
150

100         81.26        88.86        86.79

 50
         15.28         9.84        10.06
              3.46          1.31         3.14
  0
          本科          硕士          博士
```

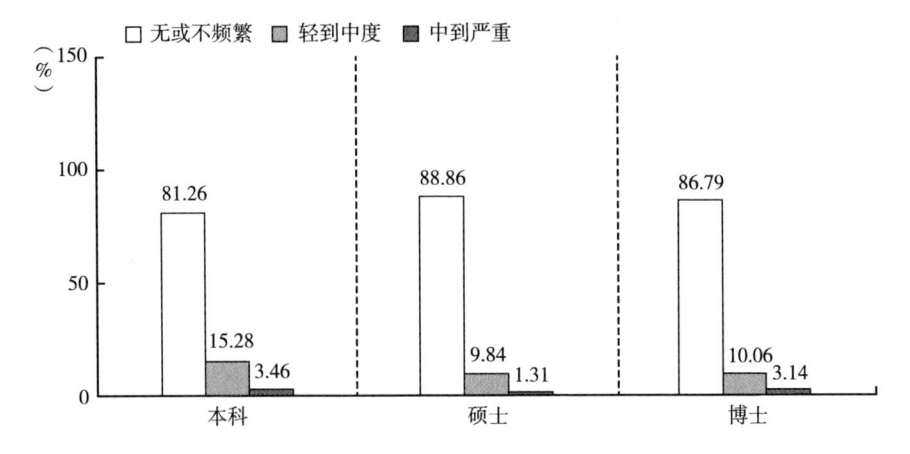

图 2　各学段抑郁状态检出率

资料来源：某市属高校心理与素质教育中心 2022~2023 年度全校心理健康普查数据集。

$d = -0.007$），但在学段间存在显著差异。具体而言，各学段 SCL-90 抑郁因子得分排序为本科<硕士<博士，均差异显著（本科：1.21±0.25，硕士：2.43±0.34，博士：3.56±0.47，硕士 vs. 本科：$t_{2,11101} = 159.68$，$p_{tukey} < 0.001$，Cohen's $d = 4.423$；博士 vs. 本科：$t_{2,11101} = 148.30$，$p_{tukey} < 0.001$，Cohen's $d = 8.483$；博士 vs. 硕士：$t_{2,11101} = 65.67$，$p_{tukey} < 0.001$，Cohen's $d = 4.061$）。

抑郁状态检出率（即所占比例）在不同性别之间无显著差异（$\chi^2 = 2.99$，$p = 0.224$），在学段间存在差异（$\chi^2 = 41.63$，$p < 0.001$）。具体而言，本科生在中到严重抑郁状态上检出率为 3.46%，明显高于硕士（1.31%），博士则处于中等水平（3.14%）。这其中，本科在各个年级间抑郁状态检出率存在显著差异（$\chi^2 = 16.44$，$p = 0.012$），排序为大三（2.60%）<大二（2.92%）<大四（3.91%）<大一（4.23%）；硕、博士在各个年级间抑郁状态检出率不显著（硕士：$\chi^2 = 7.95$，$p = 0.094$；博士：$\chi^2 = 11.10$，$p = 0.085$）。大学生抑郁状态检出率各学段分布情况如表 2 所示。

表2 大学生不同抑郁状态的人数比例

单位：%

学段	调查对象特征	无或不频繁 因子分<2	轻到中度 2.0≤因子分≤3	中到严重 3<因子分≤5.0
本科	总体	81.26	15.28	3.46
	性别			
	男	80.69	15.96	3.35
	女	81.61	14.86	3.53
	年级			
	大一	80.14	15.63	4.23
	大二	83.00	14.08	2.92
	大三	82.46	14.94	2.60
	大四	79.56	16.53	3.91
	地域			
	京籍	80.77	15.63	3.60
	非京籍	81.97	14.77	3.26
硕士	总体	88.86	9.84	1.31
	性别			
	男	88.55	10.06	1.39
	女	89.00	9.73	1.26
	年级			
	硕一	89.71	9.22	1.07
	硕二	87.03	11.45	1.52
	硕三	90.69	7.98	1.33
	地域			
	京籍	87.76	10.39	1.85
	非京籍	89.27	9.63	1.10
博士	总体	86.79	10.06	3.14
	性别			
	男	84.44	8.89	6.67
	女	87.72	10.53	1.75
	年级			
	博一	93.94	3.03	3.03
	博二	80.00	13.33	6.67
	博三	79.31	20.69	0.00
	博四及以上	89.47	10.53	0.00
	地域			
	京籍	87.50	10.00	2.50
	非京籍	86.56	10.08	3.36

资料来源：某市属高校心理与素质教育中心2022~2023年度全校心理健康普查数据集。

2. 焦虑状态

本次调查显示，大学生在SCL-90焦虑因子的均分为1.36，标准差0.56，中位数为1.10。在本次所有参与调查的11103名学生中，有9712人（87.47%）自我感觉无焦虑症状，或焦虑症状不频繁（因子分<2分），有1173人（10.56%）自我感觉有焦虑症状，其程度为轻到中度（2.0≤因子分≤3分），有218人（1.96%）自我感觉有明显焦虑症状，且频率和强度为中到严重（3<因子分≤5.0分）（见图3）。其中，在本科生中检出率分别为：无或不频繁（85.68%），轻到中度（11.92%），中到严重（2.40%）；在硕士生中检出率分别为：无或不频繁（91.88%），轻到中度（7.32%），中到严重（0.80%）；在博士生中检出率分别为：无或不频繁（88.05%），轻到中度（8.18%），中到严重（3.77%）（见图4）。

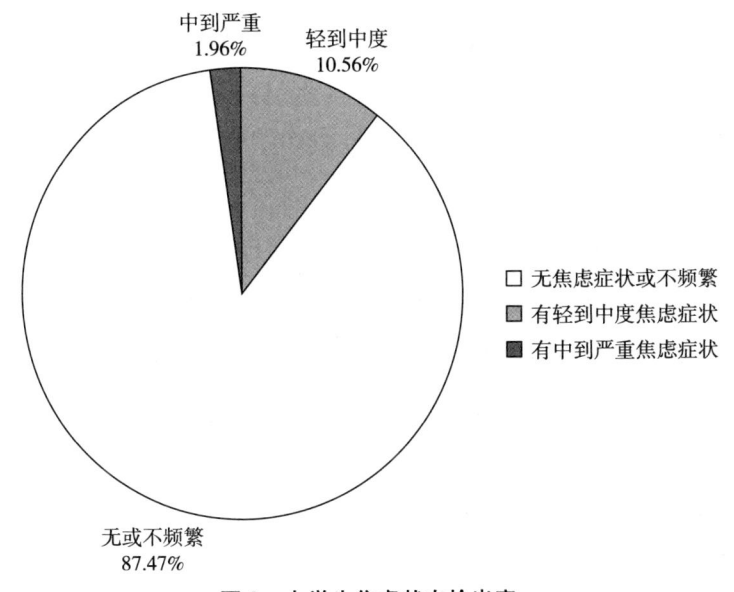

图3 大学生焦虑状态检出率

资料来源：某市属高校心理与素质教育中心2022~2023年度全校心理健康普查数据集。

大学生SCL-90焦虑因子得分在性别、学段之间的差异均显著。具体来说，男生的焦虑水平明显高于女生（男：1.38±0.61，女：1.35±0.52，

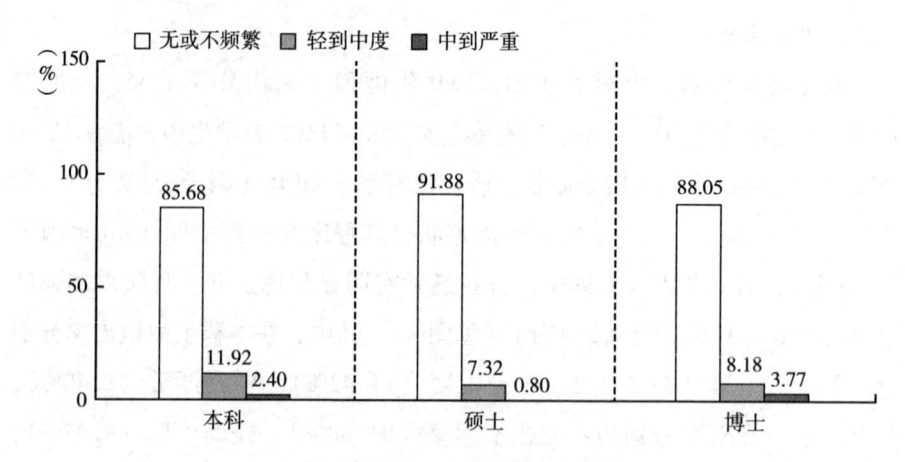

图 4 各学段焦虑状态检出率

资料来源：某市属高校心理与素质教育中心2022~2023年度全校心理健康普查数据集。

$t_{2,11101}=2.48$，$p=0.013$，Cohen's $d=0.049$）；各学段SCL-90焦虑因子得分排序为本科＜硕士＜博士，均差异显著（本科：1.18±0.25，硕士：2.14±0.56，博士：3.11±0.78，硕士 vs. 本科：$t_{2,11101}=103.01$，$p_{tukey}<0.001$，Cohen's $d=2.853$；博士 vs. 本科：$t_{2,11101}=99.99$，$p_{tukey}<0.001$，Cohen's $d=5.720$；博士 vs. 硕士：$t_{2,11101}=46.36$，$p_{tukey}<0.001$，Cohen's $d=2.867$）。

焦虑状态检出率（即所占比例）在不同性别（$x^2=21.81$，$p<0.001$）、学段（$x^2=87.40$，$p<0.001$）间均存在显著差异。具体而言，男生在中到严重焦虑状态上检出率为2.45%，明显高于女生（1.70%）；本科生（2.40%）和博士生（3.77%）在中到严重焦虑状态上检出率明显高于硕士生（0.80%）。这其中，本科学段在各个年级间焦虑状态检出率存在显著差异（$x^2=20.40$，$p=0.002$），排序为大二（1.75%）＜大三（1.95%）＜大四（2.83%）＜大一（2.97%）；博士学段在各个年级间焦虑状态检出率存在显著差异（$x^2=15.93$，$p=0.014$），排序为博四及以上（0.00）＝博三（0.00）＜博一（3.03%）＜博二（8.89%）；硕士学段在各个年级间焦虑状态检出率不显著（$x^2=5.52$，$p=0.238$）。大学生焦虑状态检出率各学段分布情况如表3所示。

表3 大学生不同焦虑状态的人数比例

单位：%

学段	调查对象特征	无或不频繁 因子分<2	轻到中度 2.0≤因子分≤3	中到严重 3<因子分≤5.0
本科	总体	85.68	11.92	2.40
	性别			
	男	84.01	13.11	2.88
	女	86.70	11.19	2.10
	年级			
	大一	84.72	12.31	2.97
	大二	88.02	10.23	1.75
	大三	86.18	11.87	1.95
	大四	83.75	13.42	2.83
	地域			
	京籍	85.24	12.44	2.31
	非京籍	86.31	11.17	2.51
硕士	总体	91.88	7.32	0.80
	性别			
	男	90.23	8.76	1.00
	女	92.65	6.64	0.70
	年级			
	硕一	92.92	6.17	0.91
	硕二	90.71	8.57	0.72
	硕三	92.17	7.09	0.74
	地域			
	京籍	89.95	9.12	0.92
	非京籍	92.62	6.64	0.75
博士	总体	88.05	8.18	3.77
	性别			
	男	84.44	8.89	6.67
	女	89.47	7.89	2.63
	年级			
	博一	95.45	1.52	3.03
	博二	80.00	11.11	8.89
	博三	73.31	26.69	0.00
	博四及以上	94.73	5.26	0.00
	地域			
	京籍	87.50	10.00	2.50
	非京籍	88.24	7.56	4.20

资料来源：某市属高校心理与素质教育中心2022~2023年度全校心理健康普查数据集。

3. 自尊水平

根据罗森伯格自尊量表原始数据进行数据的标准化转换，以100分为满分，分数越高代表自尊越强，总体上大学生自尊的平均分为77.55，标准差为12.89，中位数为77.5。进一步检验发现，自尊水平在性别、学段间的差异均显著。具体来说，男生自尊水平明显低于女生（男：76.49±13.39，女：78.15±12.56，$t_{2,11101}=-6.54$，$p=0.006$，Cohen's $d=-0.055$）；自尊水平在各学段间的排序为本科（76.57±13.06）<硕士（79.82±12.12）<博士（80.91±13.33），差异显著（$F_{2,111000}=77.49$，$p<0.001$，$\eta^2=0.014$）。

分学段来看，本科生各年级间自尊水平差异不显著（$F_{3,7799}=1.89$，$p=0.128$，$\eta^2=0.000$）。硕士生各年级间自尊水平差异显著（$F_{2,3138}=9.25$，$p<0.001$，$\eta^2=0.006$），硕一自尊水平最高，三个年级的自尊排序为硕二（78.75±10.79）<硕三（79.95±10.82）<硕一（80.83±13.87）。博士各年级间的自尊水平差异不显著（$F_{3,155}=0.221$，$p=0.882$，$\eta^2=0.004$）。

4. 心理资源

心理资源指能够帮助个体应对压力、困境或危机事件的潜在心理能量，本次采用的心理发展资源问卷，从自我效能、求助意识、家庭支持、人际支持等内部和外部资源上来评估个体应对危机事件的潜在心理资源水平。问卷计分设置是分数越高代表心理资源短缺程度越高。把原始数据进行标准化转换后的结果综合来看，以110分为满分，总体上大学生心理资源短缺程度的平均分为43.82，标准差为11.33，中位数为43。进一步检验发现心理资源短缺程度在性别、学段间的差异均显著。具体来说，男生心理资源短缺程度明显高于女生（男：44.33±11.86，女：43.53±11.01，$t_{2,11101}=3.58$，$p<0.001$，Cohen's $d=0.020$）；本科生的心理资源短缺程度相比于研究生而言更高，心理资源的短缺程度在各学段间的排序为博士（42.40±12.03）<硕士（42.94±10.91）<本科（44.20±11.46），差异显著（$F_{2,111000}=15.17$，$p<0.001$，$\eta^2=0.003$）。

分学段来看，本科生各年级间心理资源短缺程度差异显著（$F_{3,7799}=6.83$，$p<0.001$，$\eta^2=0.003$），大四年级心理资源短缺程度最高，四个年级排序为：

大一（43.51±10.85）<大二（43.91±11.46）<大三（44.76±11.56）<大四（44.90±12.05）。硕士生各年级间心理资源短缺程度差异显著（$F_{2,3138}=4.31$，$p=0.013$，$\eta^2=0.003$），硕一年级心理资源短缺程度最高，三个年级的排序为硕三（41.89±11.18）<硕二（43.07±11.70）<硕一（43.39±9.83）。博士各年级间的心理资源短缺程度差异不显著（$F_{3,155}=0.075$，$p=0.973$，$\eta^2=0.001$）。

5. 专业期待感

本次调查中，使用"对所学专业失望的程度"（1~5点评分，分数越大表明认为本专业越没有希望，即5分为完全没有希望，4分=不太有希望，3分=一般，2分=比较有希望，1分=非常有希望）作为调查学生对本专业期待的参考指标。结果显示，大学生总体专业消极期待的平均分为2.41，标准差1.10，中位数为2。消极期待在性别、学段上差异显著（见图5）。其中，男生的专业消极期待感比女生低（男：2.37±1.14，女：2.43±1.07，$t_{2,11101}=-2.77$，$p=0.006$，Cohen's $d=-0.055$），换言之，男生对专业的期待感高于女生；在不同学段间，本科生的消极期待分数最高，即本科生对专业的期待感最低，硕士和博士之间没有差别，但比本科生对专业更有期待。消极期待的评分排序为硕士=博士<本科（本科：2.45±1.11，硕士：2.33±1.06，博士：2.17±1.00，本科 vs. 硕士：$t_{2,11101}=5.14$，$p_{tukey}<0.001$，Cohen's $d=0.109$；本科 vs. 博士：$t_{2,11101}=3.18$，$p_{tukey}=0.004$，Cohen's $d=0.254$；硕士 vs. 博士：$t_{2,11101}=1.80$，$p_{tukey}=0.146$，Cohen's $d=0.171$）。

分学段来看，本科生各年级间专业消极期待差异显著（$F_{3,7799}=130.79$，$p<0.001$，$\eta^2=0.048$），大一的消极期待最低，且四个年级的消极期待排序为大一（2.09±1.00）<大二（2.47±1.01）<大三（2.67±1.12）=大四（2.67±1.17），即大三和大四学生的消极期待明显高于大二和大一，显示随着年级的增加，学生对专业的期待感会降低。硕士各年级间消极期待的差异显著（$F_{2,3138}=33.74$，$p<0.001$，$\eta^2=0.019$），硕一的消极期待最低，即刚入学的硕士对自己的专业有较高的期待感，三个年级的消极期待排序为硕一（2.17±0.92）<硕三（2.31±1.12）<硕二（2.50±1.14）。博士各年级间的

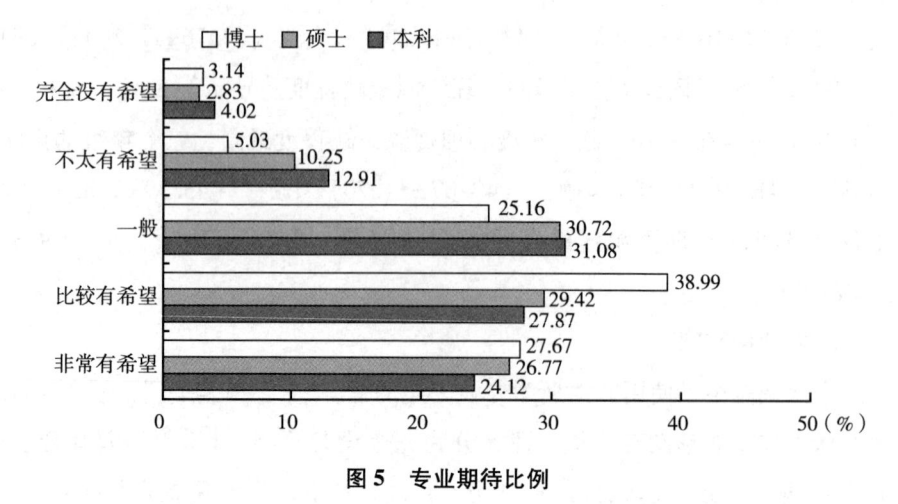

```
            □ 博士  ▨ 硕士  ■ 本科

完全没有希望  ┤ 3.14
              │ 2.83
              │ 4.02
不太有希望    │ 5.03
              │ 10.25
              │ 12.91
一般          │ 25.16
              │ 30.72
              │ 31.08
比较有希望    │ 38.99
              │ 29.42
              │ 27.87
非常有希望    │ 27.67
              │ 26.77
              │ 24.12
              └────────────────────────────
              0     10    20    30    40    50 (%)
```

图 5 专业期待比例

资料来源：某市属高校心理与素质教育中心 2022～2023 年度全校心理健康普查数据集。

消极期待差异不显著（$F_{3,155}=0.068$，$p=0.977$，$\eta^2=0.001$）。

从选择比例来看，各学段选择本专业有希望的占比均超过半数，但是差异显著（$X^2=45.23$，$p<0.001$；本科生：51.99%，硕士生：56.19%，博士生：66.67%），说明总体上各学段学生对本专业的期待度较高，对学习本专业的知识充满期待，在学习本专业的知识上拥有一定的学习动力。

以上结果显示，大学生的整体心理健康状态较为健康，总体上严重抑郁状态的检出率为 2.85%（本科：3.46%，硕士 1.31%，博士 3.14%），而 81.26%的本科生、88.86%的硕士生以及 86.79%的博士生没有明显的抑郁状态，18.74%的本科生、11.15%的硕士生以及 13.20%的博士生有轻到严重的抑郁状态。

从焦虑状态来看，总体上严重焦虑状态的检出率为 1.96%（本科：2.40%，硕士 0.80%，博士 3.77%），14.32%的本科生、8.12%的硕士生以及 11.95%的博士生有轻到严重的焦虑状态，85.68%的本科生、91.88%的硕士生以及 88.05%的博士生没有明显的焦虑状态。

从心理资源来看，总体上大学生心理资源短缺水平较低（43.82 分，满分 110 分），其中本科生平均心理资源短缺程度较其他学段略高（44.27

分），博士生平均心理资源短缺程度最低（42.40分），硕士生平均心理资源短缺程度居中（42.94分）。

从专业期待来看，过半数的大学生对本专业比较或非常期待（53.39%），其中，有51.99%的本科生、56.19%的硕士生以及66.67%的博士生对本专业比较期待或非常期待。

另外，大学生自尊水平良好，平均分为77.55分（满分100分），其中本科生平均自尊水平较其他学段略低（76.57分），博士生平均自尊水平最高（80.91分），硕士生平均自尊水平居中（79.82分）。

（二）大学生心理健康的相关因素

1. 心理资源与大学生心理健康的关系

心理资源指能够帮助个体应对压力、困境或危机事件、适应新环境的潜在心理能量，是影响学生心理健康的重要因素。本次采用的心理发展资源问卷，从自我效能、求助意识、家庭支持、人际支持等内部和外部资源上来综合评估个体应对危机事件的潜在心理资源水平。对心理资源短缺程度与心理健康关系的相关分析发现，心理资源短缺程度越高，个体的抑郁、焦虑风险越高（$r_{抑郁}=0.526$，$r_{焦虑}=0.454$，$p<0.001$）。根据心理资源短缺程度分数，取得分最高的1/3个体（平均值+0.5SD）组成高心理资源短缺组，取得分最低的1/3（平均值-0.5SD）组成低心理资源短缺组，其余样本为中等心理资源短缺组。心理资源短缺的高、中、低三组在抑郁、焦虑得分上存在显著差异（抑郁：$F_{2,11100}=1459.80$，$p<0.001$，$\eta^2=0.208$；焦虑：$F_{2,11100}=1016.66$，$p<0.001$，$\eta^2=0.155$），其中高心理资源短缺组在抑郁、焦虑的分数上均为最高。

在三组心理资源短缺程度之间对抑郁状态、焦虑状态的检出率进行差异检验发现，中到严重的抑郁（$\chi^2=1759.31$，$p<0.001$）和焦虑（$\chi^2=1203.73$，$p<0.001$）状态检出率在高心理资源短缺明显多于其他两组（见图6、图7）。

2. 专业期待与大学生心理健康的关系

专业的选择和学习对于大学阶段来说是主要的任务，能否拥有足够的学

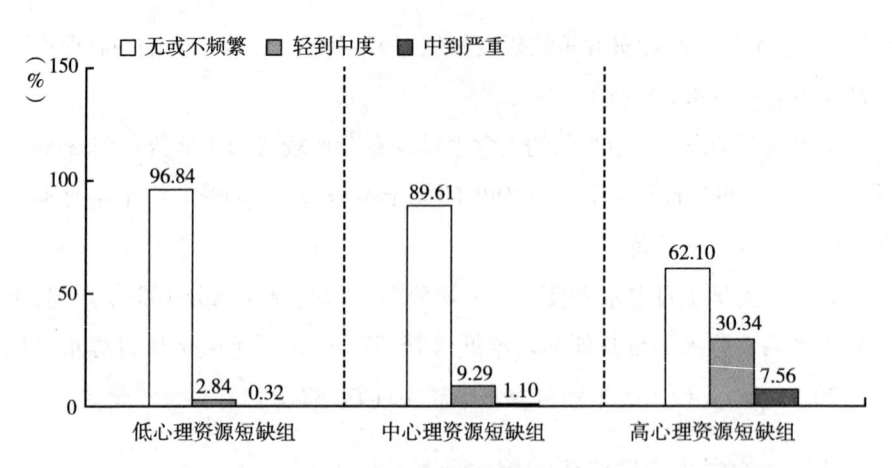

图 6 不同心理资源短缺组抑郁风险检出率

资料来源：某市属高校心理与素质教育中心2022~2023年度全校心理健康普查数据集。

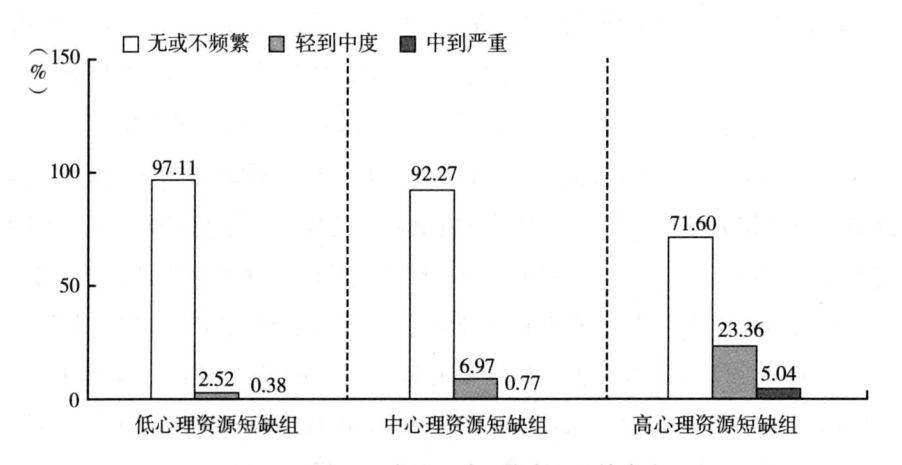

图 7 不同心理资源短缺组焦虑风险检出率

资料来源：某市属高校心理与素质教育中心2022~2023年度全校心理健康普查数据集。

习动力、对专业是否感兴趣等，在一定程度上会影响大学生的心理健康水平。① 在本次的调查中，对专业期待与心理健康关系的相关分析发现，消极

---

① 方圆、王路石、陈祉妍：《2022年大学生心理健康状况调查报告》，载傅小兰、张侃主编《中国国民心理健康发展报告（2021~2022）》，社会科学文献出版社，2023，第70~99页。

期待程度越高，个体的抑郁、焦虑风险越高（$r_{抑郁}=0.301$，$r_{焦虑}=0.223$，$p<0.001$）。根据消极期待分数，取得分最高的1/3个体（平均值+0.5SD）组成低专业期待组，取得分最低的1/3（平均值-0.5SD）组成高专业期待组，其余样本为中等专业期待组。专业期待的高、中、低三组在抑郁、焦虑得分上存在显著差异（抑郁：$F_{2,11100}=27.10$，$p<0.001$，$\eta^2=0.005$；焦虑：$F_{2,11100}=26.24$，$p<0.001$，$\eta^2=0.005$），其中低专业期待组在抑郁、焦虑得分上均为最高。

在三组专业期待之间对抑郁状态、焦虑状态的检出率进行差异检验发现，中到严重的抑郁（$\chi^2=37.11$，$p<0.001$）和焦虑（$\chi^2=43.02$，$p<0.001$）风险检出率在低专业期待组明显多于其他两组（见图8和图9）。

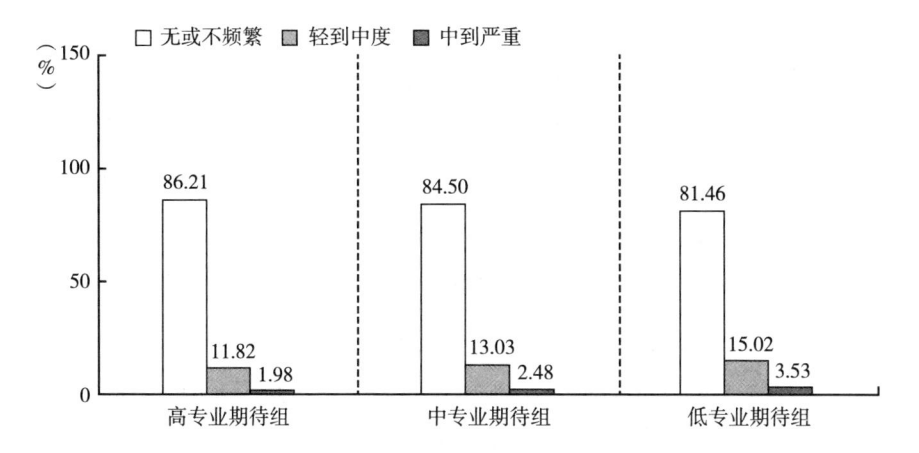

组别	无或不频繁	轻到中度	中到严重
高专业期待组	86.21	11.82	1.98
中专业期待组	84.50	13.03	2.48
低专业期待组	81.46	15.02	3.53

图8 不同专业期待组抑郁风险检出率

资料来源：某市属高校心理与素质教育中心2022~2023年度全校心理健康普查数据集。

结果提示出，大学生的心理资源与他们的焦虑抑郁情绪的水平有着密切的关系，随着心理资源的短缺程度上升，学生的抑郁、焦虑水平呈上升趋势；学生对于专业期待的高低也与抑郁、焦虑的水平密切相关，专业期待越低，消极情绪水平越高。

3. 生源地与大学生心理健康的关系

根据赵子涵等人的研究报告，不同生源地以及不同学段对于北京地区高

```
     □ 无或不频繁    ■ 轻到中度    ■ 中到严重
```

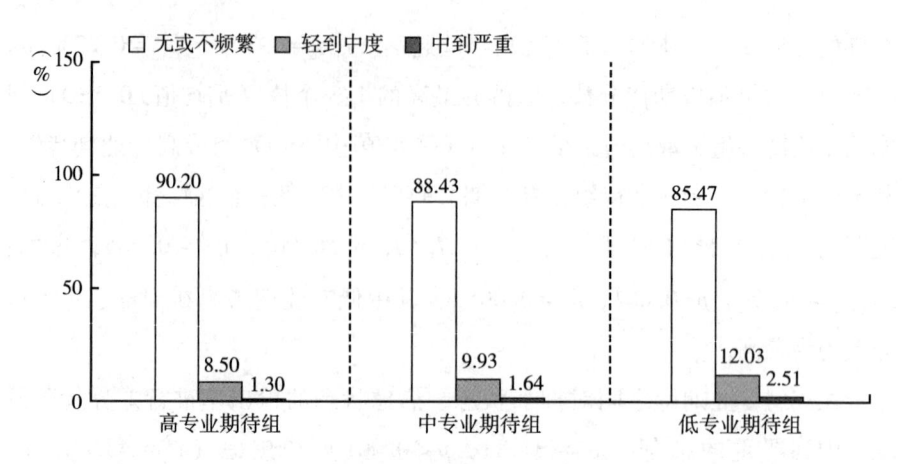

图9　不同专业期待组焦虑风险检出率

高专业期待组：90.20，8.50，1.30
中专业期待组：88.43，9.93，1.64
低专业期待组：85.47，12.03，2.51

资料来源：某市属高校心理与素质教育中心2022~2023年度全校心理健康普查数据集。

校的学生的心理状况存在影响。因此，为了进一步探究北京地区高校学生心理健康的潜在影响因素及各学段分布特征，按照学生的籍贯，将其分类为北京本地和外地生源进行生源地（北京 vs. 外地）×学段（本科 vs. 硕士 vs. 博士）在得分水平上的2因素方差分析对比。首先，各学段的北京生源和外地生源在抑郁、焦虑水平上差异均不显著（抑郁：$F_{1,11097}=0.04$，$p=0.847$，$\eta^2=0.000$；焦虑：$F_{1,11097}=0.04$，$p=0.846$，$\eta^2=0.000$），且各学段分布特点与生源地无交互作用（抑郁：$F_{2,11097}=0.29$，$p=0.751$，$\eta^2=0.000$；焦虑：$F_{2,11097}=0.76$，$p=0.467$，$\eta^2=0.000$）。

随后，我们对比了各个学段中生源地在抑郁状态、焦虑状态上检出率的差异，均没有发现显著差异（本科阶段：抑郁：$\chi^2=1.89$，$p=0.389$；焦虑：$\chi^2=3.13$，$p=0.209$；硕士阶段：抑郁：$\chi^2=3.23$，$p=0.199$；焦虑：$\chi^2=5.78$，$p=0.056$；博士阶段：抑郁：$\chi^2=0.07$，$p=0.964$；焦虑：$\chi^2=0.46$，$p=0.794$）。

考虑到心理资源与心理健康的关系，本次调查进一步查看不同学段中生源地对于心理资源短缺程度的影响，通过生源地（北京 vs. 外地）×学段（本科 vs. 硕士 vs. 博士）的2因素方差分析发现，交互作用显著（$F_{2,11097}=9.68$，$p<0.001$，$\eta^2=0.002$），简单效应显示，在本科阶段，外地生源

（45.24±11.00）的心理资源短缺程度显著高于北京生源学生（43.47±11.71，$F_{1,11097}=46.08$，$p<0.001$），在硕士和博士学段没有显著差异（见图10）。

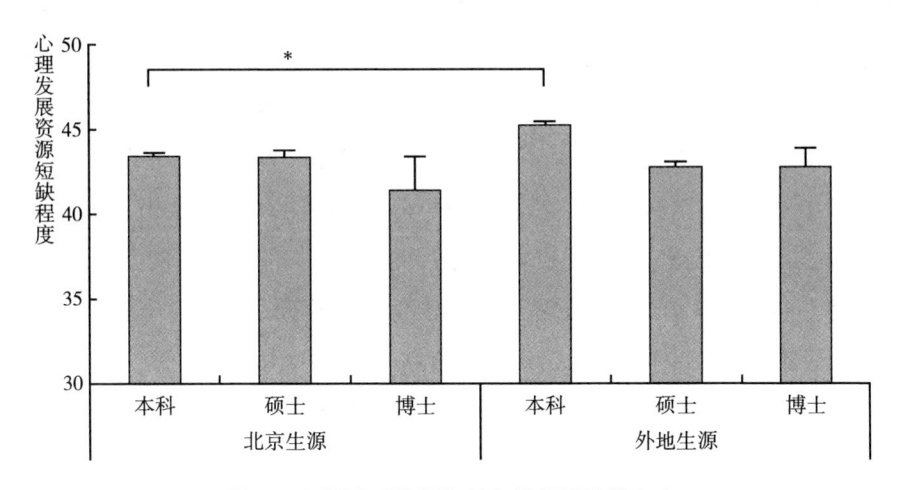

图10 不同心理资源短缺组抑郁风险检出率

注：* $p<0.001$。
资料来源：某市属高校心理与素质教育中心2022~2023年度全校心理健康普查数据集。

生源地与大学生心理健康的关系呈现的结果显示：外地生源的心理资源短缺程度显著高于北京生源学生，但是从总体上看，无论是本地生源还是外地生源，他们的焦虑、抑郁水平没有显著差异。这些结果似乎意味着，对于本科生而言，一些心理资源的短缺可能会带来一定程度上消极情绪的显现，但是仍存在更多的因素影响着大学生的心理健康状况，尤其是对于外地就读生源这个群体，可能存在尚未确定的独特因素，仍需要进一步的专题研究作出回答。

四 结论与对策建议

（一）结论

2022年度全国大学生心理调查数据显示，大学生总体的抑郁状态筛出率为21.48%，焦虑状态筛出率为45.28%。① 根据《2022年国民抑郁症蓝皮书》报告，18~24岁抑郁症发病率为35.32%，25~30岁的抑郁症发病率为16.82%。本次以北京某市属高校为调查样本的结果报告出北京地区大学生的抑郁状态筛出率为16.51%，焦虑状态筛出率12.52%，因此，就本次调查结果来看，此次调查中涵盖的北京地区某市属高校大学生的抑郁、焦虑状态在本次调查期间低于全国水平，表现出较为良好的心理健康状况，对专业满意度较高。具体来看，本次调查中本科、硕士、博士学段分别具有以下心理健康分布特征：从抑郁、焦虑状态的得分及检出率可以看出，本科生抑郁、焦虑状态检出率较硕士、博士生高，但是总体抑郁状态强度较弱；而硕、博士群体虽然抑郁、焦虑状态检出率低，但抑郁、焦虑状态程度较强。专业期待不足、心理资源短缺与大学生的心理健康密切相关，这其中，本科阶段的专业期待不足、心理资源短缺程度都较其他学段更为明显；调查比对北京生源和外地生源的学生，结果显示他们在抑郁、焦虑等危机风险上没有显著差异，但是外地学生，尤其是在本科阶段，其心理发展资源，包括人际关系、家庭支持等，显著低于在京本地学生。根据本次调查的这些结果，本报告提出以下对策建议，以期维护与促进大学生心理健康。

（二）对策与建议

1. 加强心理健康筛查的覆盖率以及建立定期追踪机制，提高危机评估预警能力

从本次调查来看，新生抑郁、焦虑风险是全体学生中比例最高的，显著高于其所在学段的其他年级。虽然随着年龄及年级的提升、对大学生活的适应，各个学段的学生在二年级、三年级时抑郁、焦虑风险的检出率都有所下降，但是不能忽略的是，毕业年级，尤其是本科四年级，该学段的学生在抑郁、焦虑风险检出率上又重新提升，这一结果也提示我们，学生

---

① 方圆、王路石、陈祉妍：《2022年大学生心理健康状况调查报告》，载傅小兰、张侃主编《中国国民心理健康发展报告（2021~2022）》，社会科学文献出版社，2023，第70~99页。

心理健康状况也是不断变化的，尽管高校能针对新生进行心理健康普查，但实行定期的、全员覆盖的追踪式的动态监测，更利于及时把握不同年级不同时段学生心理健康的发展态势，并根据数据分析作出研判参考和危机预警。

2. 分群体分阶段地展开心理健康教育与危机预防，提升心理危机的应对能力

学生在大学生活中的每个阶段都有不同特点，不同学段、不同年级都会展现出不同的现实要求和发展需求。从本次报告中可以看出，本科生在抑郁、焦虑的检出率都显著高于硕、博士群体，表现出整体上更差的心理健康状况，然而，硕、博士群体在抑郁、焦虑的整体评分较本科生更高，即一旦检出抑郁、焦虑情况，其个体水平上的危机程度将高于本科生群体。因此，针对此状况，对本科生、硕士、博士群体展开心理健康教育的具体目标和方案应更有聚焦性和区分性。另外，来京就读的外地学生心理发展资源，包括人际、家庭、自我效能等方面明显低于北京本地就读的学生。这一结果在一定程度上提示出，学生跨区域流动可能会带来心理健康状态的潜在风险因素，或者在这样的流动中会凸显出他们对于内外资源的需求。因此对于外地来京就读的学生群体，可以有针对性地运用班级、社团、适应性团体活动等提供更多可获得的支持资源，促进他们更好地融入和适应新的环境。

针对本科生专业期待的不足，学校需有意扩展专业领域的认知度，加强生涯教育，提升学生对于专业的认同，并形成恰当的生涯发展目标。

3. 依据普测结果，制定层次分明主题聚焦的心理干预方案

从关注学生心理健康和珍惜学生生命——"生命第一"的理念出发，制定分层聚焦的心理干预方案。第一层级：面向全体师生，以研究生部、学生管理部门为核心管理单位，学院配备专职心理辅导员，在日常生活中与学生谈心谈话，为学生提供心理辅导、普及心理常识保健；学校心理教育健康中心进行心理健康服务和专业指导，包括：提供专业心理咨询、团体辅导，为专职心理咨询师、辅导员提供具有资深临床心理咨询实践技巧及督导能力的督导师资源，提高辅导员、导师、任课教师和学

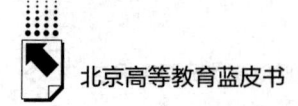

生自身对心理危机的关注,以及心理危机觉察能力、处理和应对能力。第二层级:以学院为具体实施单位,以预防和预警为主要原则,加强对学生心理状态的关注和关爱,做到心理危机早发现早应对,及时提供精准的心理援助指导及心理服务,有条件的高校,可与学生就读高中建立心理档案对接的连续管理。第三层级:完善心理健康工作的组织管理与运行机制,党委、学生管理部门、各学院以及学校各级相关部门纵横协作,针对心理健康工作中的特定目标,提供具有针对性和及时性的心理危机预防和干预工作。

4. 重视家庭在学生心理健康中的监护作用,加强学校与家庭的合作与联盟

家庭支持是心理资源的重要一环,从本次调查中也可以发现,较高的心理资源与良好的心理健康水平密切相关。家庭对一个人的人格、价值观和行为习惯的塑造有很大的影响,有养育责任的父母能根据孩子在不同发展阶段的成长需求提供安全基地和发展动力,一个充满爱、支持和欣赏的家庭可以培养孩子的自尊、自信和自我效能感;而一个充满压力、批判和冷漠的家庭则可能让孩子感到焦虑、无助和失落。除此之外,家庭成员的角色和互动关系也对一个人的心理健康和人格塑造有重要影响。学生在大学阶段遇到困难和压力时,如果能获得高质量的家庭支持,可缓冲或者有助于他们度过危机。因此在大学阶段,学校与家庭的合作,仍然是心理健康调控体系中关键一环。当然,家庭的影响尽管非常重要,但并不是决定一个人一生的唯一因素。当个体成年后,仍可选择自己的生活方式、交友圈、职业和人生目标,大学生可以通过心理治疗、自我探索和学习,从而逐渐改善、丰富自己的心理和人格资源,实现自身的成长和发展。

5. 深耕大学生心理健康的专题研究,提升心理健康工作的专业影响力

大学生心理健康领域的工作极具专业性和挑战性,学生展现出来的种种问题和困境关乎个体发展因素以及家庭、社会、历史文化、时代发展变迁等多种复杂的因素。"Z世代"的网络原住民概念已经不能涵盖"05后"大学生的整体成长环境和时代背景中的群体特点,对于新生代学生心理问题与危机的理解跨越心理学不同分支,以及社会学、医学、教育学等多学科的领

域，需要关心大学生成长的教育者和学者们不断思考和研究问题，更新认知，并用于指导心理健康工作实践。

（三）研究不足与未来展望

围绕本次的调查结果，有以下几点需要特别说明。首先，本次普查的时间段为2022年冬季至2023年春季，新冠病毒感染由"乙类甲管"调整为"乙类乙管"，即无论是从隔离措施、地区管控，还是出行要求上均采取了更为宽松的措施。参考既往研究中提及的全国大学生焦虑检出率的平均水平，本次调查显示的北京地区大学生整体焦虑、抑郁状态较2022年度其他报告中提及的焦虑、抑郁检出率有所降低，可能也得益于疫情风险的缓解；其次，本次调查的本科样本量占调查总人数的七成以上，硕、博士调查样本偏少，因此，本次围绕硕、博士的调查结果有可能存在一定程度的不稳定性；最后，本次报告以某市属高校为例，试图反映北京地区大学生的普遍心理健康状况，虽然总体样本量已达到统计标准，进行了大样本调查，但是在京高校办校类型多样，专业门类、生源分布等各具特色，因此，不同专业取向、办学需求、生源分布等都会影响高校在校生的专业期待，进而影响其心理健康水平。

Abstract

In 2022, the capital's higher education have fully implemented the fundamental task of cultivating virtue and talents, deeply explored the independent training mode of Chinese characteristic top-notch talents, adhered to the creation of higher quality graduate education, continuously deepened the supply side reform of higher education led by the "four new" construction, comprehensively improved the quality of talent training in this field, and promote higher vocational education to embark on the fast lane of improving quality, enhancing quality, and empowering value. Beijing universities actively respond to the propositions of the times, comprehensively and deeply promote the construction of emerging engineering education, and comprehensively reshape the talent training system of emerging engineering education by updating concepts, optimizing structures, promoting intersection, breaking down barriers, and innovating models. Beijing universities lead the innovation of medical education with the "emerging medical education", promote medical education certification, build a high-level public health talent training system, carry out diversified talent training model reform and practice, accelerate the training of top-notch innovative talents, compound talents, and scarce talents, and improve the quality of talent training. Guided by the spirit of President Xi's reply, agricultural universities in Beijing regard the construction of emerging agricultural education as the starting point and breakthrough point for deepening reforms, which based on the development positioning, distinctive advantages, and actual situation of the university, they promote high-quality research and reform practices in emerging agricultural education. Beijing universities are comprehensively, deeply, and vigorously promoting the construction of emerging humanities education, innovating the concept of talent cultivation, improving the talent cultivation system, optimizing the talent cultivation mode, and using "new liberal arts" to cultivate new talents for future development needs.

The construction of the internal teaching quality assurance system in universities is of great significance for achieving high-quality development. Beijing universities have basically established a relatively complete internal teaching quality assurance system. In the future, we should strengthen top-level design, optimize the operation mechanism of quality assurance, and build a diversified internal teaching quality standard system. As the world entering a new period of turbulence and transformation, it is urgent to explore the development strategies of Sino foreign cooperative education in higher education in Beijing under the new development pattern of "dual circulation". Through comparison with Shanghai, Jiangsu, Guangdong and other places, Beijing needs to further expand its educational scale, optimize and adjust its academic and professional settings. Under the "the Belt and Road" initiative, the education of foreign students in Beijing's colleges and universities has made remarkable achievements in the development of the past decade. In the face of challenges from international political and economic conflicts, international competition in higher education, and quality contradictions of foreign students, efforts should be made to build new development strategies in higher education cooperation, global education governance, and quality assurance systems.

The satisfaction survey of teachers in Beijing shows that the overall satisfaction of vocational college teachers is higher than that of undergraduate teachers and graduate supervisors. All three types of teachers are most satisfied with "campus safety", and the greatest pressure comes from "scientific research" and "transactional work". In the future, we should vigorously carry out institutional and mechanism reforms in areas with lower satisfaction. The employment of college graduates in flexible employment is showing a continuous growth trend. Based on data from the Beijing College Employment Survey, it was found that nearly 13% of respondents have a strong willingness to choose flexible employment. There are certain differences in flexible employment among different groups such as gender, education level, and student source regions, and flexible employment policies have an impact on their willingness. A survey on the mental health of college students shows that the overall mental health of college students in Beijing is good, with a lower positive response rate for depression and anxiety than the national level, and overall good satisfaction with their majors.

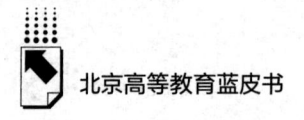

Keywords: Higher Education; Educational Reform; Beijing

Contents

Ⅰ General Report

B.1 Report on the Reform and Development
of Beijing Higher Education in 2022
Wang Huaiyu, Wang Ming / 001

Abstract: Based on the new century and new journey, higher education in the capital accurately grasps the new situation and requirements of higher education development, closely revolves around the national development strategy of the new era and the development needs of the capital, continuously deepens the supply side structural reform, and integrates and serves high-quality development with greater efforts. In 2022, higher education in the capital fully implements the fundamental task of cultivating morality, deeply explore the independent cultivation mode of top talents with Chinese characteristics, adhere to creating higher quality graduate education, continue to deepen the supply side reform of higher education led by the "four new" construction, comprehensively improve the quality of students cultivation in this field, and promote higher vocational education to embark on a fast track of improving quality and empowering value. At the same time, substantial progress has been made in the first round of "Double First Class" construction in Beijing's universities. Organized scientific research in universities has been promoted in an orderly manner, the classified development of municipal universities has been continuously deepened, and the high-quality employment guarantee system for college students has been gradually improved. The ability of universities to actively serve the economic and social development of the country and the capital has significantly improved. In the great process of taking the lead in realizing the modernization of higher education, Beijing must deepen the comprehensive reform of higher education with greater efforts, actively explore the construction of a top innovative talent training system, promote the classified development of municipal universities with the reform of the evaluation system as the starting point, continue to expand the opening up of higher education to the outside world, and empower the overall improvement of the development level of higher education with digital education, To provide high-quality and precise service guidance for promoting higher quality employment for college students.

Keywords: Higher Education; Educational Reform; Beijing

Ⅱ Sub Reports

B.2 Research Report on the Development of Emerging Engineering Education at Beijing Universities

Zhu Heling, Xin Yiru, Wang Nan and Ji Xiaohui / 034

Abstract: Beijing universities actively respond to the epochal topic, adhere to service "the top priorities of the country" and fiercely support the development of emerging engineering education on a broad and in-depth level. To renew the ideas, deepen the exploration as the goal, universities actively carry out the emerging engineering education research and practice. To optimize the structure and promote interdisciplinary as the starting point, universities continue to strengthen the national strategic orientation of discipline construction. With the focus on bridging gaps and connecting resources, universities are striving to create new heights for the integration of production and education. Based on innovation mode and strengthening value, universities have completely reshaped the training system of emerging engineering talents. The development of emerging engineering education in Beijing universities is faced with a series of challenges. The discipline concept based on classification, the training mode of specialized talents, the department structure of single discipline center, and the current discipline construction and management mechanism hinder the training of engineering talents. The emerging engineering education should establish the new engineering concept and talent quality concept in the intelligent era, optimize the new training mode of interdisciplinary and composite talents, improve the interdisciplinary cooperation platform based on the department system, and deepen the reform of the management mechanism that restricts the training of composite engineering talents.

Keywords: Construction of New Engineering Disciplines; Disipline Integration; Interdisiplinary; Beijing Universities

B.3 Research Report on the Development of Emerging Medical Education at Beijing Universities

Liu Juan, Wang Chen, Xue Pei, Zhang Ruijie and Ma Chao / 051

Abstract: Medical education in Beijing boasts a high level of development with its solid foundation and dynamic momentum. In recent years, Beijing has been leading innovations in medical education with the concept of "New Medicine". Efforts have been made to optimize the structure of disciplines and specialties, continuously promote curriculum construction and medical education accreditation, develop population medicine and establish a high-level public health talent cultivation system. Reforms have also been carried out to diversify talent cultivation models, accelerate the training of top-notch innovative talents, interdisciplinary talents and talents in high-demand fields, enhance the quality of talents cultivation. In the future, reforms in various aspects should be deepened by means of strengthening the top-level design and overall management of medical education at the municipal level, further improving the structure of disciplines and specialties, deepening reforms in the system and mechanism for cultivating top-notch innovative talents, innovating diversified talent cultivation models, establishing a complete system and effective cohesive mechanism for the cultivation of high-level medical talents, building a medical education community by multiple stakeholders coordinately, thus promoting the high-quality development of medical education in Beijing.

Keywords: New Medicine; Medical Education; High-quality Development; Beijing

B.4 Research Report on the Development of Emerging Agricultural Education at Beijing Universities

Yang Juan, Cui Qingqing / 070

Abstract: To deeply implement the plans of the 20th National Congress of the Communist Party of China, accelerate the construction of world-class agricultural universities, Beijing agriculture-related universities are guided by prime minister Xi's advanced ideas in series letters in reply, adhere to the new concept of new agriculture, new countryside, new farmers and new ecology, take emerging agricultural education development as a new way to breakthrough, meet the needs of major national strategies, local economic and social development and industrial development. Based on the development orientation, universities' own characteristics, advantages and the actual situation, agriculture-related universities innovate ideas, implement effectively, produce more useful results, strengthen quality assurance, promote high-quality agricultural research, speed up reform in practice, and cultivate all-rounded talents who know agriculture and love agriculture.

Keywords: Emerging Agricultural Constuction; Personnel Training; Beijing

Contents

B.5 Research Report on the Development of Emerging

Humanities Education at Beijing Universities

Lyu Suxiang, Du Sijia / 093

Abstract: The revitalization of liberal arts education is related to the revitalization of higher education and the realization of the goal of a strong education nation. Responding to the proposition of the times and facing the new problems, contradictions and challenges in the process of reform, Beijing universities have been promoting the construction of new liberal arts in an all-round way, at a deep level and with great efforts, innovating the concept of liberal arts education, perfecting the curricula and teaching materials system, and optimizing the mode of talent cultivation, so as to cultivate new people of the times needed for the future with the "New Liberal Arts". This paper traces the origin of the new liberal arts, comprehends the process of the construction of new liberal arts in Beijing universities, focuses on the problems in the construction of new liberal arts, and puts forward suggestions to promote the further development and innovation of the construction of new liberal arts.

Keywords: New Liberal Arts Construction; Interdisciplinary; Beijing Universities

Ⅲ Special Reports

B.6 The Construction and Optimization of the Internal Teaching

Quality Assurance System in Universities of Beijing

Liu Juan / 111

Abstract: Theconstruction of an internal teaching quality assurance system in universities is of great significance for achieving high-quality development. Universities in Beijing have basically established a relatively complete internal teaching quality assurance system, but there are also many development challenges.

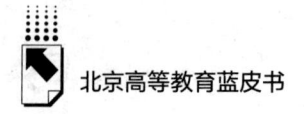

Based on the theoretical exploration of the teaching quality assurance system, this article extracts the construction methods and characteristics of the internal teaching quality assurance system in the universities of Beijing, explores the new requirements faced by the construction of the internal teaching quality assurance system in the new era, and proposes optimization strategies of strengthening top-level design, optimizing the quality assurance operation mechanism, building a diversified quality standard system, improving the level of information technology construction, and strengthening the construction of quality culture in response to practical problems.

Keywords: Higher Education; Internal Teaching Quality Assurance System; Teaching Quality

B.7 A Study on the Development of Sino-foreign Cooperation in Higher Education in Beijing *Han Yafei / 128*

Abstract: Sino-foreign cooperation in higher education plays an important role in building a strong country in education, science and technology, and talents. Now the world has entered a new period of turbulence and transformation while China proposes to accelerate the construction of a new development pattern known as "Double cycle". How will the Sino-foreign cooperation in higher education develop under the new situations? This study explores the development strategy of Sino-foreign cooperation in Beijing's higher education under the "Double-cycle" development model through the comparative study of Sino-foreign cooperation in running schools and Sino-foreign cooperative school projects in Beijing, Shanghai, Jiangsu and Guangdong. The study found that the scale of Sino-foreign cooperation in running schools and Sino-foreign cooperative school projects in Beijing needs to be further expanded, and the specialty setting needs to be further optimized and adjusted.

Keywords: Sino-foreign Cooperation in Higher Education; Internationalization of Higher Education; A "Dual Circulation" Development Pattern

B.8 Study on the Development Strategy of International Student Education in Beijing Higher Education Institutions

Wang Jun, Ruan Jingjie / 155

Abstract: Under the Belt and Road Initiative, international student education in Beijing higher education institutions has made new achievements in the past decade. Under the new development pattern, the role of international student education in Beijing colleges and universities should be re-examined from different levels based on the national development strategy. At present, international student education in Beijing is undergoing a new development situation dealing external pressure, with academic education becoming the main demand while the overall scale is decreasing, doctoral education reaching a record high while the academic structure of students is further optimized, and the impact of geo-conflicts gradually easing while the structure of places of origin shows different characteristics. However, it still faces challenges from international political and economic conflicts, issues over the quality of international students and international competition in higher education. Efforts should be made to build new development strategies in the areas of regional and national studies, higher education cooperation, global education governance and quality assurance systems.

Keywords: International Student Education; Global Educational Governance; Beijing Higher Education Institutions

Ⅳ Hot Topics Reports

B.9 A Survey on the Satisfaction of University Teachers in Beijing

Wang Ming, Wang Mingyang / 172

Abstract: The satisfaction survey conducted in 2021 included 290 graduate supervisors, 369 undergraduate teachers, and 134 vocational teachers from 9 undergraduate universities and 3 vocational colleges. The results showed that the overall satisfaction of vocational teachers was higher than undergraduate teachers and graduate supervisors. The three types of teachers most satisfied with "campus safety", and the greatest pressure comes from "scientific research" and "transactional work". Teachers believe that students' "teamwork ability", "self-learning ability", "social adaptability", "sense of responsibility", and "initiative" have been improved. The systems of "teacher evaluation", "performance assessment", and "career development" urgently need to be improved. Graduate supervisors and undergraduate teachers prefer "offline teaching", while vocational teachers prefer "mixed online and offline teaching". The salary system cannot fully reflect the actual work efforts of teachers, and it is not suitable to accept the teacher employment system of "either promotion or departure"; The "logistics management" and "curriculum" need to be improved, and graduate supervisors still have concerns about "teaching equipment" and "campus area". Undergraduate and vocational teachers find it difficult to recognize "technological innovation".

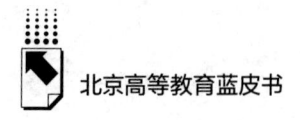

Keywords: Satisfaction Survey; Beijing University Teachers; Teacher Evaluation

B.10 Do College Graduates Prefer Flexible Employment?

Han Chunguang, Zhao Yaping / 203

Abstract: Along with the advance of new business models such as digital economy and platform economy, as well as the transformation of modern information technologies such as the Internet, flexible employment has increasingly become a form of employment that the society is concerned about, and the amount of college graduates engaged in flexible employment is also showing a growing trend. Based on the flexible employment survey data of college graduates in Beijing, this paper analyzes the characteristics and influencing factors of flexible employment willingness. The results show that nearly 13% of the respondents have a strong willingness to be flexible employees, and there is heterogeneity in the coefficients of flexible employment willingness among college graduates with different gender, educational level and source area. Furthermore, factors such as the flexible employment policy at the national level, the degree of satisfaction in engaging in flexible employment, and the support of family members and friends all have significant impacts on the willingness of college graduates to work on flexible employment. Therefore, scaling up the publicity and implementation of the flexible employment policy and the improvement of the incentive mechanism have certain significance for the development of the flexible employment.

Keywords: College Graduates; Flexible Employment; Willingness

B.11 A Survey Report on the Mental Health Status of University Students in Beijing
—A Municipal University as an Example
Wang Jiaxi, Zhang Hongyu and Chen Wei / 216

Abstract: University students are a unique social group experiencing the transition and change from adolescence to early adulthood. The university stage is a critical period for individual physical and mental growth and development, accumulation of knowledge and skills, and preparation for future careers. From winter 2022 to spring 2023, we conducted a large-scale survey on the mental health status of a total of 11,103 students at a municipal university in Beijing, including undergraduate, master's and doctoral students at all levels. The large-scale survey reported the mental health-related conditions of depression and anxiety, suicidal ideation, self-esteem and psychological resources of university students, as well as the relationship between birthplace and family support with mental health. The results show that the overall mental health of university students is satisfactory, the percentage of positive responses for depression and anxiety mood states is lower than the national level, and overall satisfaction with the profession is good. Factors such as career expectations, place of birth, family support and interpersonal support have a more significant relationship with students' mental health. Based on the results of this survey, this report suggests the following countermeasures to maintain and promote the mental health of university students: strengthen the regular screening of comprehensive coverage of mental health and continuous research on the problem, and improve the understanding, identification, and early warning ability of university students' psychological risk; based on the analysis of data from multiple sources, design the mental health education and intervention programs for each academic period in a targeted and effective way, and improve the time effectiveness and risk intervention ability of mental health education. It is also necessary to strengthen career development education and improve guidance for employment and higher education, strengthen cooperation and alliance between schools and families, and introduce more resources to jointly maintain university students' mental health, so as to build a multidimensional support and protection network of university students' mental health education, and help university students grow up and become successful.

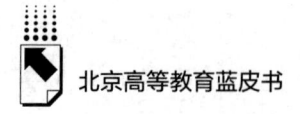

Keywords: University Students; Mental Health; Career Expectation

权威报告·连续出版·独家资源

皮书数据库
ANNUAL REPORT(YEARBOOK) DATABASE

分析解读当下中国发展变迁的高端智库平台

所获荣誉

- 2022年，入选技术赋能"新闻+"推荐案例
- 2020年，入选全国新闻出版深度融合发展创新案例
- 2019年，入选国家新闻出版署数字出版精品遴选推荐计划
- 2016年，入选"十三五"国家重点电子出版物出版规划骨干工程
- 2013年，荣获"中国出版政府奖·网络出版物奖"提名奖

皮书数据库　　"社科数托邦"微信公众号

成为用户

登录网址www.pishu.com.cn访问皮书数据库网站或下载皮书数据库APP，通过手机号码验证或邮箱验证即可成为皮书数据库用户。

用户福利

- 已注册用户购书后可免费获赠100元皮书数据库充值卡。刮开充值卡涂层获取充值密码，登录并进入"会员中心"—"在线充值"—"充值卡充值"，充值成功即可购买和查看数据库内容。
- 用户福利最终解释权归社会科学文献出版社所有。

数据库服务热线：010-59367265
数据库服务QQ：2475522410
数据库服务邮箱：database@ssap.cn
图书销售热线：010-59367070/7028
图书服务QQ：1265056568
图书服务邮箱：duzhe@ssap.cn

卡号：875413819535
密码：

S 基本子库
SUB DATABASE

中国社会发展数据库（下设 12 个专题子库）

紧扣人口、政治、外交、法律、教育、医疗卫生、资源环境等 12 个社会发展领域的前沿和热点，全面整合专业著作、智库报告、学术资讯、调研数据等类型资源，帮助用户追踪中国社会发展动态、研究社会发展战略与政策、了解社会热点问题、分析社会发展趋势。

中国经济发展数据库（下设 12 专题子库）

内容涵盖宏观经济、产业经济、工业经济、农业经济、财政金融、房地产经济、城市经济、商业贸易等 12 个重点经济领域，为把握经济运行态势、洞察经济发展规律、研判经济发展趋势、进行经济调控决策提供参考和依据。

中国行业发展数据库（下设 17 个专题子库）

以中国国民经济行业分类为依据，覆盖金融业、旅游业、交通运输业、能源矿产业、制造业等 100 多个行业，跟踪分析国民经济相关行业市场运行状况和政策导向，汇集行业发展前沿资讯，为投资、从业及各种经济决策提供理论支撑和实践指导。

中国区域发展数据库（下设 4 个专题子库）

对中国特定区域内的经济、社会、文化等领域现状与发展情况进行深度分析和预测，涉及省级行政区、城市群、城市、农村等不同维度，研究层级至县及县以下行政区，为学者研究地方经济社会宏观态势、经验模式、发展案例提供支撑，为地方政府决策提供参考。

中国文化传媒数据库（下设 18 个专题子库）

内容覆盖文化产业、新闻传播、电影娱乐、文学艺术、群众文化、图书情报等 18 个重点研究领域，聚焦文化传媒领域发展前沿、热点话题、行业实践，服务用户的教学科研、文化投资、企业规划等需要。

世界经济与国际关系数据库（下设 6 个专题子库）

整合世界经济、国际政治、世界文化与科技、全球性问题、国际组织与国际法、区域研究 6 大领域研究成果，对世界经济形势、国际形势进行连续性深度分析，对年度热点问题进行专题解读，为研判全球发展趋势提供事实和数据支持。

法律声明

"皮书系列"(含蓝皮书、绿皮书、黄皮书)之品牌由社会科学文献出版社最早使用并持续至今,现已被中国图书行业所熟知。"皮书系列"的相关商标已在国家商标管理部门商标局注册,包括但不限于LOGO( )、皮书、Pishu、经济蓝皮书、社会蓝皮书等。"皮书系列"图书的注册商标专用权及封面设计、版式设计的著作权均为社会科学文献出版社所有。未经社会科学文献出版社书面授权许可,任何使用与"皮书系列"图书注册商标、封面设计、版式设计相同或者近似的文字、图形或其组合的行为均系侵权行为。

经作者授权,本书的专有出版权及信息网络传播权等为社会科学文献出版社享有。未经社会科学文献出版社书面授权许可,任何就本书内容的复制、发行或以数字形式进行网络传播的行为均系侵权行为。

社会科学文献出版社将通过法律途径追究上述侵权行为的法律责任,维护自身合法权益。

欢迎社会各界人士对侵犯社会科学文献出版社上述权利的侵权行为进行举报。电话:010-59367121,电子邮箱:fawubu@ssap.cn。

社会科学文献出版社